QIYE
CAIWU
KUAIJI
SHIXUN

企业财务会计实训

苏井源 主编　　张 超 吴文彬 吴春英 副主编

经济管理出版社
ECONOMY & MANAGEMENT PUBLISHING HOUSE

编委会

前　言

　　《企业财务会计实训》是中等职业学校会计专业学生专业实训的必修课程。本书理论与实践相结合，第一部分以一个模拟企业的特定会计期间为基础，将企业典型、常见的经济业务的来龙去脉与企业生产经营有机地结合起来，贴近实际，注重基础，涵盖了会计操作的基本技能，突出工作流程分析，侧重实务操作，具有较强的实用性、易学性及新颖性，融"教、学、做"于一体，符合专业人才培养的目标，为学生今后从事财务会计实务工作打下坚实的基础。

　　本书的编写具有以下特点：

　　◆本书内容及目标任务明确，基于企业生产工作过程，以一个月的经济业务发生为主线进行编写，通过采购业务、生产业务、销售业务、利润和财务成果业务的发生，从建账、填制和审核原始凭证、编制和审核记账凭证到登记账簿；从日常会计核算、成本计算到编制会计报告、年终结账，在每一任务中进行详细的核算任务和工作流程分析，适当穿插知识拓展，并按旬强化业务练习，以便于培养学生独自处理会计业务的能力。

　　◆教材内容体系有所创新，突出了职业教育的特色，全书分基础账务处理和知识拓展两部分。第一部分从总体设计上，以实际应用项目为导向，重训练、轻理论，强调经济业务处理工作流程，突破以六大会计要素为主线的财务会计理论教学模式。第二部分是对第一部分未涉及的典型业务做知识拓展，进一步开阔学生视野，提高学生技能水平。

　　◆在编写要求上以知识和技能实训融合为切入点，把理论与实际操作及训练方法融为一体，注重通俗易懂、图文并茂，编写格式更直观形象，可操作性强，学生可身临其境地分析和处理有关经济业务，满足了中职教学的需要。

　　◆本书各技能项目的训练具有较强的实用性，既可作为中职会计实训教程，也可作为会计人员岗位培训辅导用书。

　　本书由海南省经济技术学校苏井源主编，负责拟定全书的框架结构、修改和定稿。

　　本课程总学时为152学时，各模块课时分配见下表（供参考）：

模块名称	项目内容	学时数		
		合计	讲授	实训
第一篇 基础账务处理	项目一　会计核算规范及模拟企业概况	2	2	0
	项目二　上旬账务处理	24	6	18
	项目三　中旬账务处理	24	6	18

续表

模块名称	项目内容	学时数		
		合计	讲授	实训
第一篇 基础账务处理	项目四　下旬账务处理	24	6	18
	项目五　编制财务报表	16	4	12
	项目六　新会计年度年初工作	5	1	4
第二篇 知识拓展	项目一　货币资金	4	2	2
	项目二　金融资产	8	4	4
	项目三　存货	7	3	4
	项目四　长期股权投资	8	4	4
	项目五　固定资产	4	2	2
	项目六　投资性房地产	4	2	2
	项目七　无形资产	4	2	2
	项目八　非流动负债	4	2	2
	项目九　所有者权益	4	2	2
	项目十　收入的核算	4	2	2
	项目十一　财务报告	6	4	2
合　计		152	54	98

　　本书在编写过程中，参阅了国内网站、教材、著作等资料，在此对相关作者表示衷心的感谢！

　　由于编者水平有限，书中不妥之处在所难免，恳请读者批评指正。读者意见反馈邮箱：hnqq88888@ foxmail. com。

编者

2014 年 11 月

目　录

第一篇　基础账务处理

项目一　会计核算规范及模拟企业概况

基础知识一　会计核算规范

【知识链接】

一、会计准则的适用范围

（一）企业会计准则

现行的企业会计准则体系（2006）由三个层次组成：

（1）《企业会计准则——基本准则》。由财政部颁布（中华人民共和国财政部令第33号，2006年2月15日），属于财政部部门规章，自2007年1月1日起施行。2014年7月重新修订（中华人民共和国财政部令第76号）。

（2）《企业会计准则——具体准则》。由财政部发布（财会［2006］3号，2006年2月15日），属于财政部规范性文件，自2007年1月1日起在上市公司范围内施行，鼓励其他企业执行（执行具体准则的企业不再执行原准则、《企业会计制度》和《金融企业会计制度》）。2014年财政部重新修订了4个准则，并新发布了3个准则。具体准则共计41项。

（3）《企业会计准则——应用指南》。由财政部发布（财会［2006］18号，2006年10月30日），属于财政部规范性文件，自2007年1月1日起在上市公司范围内施行，鼓励其他企业执行。应用指南共计32项，并附录《会计科目和主要账务处理》。

上述基本准则、具体准则、应用指南三个方面，自上而下形成企业会计准则的三个层次，构成我国的企业会计准则体系（2006），并具有法律上的效力，在规定的范围内（港、澳、台除外）强制执行。

（二）小企业会计准则

《小企业会计准则》于2011年10月18日由中华人民共和国财政部以财会［2011］

17 号印发。分总则、资产、负债、所有者权益、收入、费用、利润及利润分配、外币业务、财务报表、附则 10 章 90 条，自 2013 年 1 月 1 日起施行。财政部 2004 年发布的《小企业会计制度》（财会［2004］2 号）予以废止。

《小企业会计准则》的选型标准，可根据 2011 年 6 月 18 日工业和信息化部、国家统计局、发展改革委、财政部研究制定的《中小企业划型标准规定》（工信部联企业［2011］300 号），原国家经贸委、原国家计委、财政部和国家统计局 2003 年颁布的《中小企业标准暂行规定》同时废止。

《小企业会计准则》发布后，企业是否需要调整已使用的会计制度呢？如果现在已经使用了 2007 年《企业会计准则》，按照"从高不从低"的原则，不需要调整。如果现在使用的是行业会计制度、小企业会计制度、新企业会计制度，则需要调整到 2013 年《小企业会计准则》。

即 2013 年后，就只有 2007 年《企业会计准则》和 2013 年《小企业会计准则》两种准则并行。

本书企业所执行的是 2007 年《企业会计准则》。

二、会计要素

会计要素是根据交易或者事项的经济特征确定的会计对象所进行的基本分类。基本准则规定，会计要素按照其性质分为资产、负债、所有者权益、收入、费用和利润。其中，资产、负债和所有者权益要素侧重于反映企业的财务状况，收入、费用和利润侧重于反映企业的经营成果。

（一）资产

资产是指企业过去的交易或事项形成的、由企业拥有或控制的、预期会给企业带来经济利益的资源。根据资产的定义，资产具有以下特征：

1. 资产应为企业拥有或控制的资源

资产作为一项资源，应当由企业拥有或控制，是指企业享有某项资源的所有权，或者虽然不享有某项资源的所有权，但该资源能被企业控制。

2. 资产预期会给企业带来经济利益

资产预期会给企业带来经济利益，是指资产直接或间接导致现金和现金等价物流入企业的潜力。企业一些已经不能带来未来经济利益流入的项目，如陈旧毁损的实物资产、已经无望收回的债权等都不能再作为企业资产来核算和呈报。

3. 资产是由过去的交易或事项形成的

资产应当由过去的交易或事项所形成，换句话说，只有过去的交易或事项才能产生资产，企业预期在未来发生的交易或事项不形成资产。例如，企业有购买某机器设备的计划，但是购买行为尚未发生，就不符合资产的定义，不能因此而确认为固定资产。资产是由过去的交易或事项形成的，交易是指以货币为媒介的商品或劳务的交换，如购买；事项就是指没有实际发生货币交换的经济业务，如企业接受捐赠的物资等。

（二）负债

负债是指企业过去的交易或事项形成的、预期会导致经济利益流出企业的现时业务。根据负债的定义，负债具有以下特征：

1. 负债是企业承担的现时义务

负债必须是企业承担的现时义务，这是负债的一个基本特征。其中，现时义务是企业在现行条件下已承担的义务。例如，企业购买原材料形成的应付账款、企业向银行贷入款项形成的借款等需要依法予以偿还。未来发生的交易或事项形成的义务，不属于现时义务，不应当确认为负债。

2. 负债预期会导致经济利益流出企业

预期会导致经济利益流出企业也是负债的一个本质特征，只有在履行义务时会导致经济利益流出企业的，才符合负债的定义，如果不会导致企业经济利益流出，就不符合负债的定义。在履行现时义务清偿负债时，导致经济利益流出企业的形式多种多样，如用现金偿还或以实物资产偿还，以提供劳务偿还，以部分转移资产、部分提供劳务形式偿还等。

3. 负债是由企业过去的交易或事项形成的

负债应当由企业过去的交易或事项所形成的，换句话说，只有过去的交易或事项才形成负债，企业在未来发生的承诺、签订的合同等交易或事项，不形成负债。

（三）所有者权益

所有者权益是指企业资产扣除负债后由所有者享有的剩余权益。公司的所有者权益又称即股东权益。所有者权益即企业的净资产，是所有者对企业资产的剩余索取权，它是企业资产中扣除债权人权益后应由所有者享有的部分，既可反映所有者投入资本的保值增值情况，又体现了保护债权人权益的理念。

所有者权益的来源包括所有者投入的资本、直接计入所有者权益的利得和损失、留存收益等，通常由实收资本（股本）、资本公积（含资本溢价或股本溢价、其他资本公积）、盈余公积和未分配利润构成。

（四）收入

收入是指企业在日常活动中形成的、会导致所有者权益增加的、与所有者投入资本无关的经济利益的总流入。根据收入的定义，收入具有以下特征：

1. 收入是企业在日常活动中形成的

日常活动是指企业为完成其经营目标所从事的经常性活动以及与之相关的活动。例如，工业企业制造并销售产品、商业企业销售商品、保险公司签发保单、咨询公司提供咨询服务等，均属于企业的日常活动。日常活动是确认收入的重要判断标准，凡是日常活动所形成的经济利益的流入应当确认为收入；反之，非日常活动所形成的经济利益的流入不确认为收入，应当计入利得。例如，工业企业出售固定资产属于非日常活动，所形成的净利益就不应确认为收入，而应确认为利得。

2. 收入会导致所有者权益的增加

与收入相关的经济利益的流入应当会导致所有者权益的增加，不会导致所有者权益增加的经济利益的流入不符合收入的定义，不应确认为收入。例如，企业向银行取得的借款，尽管会导致企业经济利益的流入，但该流入不能导致所有者权益的增加，而是使企业承担了一项现时义务，所以不应确认为收入，而应当确认为一项负债。

3. 收入是与所有者投入资本无关的经济利益的总流入

收入会导致经济利益的流入，从而导致资产的增加。例如，企业销售产品一批，应当收到现金或者在未来有权收到现金，才表明该交易符合收入的定义。但是，经济利益的流入有时是所有者投入资本所致，所有者投入的资本就不应当确认为收入，而是将其确认为所有者权益。

企业的收入根据来源不同，可分为：①销售商品的收入；②提供劳务的收入；③让渡资产使用权的收入，如对外出租等。收入按日常活动在企业所处的地位又可分为主营业务收入和其他业务收入。其中，主营业务收入是企业为完成经营目标而从事的日常活动中的主要项目，如工业企业销售产品等。其他业务收入是指主营业务收入以外的其他日常活动，如工业企业销售材料、提供非工业性劳务等。

（五）费用

费用是指企业在日常活动中发生的、会导致所有者权益减少的、与向所有者分配利润无关的经济利益的总流出。费用的特征是为取得收入而付出的代价，因此费用一定要与收入配比才能确定。费用可分为计入成本的费用和计入损益的费用。

（六）利润

利润是指企业在一定会计期间的经营成果。包括收入减去费用后的净额、直接计入当期利润的利得和损失等。其中收入减去费用后的净额反映企业日常活动的经营业绩；直接计入当期利润的利得和损失反映企业非日常活动取得的。所以，利润 =（收入 − 费用）+（利得 − 损失）。

三、会计核算的基本前提和会计信息质量要求

（一）会计核算的基本前提

会计核算的基本前提是指对某些未被确认的会计现象，如会计核算和监督的范围究竟有多大、会计为谁记账等，根据客观情况或者发展趋势所做的合乎事理的推断和假定，又称会计假设。它是日常会计处理应当具备的前提条件，其最终目的是为了保证会计资料的有用性、可靠性和合理性。我国《企业会计准则——基本准则》中提出的会计核算的基本前提有以下四项。

1. 会计主体

会计主体是指企业会计确认、计量和报告的空间范围。简言之，会计主体是指会计所服务的特定单位。会计主体应该是一个独立经营、自负盈亏、责权利结合的经济单位。典型的会计主体是企业。需要注意的是，会计主体不同于法律主体。一般来说，法律主体往往是会计主体。但是，会计主体不一定是法律主体。

2. 持续经营

持续经营是指在可以预见的将来，企业将会按当前的规模和状态继续经营下去，不会停业，也不会大规模削减业务。在持续经营前提下，会计确认、计量和报告应当以企业持续、正常的生产经营为前提。

3. 会计分期

会计分期是指将一个企业持续经营的生产经营活动划分为一个个连续的、长短相同的期间。其目的在于通过会计期间的划分，将持续经营的生产经营活动划分为连续、相等的期间，按期编报财务报告，从而及时向财务报告使用者提供有关企业财务状况、经营成果和现金流量的信息。

会计分期假设是对会计工作时间范围的具体划分，主要是确定会计年度。我国是以公

历年度作为会计年度，即从每年公历的 1 月 1 日至 12 月 31 日为一个会计年度。会计年度后，一般按日历确定半年度、季度和月度。半年度、季度和月度均称为会计中期。

4. 货币计量

货币计量是指会计主体在财务会计确认、计量和报告时以货币作为计量尺度，反映会计主体的生产经营活动。我国会计准则规定，会计核算以人民币为记账本位币。业务收支以外币为主的企业，也可以选择某种外币作为记账本位币，但编制的会计报表应当折算为人民币来反映。我国在境外设立的企业，通常用当地币种进行日常会计核算，但向国内编报会计报表时，应当折算为人民币。

（二）会计信息质量要求

会计信息质量要求是对企业财务报告中所提供会计信息质量的基本要求，是使财务报告中所提供的会计信息对投资者等信息使用者决策有用应具备的基本特征，它主要包括可靠性、相关性、可理解性、可比性、实质重于形式、重要性、谨慎性和及时性等。

（1）可靠性要求企业应当以实际发生的交易或者事项为依据进行会计确认、计量和报告，如实反映符合确认和计量要求的各项会计要素及其他相关信息，保证会计信息真实可靠、内容完整。

（2）相关性要求企业提供的会计信息应当与财务报告使用者的经济决策需要相关，有助于财务报告使用者对企业过去、现在或者未来的情况作出评价或者预测。也就是说，会计信息是否有用，是否有价值，关键看其与使用者的决策需要是否相关，是否有助于决策或者提高决策水平。

（3）可理解性要求企业提供的会计信息应当清晰明了，便于财务报告使用者理解和使用。

（4）可比性要求企业提供的会计信息应当具有可比性，可比性包括两方面含义：一是同一企业纵向可比；二是不同企业横向可比。

（5）实质重于形式要求企业应当按照交易或事项的经济实质进行会计确认、计量和报告，不应仅以交易或者事项的法律形式为依据。

（6）重要性要求企业提供的会计信息应当反映与企业财务状况、经营成果和现金流量等有关的所有重要交易或事项。

（7）谨慎性要求企业对交易或事项进行会计确认、计量和报告应当保持应用的谨慎，不应高估资产或收益、低估负债或费用。

（8）及时性要求企业对于已经发生的交易或事项，应当及时进行会计确认、计量和报告，不得提前或者延后。

四、会计基础

权责发生制是指凡是当期已经实现的收入和已经发生或应负担的费用，不论款项是否收付，都应当作为当期的收入和费用处理；凡是不属于当期的收入和费用，即使款项已经在当期收付，也不应当作为当期的收入和费用。按照权责发生制，对于收入的确认应以实现为原则。判断收入是否实现，主要看产品是否已经完成销售过程，劳务是否已经提供。如果产品已经完成销售过程，劳务已经提供，并已取得收款权利，收入就算实现，而不管是否已经收到款项，都应计入当期收入。对费用的确认应以发生为原则，判断费用是否发生，主要看与其相关的收入是否已经实现，费用应与收入相配比。如果某项收入已经实现，那么与之相关的费用就已经发生，而不管这项费用是否已经付出，即在确认收入的同时确认与之相关的费用。

与权责发生制相对应的是收付实现制。在收付实现制下，对收入和费用的入账，以款项实际收到或支付的日期为基础来确定其归属期。目前，我国的行政单位采用收付实现制，事业单位会计除经营部分可以采用权责发生制外，其他大部分采用收付实现制。

《企业会计准则》规定，企业应当以权责发生制为基础进行会计确认、计量和报告。

五、会计核算方法

会计方法是会计人员为反映和监督会计的具体内容、完成会计目标的手段。会计方法包括会计核算方法、会计分析方法和会计检查方法，其中会计核算方法是最基本的方法。会计核算方法主要包括设置会计账户、复式记账、填制和审核凭证、登记账簿、成本计算、财产清查和编制财务报表。

（一）设置会计账户

设置账户是对会计核算的具体内容进行分类核算和监督的一种专门方法。由于会计对象的具体内容是复杂多样的，要对其进行系统的核算和经常性监督，就必须对经济业务进行科学的分类，以便分门别类地、连续地记录，据以取得多种不同性质、符合经营管理所需要的信息和指标。

（二）复式记账

复式记账是对所发生的每项经济业务，以相等的金额，同时在两个或两个以上相互联系的账户中进行登记的一种记账方法。采用复式记账，可以全面反映每一笔经济业务的来龙去脉，而且可以防止出现差错和便于检查账簿记录的正确性和完整性，是一种比较科学的记账方法。

（三）填制和审核凭证

会计凭证是记录经济业务，明确经济责任，作为记账依据的书面证明。正确填制和审核会计凭证，是核算和监督经济活动财务收支的基础，是做好会计工作的前提。

（四）登记账簿

登记会计账簿简称记账，是以审核无误的会计凭证作为依据在账簿中连续、系统、完整地记录各项经济业务事项，以便分类、汇总、检查、校正各种会计信息，为经济管理提供完整的、系统的会计核算资料。

（五）成本计算

成本计算是按照一定对象归集和分配生产经营过程中发生的各种费用，以便确定各种对象的总成本和单位成本的一种方法。

（六）财产清查

财产清查是指通过盘点实物，核对账目，以查明各项资产物资实有数额的一种方法。通过财产清查，可以提高会计记录的正确性，保证账实相符。

（七）编制财务报表

编制财务报表是以特定表格的形式，定期并总括地反映企业、行政事业单位的经济活动情况和结果的一种专门方法。会计报表主要以账簿中的记录为依据，经过一定形式的加工整理而产生一套完整的核算指标，用来考核、分析财务计划和预算执行情况以及编制下期财务和预算的重要依据。

七种会计核算方法组成一个完整的体系，是相互联系、紧密结合的，必须一环紧扣一环，综合运用，才能保证核算工作的顺利进行。在实际会计业务处理过程中，复式记账是处理经济业务的基本方法，设置账户和填制凭证是会计工作的开始，登记账簿是会计工作的中间过程，成本计算和财产清查是保证会计信息正确的科学手段，而编制报表是一个会计期间工作的终结。

六、记账方法——借贷记账法

记账是会计核算的基本工作，记账方法是会计核算方法的一个重要组成部分。所谓记账方法，是指在账户中登记经济业务的方法。从历史上看，记账方法有单式记账法和复式记账法之分，复式记账法是由单式记账法发展而来的。记账方法分类如下：

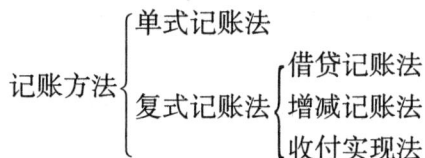

$$记账方法\begin{cases}单式记账法\\复式记账法\begin{cases}借贷记账法\\增减记账法\\收付实现法\end{cases}\end{cases}$$

目前，我国的企业、事业单位会计记账都采用借贷记账法。借贷记账法是以"借"和"贷"作为记账符号，在两个或两个以上相互联系的账户中，对每一项经济业务以相等的金额全面进行记录的一种复式记账方法。请注意：这里的"借"和"贷"只是作为记账符号，且都具有增加和减少的双重含义，必须结合账户的具体性质才能准确说明。

账户性质

账户类别	借　方	贷　方	余　额
资产类	增加（＋）	减少（－）	借方
成本类	增加	减少	借方
费用类	增加	减少	无
所有者权益类	减少	增加	贷方
负债类	减少	增加	贷方
收入类	减少	增加	无

借贷记账法的记账规则是"有借必有贷，借贷必相等"。记账规则是指运用记账方法正确记录会计事项时必须遵守的规律，是记账和对账的依据。

采用借贷记账法，根据记账规则登记每项经济业务时，在有关账户之间就发生了应借应贷的相互关系，账户之间的这种相互关系，叫作账户的对应关系。发生对应关系的账户，叫作对应账户。所谓的会计分录，就是指对某项经济业务应记入账户的名称、借贷方向和增减金额多少的记录。会计分录按所涉及账户的多少，可分为简单分录和复合分录。简单分录的特点是其分录仅仅一借一贷；复合分录的特点是其分录有一借多贷、多借一贷或多借多贷的形式。会计分录的一般格式如下：

借：×××（具体的账户名称）　×××（具体金额）

　　贷：×××（具体的账户名称）　×××（具体金额）

对于初学者而言，书写会计分录可以分以下三个步骤：

（1）分析并确定该项经济活动具体所涉及的会计科目。

（2）分析并确定所涉及的会计科目的具体方向。

（3）分析并确定所涉及的会计科目的具体金额。

案例 1：企业采购员李红预借差旅费 1000 元，以现金支付。

这笔经济业务具体会计分录如下：

借：其他应收款——李红　　　　　　　　　　　　　　　　1000

　　贷：库存现金　　　　　　　　　　　　　　　　　　　　　　1000

案例 2：采购员李红出差回来报销差旅费 800 元，并退回余款 200 元。

这笔经济业务具体会计分录如下：

借：库存现金　　　　　　　　　　　　　　　　　　　　　200

　　管理费用　　　　　　　　　　　　　　　　　　　　　800

　　贷：其他应收款——李红　　　　　　　　　　　　　　　1000

上述案例 1，一借一贷属于简单分录，对应账户有两个："其他应收款"账户和"库存现金"账户。上述案例 2，借方有两个账户，贷方有一个账户属于复合分录中的多借一贷，其对应账户有三个："库存现金"账户、"管理费用"账户和"其他应收款"账户。

不管是案例 1 还是案例 2，都遵守"有借必有贷，借贷必相等"的记账规则。利用这个记账规则可以检查本期发生额的账务处理是否正确，其试算平衡公式如下：

全部账户本期借方发生额合计＝全部账户本期贷方发生额合计

在借贷记账法下，试算平衡的方法除了上述本期发生额平衡法外，还有一种方法——余额平衡法，它是利用"资产＝负债＋所有者权益"的平衡原理来检验会计处理的正确性，其试算平衡公式如下：

全部账户的借方期末余额合计＝全部账户的贷方期末余额合计

通过试算平衡，可以检查会计记录的正确性，可查明出现不正确会计记录的原因并进行调整，从而为会计报表的编制提供准确的资料。如果试算不平衡，说明账户的记录肯定有错；如果试算平衡，说明账户的记录基本正确，但不一定完全正确。这是因为有些错误并不影响借贷双方的平衡，如果某项经济业务在有关账户中被重记、漏记或记错了，并不能通过试算平衡来发现。但试算平衡仍是检查账户记录是否正确的一种有效方法。

七、账务处理程序

简单地说，账务处理程序就是会计的工作流程。由于流程中会计凭证、会计账簿、会计报表之间的结合方式不同，形成了不同的账务处理程序。在我国，常用的账务处理程序主要有三种。即：

（1）记账凭证账务处理程序。

（2）汇总记账凭证账务处理程序。

（3）科目汇总表账务处理程序。

它们的结构式（账务处理程序）可以展示如下：

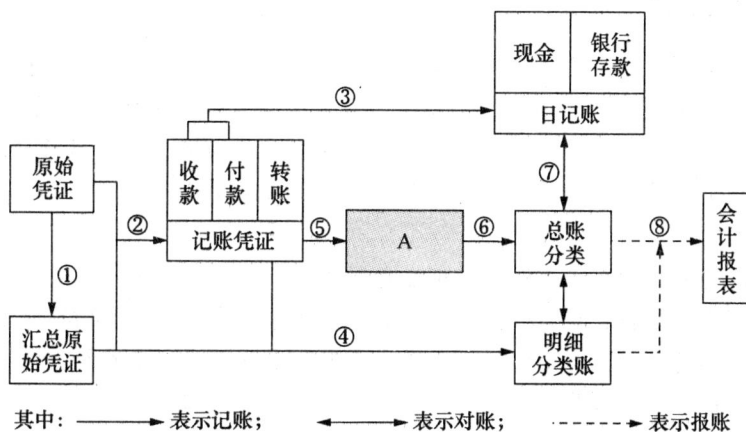

其中：——→表示记账； ←——→表示对账； -----→表示报账

注意⑤与⑥之间，有一个空的框格A，这个框格非常重要。因为三种账务处理程序的区别就在于在这个步骤的处理手法存在不同。因此，在框格中填入不同的内容，就可以得到不同的账务处理程序。

第一种情况：框格为空（——→ ▢ ——→）时，为记账凭证账务处理；

第二种情况：框格为汇总记账凭证（——→ 收款 付款 转账 / 汇总记账凭证 ——→）时，为汇总记账凭证账务处理程序；

第三种情况：框格为科目汇总表（——→ 科目汇总表 ——→）时，为科目汇总表记账程序。

总结起来，账务处理的一般程序是：

①根据原始凭证编制汇总原始凭证。

②根据原始凭证或汇总原始凭证，编制记账凭证。

③根据收款凭证、付款凭证逐笔登记现金日记账和银行存款日记账。

④根据原始凭证、汇总原始凭证和记账凭证登记各种明细分类账。

⑤⑥项的内容根据账务处理程序类型的不同而不同。

记账凭证账务处理程序中⑤⑥同为根据记账凭证逐笔登记总分类账。

汇总记账凭证账务处理程序中⑤是根据各种记账凭证编制有关汇总记账凭证；⑥是根据各种汇总记账凭证登记总分类账。

科目汇总表记账程序中⑤是根据各种记账凭证编制科目汇总表；⑥是根据科目汇总表登记总分类账。

⑦是期末，现金日记账、银行存款日记账以及各明细分类账的余额要同有关总分类账的余额核对相符。

⑧是期末，根据总分类账和明细分类账的记录，编制会计报表。

八、会计计量属性

会计计量是为了将符合确认条件的会计要素登记入账并列报于财务报表而确定其金额的过程。企业应当按照规定的会计计量属性进行计量，确定相关金额。计量属性是指予以计量的某一要素的特性方面。从会计角度，计量属性反映的是会计要素金额的确定基础，主要包括历史成本、重置成本、可变现净值、现值和公允价值等。

（一）历史成本

历史成本又称实际成本，就是取得或制造某项财产物资时所实际支付的现金或其他等价物。在历史成本计量下，资产按照购置时支付的现金或者现金等价物的金额，或者按照购置资产时所付出的对价的公允价值计量。负债按照因承担现时义务而实际收到的款项或者资产的金额，或者承担现时义务的合同金额，或者按照日常活动中为偿还负债预期需要支付的现金或者现金等价物的金额计量。

（二）重置成本

重置成本又称现行成本，是指按照当前市场条件，重新取得同样一项资产所需支付的现金或现金等价物金额。在重置成本计量下，资产按照现在购买相同或者相似资产所需支付的现金或现金等价物的金额计量。负债按照现在偿还该项债务所需支付的现金或现金等价物的金额计量。

（三）可变现净值

可变现净值是指在正常生产经营过程中，以资产预计售价减去进一步加工成本和预计销售费用以及相关税费后的净值。在可变现净值计量下，资产按照其正常对外销售所能收到的现金或者现金等价物的金额扣减该资产完工时估计将要发生的成本、估计的销售费用以及相关税费后的金额计量。可变现净值通常应用于存货资产减值情况下的后续计量。

（四）现值

现值是指对未来现金流量以恰当的折现率进行折现后的价值，是考虑货币时间价值的一种计量属性。在现值计量下，资产按照预计从其持续使用和最终处置中所产生的未来净现金流入量的折现金额计量；负债按照预计期限内需要偿还的未来净现金流出量的折现金额计量。

（五）公允价值

公允价值是指市场参与者在计量日发生的有序交易中，出售一项资产所能收到或者转移一项负债所需支付的价格。在公允价值计量下，资产和负债按照市场参与者在计量日发生的有序交易中，出售资产所能收到或者转移负债所需支付的价格计量。

根据新准则规定，我国计量属性的应用原则是：企业在对会计要素进行计量时，一般应当采用历史成本；采用重置成本、可变现净值、现值、公允价值计量的，应当保证所确定的会计要素金额能够取得并可靠计量。

基础知识二 模拟企业概述

一、模拟企业概述

企业名称：广州林一食品加工厂

企业地址：广州市番禺区光明西路 111 号

该企业为生产型企业，产品为朱古力豆、奶糖

该企业为一般纳税人，税务登记证号为 44011234567890802，增值税税率为 17%

该企业地处广州市番禺区，企业所得税率为 25%

基本存款账户开户行：中国农业银行创新支行，账号 037401040000256

一般存款账户开户行：中国农业银行创新支行，账号 037401045288965

企业法人：陈轩华

该企业采用科目汇总表账务处理程序。存货核算采用实际成本法。存货发出采用先进先出法。

该企业财务部的设置及人员分工如下。

姓　名	分　工
陆小敏	会计主管
何　琴	凭证审核
吴　宇	记　账
李　敏	出　纳

该企业银行预留印鉴：

该企业其他印章：

现金收讫	现金付讫
银行收讫	银行付讫

（广州林／食品加工厂
税号 44011234567890802
发票专用章）

二、模拟企业期初数据

该公司 2013 年 12 月有关账户期初余额如下：

1. 总分类账户余额表（2013 年 12 月 1 日）

总分类账户余额表

账户名称	金额（元）	账户名称	金　额（元）
库存现金	398.10	短期借款	20000.00
银行存款	110664.50	应付账款	14000.00
应收账款	81450.00	应付票据	8625.00
其他应收款	3000.00	利润分配	18335.50
原材料	14560.00	累计折旧	61100.00
生产成本	1712.40	盈余公积	17389.50
库存商品	67750.00	资本公积	11375.00
固定资产	287730.00	实收资本	360000.00
周转材料	5500.00	应交税费	16940.00
		应付职工薪酬	45000.00
合　计	572765.00	合　计	572765.00

2. 明细账户期初余额

有关明细账户期初余额表

总分类账户	明细分类账户	方向	期初余额（元）
应收账款	大兴商场	借	80000.00
	理光商场	借	1450.00
其他应收款	李明	借	1000.00
	陈康	借	2000.00
生产成本	朱古力豆	借	413.68
	奶糖	借	1298.72
应付账款	中发	贷	12000.00
	宇强	贷	2000.00

总分类账户	明细分类账户	方向	期初余额（元）
应付票据	宏发	贷	8625.00
应付职工薪酬	工资	贷	45000.00
应交税费	未交增值税	贷	15400.00
	应交城建税	贷	1078.00
	教育费附加	贷	462.00

原材料明细账

原材料名称	数量（千克）	单价（元/千克）	金额（元）
A	200	26.00	5200.00
B	180	40.00	7200.00
C	200	10.00	2000.00
D	100	1.60	160.00

库存商品明细账

产品名称	数量（千克）	单价（元/千克）	金额（元）
朱古力豆	550	85.00	46750.00
奶糖	350	60.00	21000.00

周转材料明细账

名称	数量（个）	单价（元/个）	金额（元）
包装袋	5000	0.50	2500.00
包装盒	1000	3.00	3000.00

项目二 上旬账务处理

任务一 提取现金

【业务描述】

2013 年 12 月 1 日，开出现金支票提取 3000 元现金备用。

【业务资料】

1. 支票正面

2. 支票背面

被背书人	被背书人	
背书人签章 年 月 日	背书人签章 年 月 日	（贴粘单处）

3. 领用支票审批单

领用支票审批单

年　　月　　日

领用部门		预支金额		
领用人		支票归属行		支票号码	
用途：				
				（限额：）
领用部门领导签章		财务部门领导签章		

备注：1. 领用的支票　　　天内有效。

　　　2. 领用支票后，限　　　天之内前来财务报账，并交回支票存根。

主办会计（审核）：　　　　　　　　　　　　　　　　　出纳：

4. 支票领用登记簿

支票领用登记簿

支票类型：　　　　　　　　　　年　　　月　　　　　银行账户：

日期		支票号	支票用途	预计金额								领用人	报销日期		退票日期		备注
月	日			十万	万	千	百	十	元	角	分		月	日	月	日	

【知识链接】

一、支票概述

支票是指单位或个人签发的，委托办理支票存款业务的银行见票时无条件支付确定金额给收款人或持票人的票据。支票实际上是存款人开出的付款通知。

1. 支票的种类及其适用范围

支票可分为：①现金支票，支票上印有"现金"字样的为现金支票。现金支票只能用于向银行支取现金，不可以办理转账。②转账支票，支票上印有"转账"字样的为转账支票。转账支票是用于单位之间的商品交易、劳务供应或其他款项往来的结算凭证。转账支票只能用于转账，而不能用于支取现金。③普通支票，支票上未印有"现金"和"转账"字样的为普通支票。普通支票既可用来支取现金，也可用来转账。根据《票据法》规定，普通支票用于转账时，应当在支票正面注明。这一注明方式一般是在支票正本的左上角划两条平行线，即为划线支票，划线支票只能用于转账，不能用于支取现金。

支票结算凡是在同一票据交换区域内使用，可用于商品交易、劳务供应、资金调拨以及其他款项结算。凡在银行设立账户的单位、个体经济户和个人经开户银行同意，均可使用支票结算。从2007年7月开始，支票可在全国通用。为防范支付风险，异地使用支票的单笔金额上限为50万元。

2. 支票结算的基本规定

（1）支票一律记名。即签发的支票必须注明收款人的名称，并只准收款人或签发人向银行办理转账或提取现金。在中国人民银行总行批准的地区，转账支票可以背书转让。

（2）支票为见票即付，支票的提示付款期限为自出票日起 10 天（到期日遇节假日顺延），中国人民银行另有规定的除外。超过提示付款期限的，持票人开户银行不予受理，付款人不予付款。支票不得另行记载付款日期，另行记载付款日期的，该记载无效。

（3）支票的金额起点为 100 元。起点以下的款项结算一般不使用支票，但缴纳公用事业费，缴拨基本养老保险基金、建房公积金等时，可不受金额起点的限制。

（4）签发支票应使用碳素墨水或黑墨水填写，未按规定填写，被涂改冒领的，由签发人负责。支票上各项内容要填写齐全，内容要真实，字迹要清晰，数字要标准，大小写金额要一致。支票大小写金额、签发日期和收款人不得更改，其他内容如有更改，必须由签发人加盖预留银行印鉴章之一证明。

（5）签发人必须在银行账户余额内按照规定向收款人签发支票。不准签发空头支票或印章与预留银行印鉴不符的支票，否则，银行除退票外还要按票面金额处以 5% 但不低于 1000 元的罚款，另收 2% 的赔偿金给收款人。对屡次签发空头支票的，银行将根据情节给予警告、通报批评，直至停止其向收款人签发支票。

（6）已签发的现金支票遗失，可以向银行申请挂失。挂失前已经支付的，银行不予受理。已签发的转账支票遗失，银行不受理挂失，可请求收款人协助防范。已签发的转账支票遗失，可以向银行申请挂失止付，也可以直接向人民法院申请公示或提起诉讼。如果在挂失止付前款项已经支付的，银行不再受理。申请现金支票挂失，应出具公函或有关证明，加盖预留银行印鉴，并交付挂失手续费。银行收取挂失手续费后，办理有关事宜。

（7）收款人在接受付款人交来的支票时，应注意审核以下内容：支票收款人或被背书人是否确为本收款人；支票签发人及其开户银行的属地是否在本结算区；支票签发日期是否在付款期内；大小写金额是否一致；背书转让的支票其背书是否连续，有无"不准转让"字样；支票是否按规定用碳素墨水填写；大小写金额、签发日期和收款人名称有无更改；其他内容更改后是否加盖印鉴证明；签发人盖章是否齐全等。

（8）对持支票前来购货的购货人必须核对身份，查验有关证件。为了防止发生诈骗、冒领或收受空头支票，收款人或被背书人接受支票时，可检查持票人的身份证，记录身份证号码并问明联系电话等。按常规应将受理的支票及时送存银行，待银行将款项收妥并存入本单位账户后再行发货。

3. 支票的领购

单位领购支票时，应由出纳人员填制一份"空白重要凭证领用单"（注意：目前，不同的银行，对开户单位购买空白凭证所填制的单据名称、格式的要求会有所区别，但基本内容相同，办理手续要求相同），并在第一联上加盖预留银行印鉴，送交银行办理。银行核对印鉴相符后，按规定收取一定工本费和手续费在"重要空白凭证登记簿"上注明领用日期、领用单位、支票起讫号码等，出售支票。按规定，每个账户一次只准购买一本支票，业务量大的可适当放宽。出售时，每张支票上要加盖本单位开户银行名称及银行账号，即每张支票上的付款行名称和出票人账号是在领购时必须预先盖好印章。

4. 支票的填制

支票可分为现金支票、转账支票和普通支票三种。这三类支票的填制方法是一样的，下面以普通支票为例介绍支票的填制方法。支票的填写顺序如下：

正本部分：出票日期（大写）——→收款人——→人民币大写——→人民币小写——→

用途——加盖预留银行印鉴

存根部分：出票日期（小写）——收款人——金额（小写）——用途

注意：出票日期采用汉字大写，大写时，应注意月、日的书写。大写月份时，壹月、贰月、拾月前需加"零"，例如"零壹月"、"零贰月"、"零壹拾月"。大写日时，壹至玖日、壹拾日、贰拾日、叁拾日前加"零"，例如"零捌日"、"零贰拾日"等；另外拾壹至拾玖日前应加"壹"，例如"壹拾壹日"、"壹拾玖日"。这样做是为了防止变造票据的出票日期。如 2008 年 12 月 18 日大写：贰零零捌年壹拾贰月壹拾捌日。

> 思考　2013 年 3 月 5 日大写是怎样写的？2013 年 10 月 20 日大写是怎样写的？

凡规定填写大写金额的各种原始凭证，如银行结算凭证、发票、运单、提货单、各种现金收支凭证等，都必须在填写小写金额的同时，填写大写金额。

支票等原始凭证的小写金额的填写要求应注意阿拉伯数字应逐个书写清楚，不可连笔书写。每个字体都要各自成形，大小匀称，排列整齐，字迹要工整、清楚、规范。阿拉伯数字字体要自右上方斜向左下方书写，倾斜度约为 55°。每一个数字要紧靠行格底线书写，大概占行高的 1/2，以留出空位，以备更正错误。有圆圈的数字，如 6、8、9、0 等，圆圈必须封口；写 6 时，应照一般数字向右上方长出 1/4；写 7 和 9 时，照一般数字向左下方（过行格底线）长出 1/4。阿拉伯数字合计金额的最高数字前面应写人民币符号"￥"（注意：正确的人民币符号是 Y 字下加两横而不是一横）。凡在阿拉伯数字前写有币种符号的，数字后面不再写货币单位"元"。如没有币种符号，则在人民币符号与阿拉伯数字之间，不得留有空白，以元为单位的金额一律填写角分；有角无分的，在分位上填写"0"；无角分的，在角位和分位上分别填写一个"0"，不得空格。

汉字大写金额数字，应符合规定要求，使用既容易辨认，又不容易涂改的正楷字书写，如壹、贰、叁、肆、伍、陆、柒、捌、玖、拾、佰、仟、万、亿、角、分、零、整等。不得用一、二、三、四、五、六、七、八、九、十等代替。大写金额前应有"人民币"字样，中间不得留有空白。大写金额数字前未印"人民币"字样的，应加填"人民币"三字。大写金额数字到"元"位或"角"位止的，在"元"或"角"之后，应写"整"（或"正"）字；如果大写金额到"分"位止的，"分"后面不写"整"（或"正"）字。阿拉伯金额数字中间有"0"或连续有几个"0"时，汉字大写金额只写一个"零"字即可。如 2506.37 元，汉字大写金额为"人民币贰仟伍佰零陆元叁角柒分"。又如 4008 元，汉字大写金额应为"人民币肆仟零捌元整"。阿拉伯金额数字中万位和元位是"0"，或者数字中间连续有几个"0"，万位、元位也是"0"，但千位、角位不是"0"时，汉字大写金额中可以只写一个"零"字，也可以不写"零"字。如 201000.35 元，汉字大写金额为"人民币贰拾万壹仟元零叁角伍分"，或者写成"人民币贰拾万壹仟元叁角伍分"。阿拉伯金额数字角位是"0"、而分位不是"0"时，汉字大写金额"元"后面应写"零"字。如 8409.02 元，汉字大写金额应为"人民币捌仟肆佰零玖元零贰分"，又如 325.04 元，汉字大写应为"人民币叁佰贰拾伍元零肆分"。

支票正本上要加盖签发人的预留银行印鉴（在填写金额一栏的下面），财务专用章和法人章，缺一不可。印泥为红色，印章必须清晰，印章模糊只能将本张支票作废，换一张支票重新填写，重新盖章。

5. 支票的背书转让

背书是在支票背面或粘贴处上记载有关事项，并盖章的票据行为，是指持票人转让票据权利与他人。

（1）支票仅限于票据交换区域内背书转让。用于提取现金的支票，记载"不得转让"字样的支票，以及超过付款期限的支票不得背书转让。背书附有条件的，所附条件不得影响票据的效力；背书应当连续。

（2）单位在进行背书时，必须注意以下事项：背书人签章、被背书人名称、背书人、日期。

（3）背书应当依次前后衔接，背书不够记载时，可以粘贴到粘贴处，但应在粘贴处签章。收款人在受理支票时，应注意审查如下内容：被背书人是否确为本单位或个人；支票是否在付款期限内；背书记载事项是否齐全；签章是否符合规定；背书是否连续；背书使用粘贴的是否按规定在粘贴处签章；被背书人为个人的，被背书人应当审查背书人的身份证。

6. 支票的挂失和注销

允许挂失止付的支票遗失后，失票人需要办理挂失止付，应填写挂失止付通知书并签章。付款人收到挂失止付通知书后，查明挂失票据未付款时，应立即停止付款。付款人自收到挂失止付通知书之日起 12 天内，没有收到人民法院止付通知书的，自第 13 天起，持票人提示付款并依法向持票人付款的，不再承担责任。

存款人撤销、合并并结清账户时，必须将全部剩余的空白支票交回银行，填写"缴回空白重要凭证清单"，办理切角注销手续。

二、库存现金的核算

（一）库存现金的序时核算

为了加强对库存现金的核算与管理，详细地掌握企业现金收支的动态和结存情况，企业必须设置"现金日记账"，由出纳员按照现金收支业务发生的时间顺序，逐日逐笔进行登记，并逐日结出余额，以便与实存现金相核对，做到日清月结，账实相符。

（二）库存现金总分类核算

企业应设置"库存现金"账户对库存现金进行总分类核算。"库存现金"是资产类账户，用以核算库存现金的收入、支出和结存。收入现金时，计入借方；支出现金时，计入贷方；余额在借方，表示库存现金的结存数额。

库存现金总分类账由不从事出纳工作的会计人员登记，一般采用订本式的"三栏式"账簿。月份终了，库存现金总分类账余额与出纳人员登记的现金日记账余额应核对相符。

三、银行存款的核算

（一）银行存款的序时核算

银行存款日记账应由出纳人员登记，账簿的格式和登记方法均与库存现金日记账基本相同。为了及时了解和掌握银行存款的动态和余额，银行存款日记账的登记应做到日清月结。

（二）银行存款的总分类核算

企业设置"银行存款"总账账户，以对银行存款进行总分类核算。该账户为资产类账户，借方登记收入的存款，贷方登记付出的存款，期末余额在借方，反映存款的结存数额。

银行存款的总分类账簿由不从事出纳工作的会计人员登记，一般采用订本式的"三栏式"账簿，其登记的方法、依据和账簿的格式均与库存现金总账基本相同。月份终了，银行存款总分类账余额与出纳人员登记的银行存款日记账余额应核对相符。

【处理流程】

单位需要现金时，可以按照有关规定到开户银行提取现金。取款的程序如下：
（1）由出纳员填写现金支票。同时，填写支票领用登记簿。

领用支票审批单

2013 年 12 月 1 日

领用部门	财务部		预支金额	￥3000.00	
领用人	李敏	支票归属行	农行创新支行	支票号码	18545121
用途：提现备用					
				（限额：￥3000.00）	
领用部门领导签章			财务部门领导签章		陆小敏
备注：1. 领用的支票 1 天内有效。 　　　2. 领用支票后，限 1 天之内前来财务报账，并交回支票存根。					

主办会计（审核）： 陆小敏　　　　　　　　　出纳： 李敏

支票领用登记簿

支票类型：现金支票　　　　　　　2013 年 12 月　　　　　　银行账户：农行 037401040000256

日期		支票号	支票用途	预计金额								领用人	报销日期		退票日期		备注
月	日			十	万	千	百	十	元	角	分		月	日	月	日	
12	1	18545121	提现备用	￥	3	0	0	0	0	0	0	李敏	12	1			

中国农业银行现金支票存根（粤）

$\frac{CG}{02}$ 18545121

附加信息

出票日期 2013 年 12 月 01 日

| 收款人：广州林一食品加工厂 |
| 金　额：¥3000.00 |
| 用　途：提现备用 |

单位主管 陆小敏　会计 李敏

中国农业银行 现金支票（粤）　　$\frac{CG}{02}$ 18545121

出票日期(大写) 贰零壹叁年 壹拾贰月 零壹 日　　付款行名称：农行创新支行

收款人：广州林一食品加工厂　　出票人账号：03740104000256

人民币
(大写) 叁仟元整　　　　亿千百十万千百十元角分 ¥300000

用途 提现备用

上列款项请从
我账户内支付
出票人签章

财务专用章

复核　　记账

本支票付款期限十天

被背书人	被背书人	
广州林一食品加工厂 财务专用章　陈轩华印		（贴粘单处）
背书人签章 年 月 日	背书人签章 年 月 日	

报销单据粘贴单

2013 年 12 月 1 日

部门	财务	报销人	李敏	报销事由	提现备用	批准人：陆小敏
						单据　1　张
						合计金额¥3000 元
						车费票
中国农业银行现金支票存根（粤）

$\frac{CG}{02}$ 18545121

附加信息

出票日期 2013 年 12 月 01 日

收款人：广州林一食品加工厂
金　额：¥3000.00
用　途：提现备用

单位主管 陆小敏　会计 李敏 | | | | | 其中 | 火车费票 |
						飞机票
						旅食宿费
						其他
						补贴

（2）沿虚线剪开，支票存根留在单位以备记账。取款人持支票正本到开户银行后，向开户银行对公窗口提交现金支票，银行受理后，交给取款人现金。取款人收到现金后，根据取款数额当场认真清点，确认无误后方可离开银行。

（3）取回现金后，取款人是出纳人员的应及时将现金存入保险柜；取款人不是出纳人员的，应将取回的现金交出纳人员存入保险柜，取款人与出纳人员要当面清点现金。

（4）根据现金支票存根编制记账凭证。

将现金支票存根粘贴在"报销单据粘贴单"中（如下图），再编制记账凭证。将支票存根直接粘贴在记账凭证的背面，也是可以的。

记 账 凭 证

2013 年 12 月 1 日 记字第 1 号

摘 要	会计科目		借方金额									贷方金额									记账√
	总账科目	明细科目	百	十	万	千	百	十	元	角	分	百	十	万	千	百	十	元	角	分	
提现	库存现金				3	0	0	0	0	0											
	银行存款													3	0	0	0	0	0		
附件 1 张	合 计			¥	3	0	0	0	0	0			¥	3	0	0	0	0	0		

会计主管：陆小敏 记账：吴宇 出纳：李敏 审核：何琴 制证：王秋华

（5）出纳根据审核无误的记账凭证登记现金日记账和银行存款日记账。

【工作技巧】

在实际工作中，签发的支票退回或收受的支票进不了账的主要原因是支票签发不完整、不正确，或支票有缺陷、不合规，被审查为无效票据。正确签发支票应注意以下三个方面：

（1）要严格做到"九不准"。①不准更改签发日期。②不准更改收款人名称。③不准更改大小写金额。④不准签发空头支票，即不准签发超过银行存款账户余额的支票。⑤不准签发远期支票。⑥不准签发空白支票。通俗地说，空白支票是指单位签发的没有填写收款单位名称、没有付款日期、没有付款金额，而已经加盖了印鉴的支票，有时也包括未经签章的支票。该种支票一般在无法提前确定购货单位或购货金额的情况下使用。该支票一旦丢失会给单位造成损失。⑦不准签发有缺陷的支票。有缺陷支票的表现形式主要有：一是印鉴不符，即支票上的印章与银行预留印鉴不符，或支票上的印章盖得不全。银行查出印鉴不符时，除将支票作废退回外，还要按票面金额处以5%但不低于1000元的罚款。二是戳记用印油而不用印泥或印章模糊不清的支票。三是污损的支票，即票面破碎、污损，无法辨认或字迹不清的支票。四是账号与户名不符，或户名简写的支票。五是更改处未盖预留印鉴的支票。六是付款单位已清户的支票。七是未填用途或所填用途不当的支票。八是不按规定用墨汁或碳素墨水书写的支票。九是购买未经批准的专控商品的支票。十是非本行的支票。⑧不准签发用途弄虚作假的支票。签发用途不真实的支票，系套取银行信用行为，一经发现按违反结算制度给予经济处罚。⑨不准将盖好印鉴的支票存放于他人处让其代为签发，以防止形成空头支票或经济诈骗。

（2）要做到要素齐全、内容真实、数字正确、字迹清晰。①支票要按顺序编号连续签发，不得调号。②日期中的年份要写完整，不能简写，如"贰零壹叁年"不能写成"壹叁年"。③收款人必须写全称，不能写简称，防止与户名不符而被退票。④日期、收款人、大小写金额正确填写，防止形成无效支票。⑤其他更改的地方要加盖预留印鉴。⑥金额大写文字要正确，小写数码要规范。⑦印章要齐全，符合预留印鉴，使用印泥。由于现行支票上没有付款单位名称栏目，必须使用预留在银行的印鉴，所以印章一定要清楚。⑧不得使用蓝墨水填写。⑨在银行购买了密码器的企业，在使用支票时都要用密码器设置密码和认真填写密码。密码填写错误视为印鉴不符事项处理。

（3）由专人签发。支票应由财务部门分派专人保管、签发，不要多人插手，以便分清责任。

如果支票开错了，就在支票上面盖"作废"章，等下次去银行领购支票时交给银行人员注销。

【知识延伸】

狭义的现金是指库存现金，是存放在企业并由出纳人员保管的现钞，包括库存的人民币和外币。广义的现金不仅包括库存现金，还包括银行存款和其他符合现金定义的票据。在我国，采用的是狭义的现金概念。

现金是流动能力最强的货币资金，虽然流动性强但也有一定的适用范围，并有相应条例对其进行严格的管理。现金管理就是对现金的收、付、存等各环节进行的管理，依据《现金管理暂行条例》的规定，现金管理的基本原则是：

1. 收付合法原则

收付合法原则，是指各单位在收付现金时必须依照国家的财经法规办理现金收支业务。这里所说的合法包括两层含义：一是现金的来源和使用必须合法；二是现金收付必须在合法的范围内进行。

2. 钱账分管原则

钱账分管，即管钱的不管账，管账的不管钱。一方面，非出纳员不得经管现金的收付业务和现金保管业务；另一方面，按照《会计法》的规定，出纳员不得兼管稽核、会计档案保管和收入、费用、债权、债务账目的登记工作。当然，管钱的不管账，并不是说出纳员不能管理任何账，只要其所管的账与现金及银行存款无关或不影响内部牵制的总体要求即可。如出纳员在办理现金收付业务和保管现金的同时，还要登记现金日记账和编制现金日报表，由会计员登记现金总账。

3. 收付两清原则

收付两清原则，是指为了避免在现金收支过程中发生长款、短款，现金收付要做到相互复核，不论工作忙闲、金额大小或对象生熟，出纳人员对收付的现金都要进行复核，切实做到现金收付不出差错，收付款当面点清，以保证收付两清。

4. 日清月结原则

日清月结原则，是指各单位必须做到对每天发生的现金收付业务，都要记入现金日记账，结出当天的库存现金余额，并把现金账面余额与实际库存余额核对，保证账实相符。日清月结原则的内容包括：

（1）清理各种现金收付款凭证，检查单证是否相符，也就是说各种收付款凭证所填写的内容与所附原始凭证反映的内容是否一致；同时还要检查每张单证是否已经盖齐"现金收讫"或"现金付讫"戳记。

（2）登记和清理日记账。将当日发生的所有现金收付业务全部登记入账。在此基础上，检查账证是否相符，即现金日记账所登记的内容、金额与收、付款凭证的内容、金额是否一致。清理完毕后，结出现金日记账的当日账面余额。

（3）现金盘点。出纳员应按券别分别清点数量，然后加总，得出当日现金的实存数。将盘存得出的实存数和账面余额进行核对，如果发现有长款或短款，应进一步查明原因，及时进行处理。如果经查明长款是因记账错误、丢失单据所致，应及时更正错账或补办手续；如果属于少付他人则应查明后退还原主，如果确实无法退还，应经过一定的审批手续后作为单位的收益。对于短款，如果查明属于记账错误应及时更正错误；如果属于出纳员工作疏忽或业务水平所致，应按规定由过失人赔偿。

（4）检查库存现金是否超过规定的库存限额。如果实际库存现金超过规定库存限额的，出纳员应将超出的部分及时送存银行。如果实际库存现金低于库存限额的，应及时补提现金。

企事业单位和机关团体、部队的现金管理在遵循上述原则外，还必须遵循以下现金管理规定，对现金进行严格有效的管理：

1. 现金开支范围

（1）职工工资津贴。

（2）支付给个人的劳动报酬。

（3）根据国家规定颁发给个人的科学技术、文化艺术、体育等各种奖金。

（4）各种劳保、福利费用以及国家规定的对个人的其他支出。

（5）向个人收购农副产品和其他物资的价款。

（6）出差人员必须随身携带的差旅费。

（7）结算起点（1000元人民币）以下的零星支出。

（8）中国人民银行确定的需要支付的其他支出。

支付不属于上述规定范围的款项时应通过银行进行转账结算。

2. 收受现金范围

按照以上现金适用范围的规定，在银行开户的单位，也只有在下列范围内才能收受现金，其他收入一律通过银行办理结算。

（1）剩余差旅费和归还备用金等个人交款。

（2）对个人或不能转账的集体单位的销售收入。

（3）不足转账起点（1000 元）的小额收款。

3. 库存现金的限额

为了满足企业日常零星开支的需要，按照规定，企业可保持一定数量的库存现金。库存现金的限额是指企业根据日常开支的现金量提出计划，报开户银行审查，由开户银行根据企业的实际需要和企业距离银行远近情况核定库存现金的最高限度。其限额一般按照企业 3~5 天的日常零星支出所需要的现金确定；远离银行或交通不便的企业，可以根据企业不超过 15 天的日常支出来核定。

库存现金限额经银行核定批准后，开户单位应当严格遵守，每天现金的结存数不得超过核定的限额。超过库存现金限额的部分应在当日终了前存入银行，如现金不足限额时可从银行提取现金，但不得在未经开户银行准许的情况下坐支现金。库存现金限额一般每年核定一次。单位因业务需要而变更库存现金限额时，可向开户银行提出申请，由开户银行重新核实，经批准后，方可调整，单位不得擅自超出核定限额增加库存现金。

4. 禁止坐支现金

坐支现金，是指企事业单位和机关团体将本单位的现金收入直接用于现金支出。按照《现金管理暂行条例》及其实施细则的规定，开户单位支付现金，可从本单位的现金库存中支付或者从开户银行提取，而不得从本单位的现金收入中直接支付。单位收到的现金收入，应当在当日送存银行，当日送存银行有困难的，由开户银行决定送存时间。这主要是因为：坐支将使银行无法准确掌握各单位的现金收入来源和支出用途；干扰开户银行对各单位现金收付的管理，扰乱国家金融秩序。因此，坐支现金是违反财经纪律的行为，会受到相应的处罚。

如因特殊情况需要坐支现金，应事先向开户银行提出申请，说明申请坐支的理由、用途和每月预计坐支的金额，然后由开户银行根据有关规定进行审查，核定开户单位的坐支范围和坐支限额。按规定，企业可以在申请库存限额申请审批书内同时申请坐支，说明坐支的理由、用途和金额，报开户银行审查批准，也可以专门申请批准。

按照有关规定，允许坐支的单位主要包括：

（1）基层供销社、粮店、食品店、委托商店等销售兼营收购的单位，向个人收购支付的款项。

（2）邮局以汇兑收入款支付个人汇款。

（3）医院以收入款项退还病人的住院押金、伙食费及支付输血费等。

（4）饮食店等服务行业的营业找零款项等。

（5）其他有特殊情况而需要坐支的单位。

允许坐支的单位应严格按照开户银行核定的坐支范围和坐支限额坐支现金，不得超过该范围和限额，并在单位的现金账上如实加以反映。

为了便于开户银行监督开户单位的坐支情况，坐支单位应定期向开户银行报送坐支金额及使用情况。

另外，按照《现金管理暂行条例》及其实施细则的规定，企事业单位和机关团体、部队在日常现金收付管理中还必须遵循以下"八不准"：

（1）不准用借条、白条等不符合财务制度的凭证顶替库存现金（即不准白条抵库）。

（2）不准单位之间相互借用现金。

（3）不准谎报用途套用现金。

（4）不准利用银行账户代其他单位和个人收支现金。

（5）不准将单位收入的现金以个人名义存入银行。

（6）不准保留账外公款，不得私设"小金库"。

（7）不准发行变相货币。

（8）不准以任何票券代替人民币在市场上流通。

开户单位如有违反现金管理"八不准"的任何一种情况，开户银行可按照《现金管理暂行条例》的规定，有权责令其停止违法活动，并根据情节轻重给予警告或罚款。

5. 库存现金的内部控制制度

（1）企业应建立现金的岗位责任制，明确相关部门和岗位的职责权限，确保办理现金业务的不相容岗位相互分离，制约和监督。具体应做到：

1）现金收支业务的审批和执行应由不同人担任。

2）现金收支业务的执行和记录应由不同人担任。

3）现金的记录、保管和稽核应由不同人担任。

4）登记现金日记账和登记现金总账应由不同人担任。

5）出纳员不得兼任会计档案的保管工作。

6）出纳员不得兼管收入、费用、债权、债务账目的登记工作。

（2）企业办理现金业务，应配备合格的人员，并根据具体情况进行岗位轮换。

（3）企业应建立现金业务的授权批准制度，明确审批人员对现金业务的授权批准方式、权限、程序、责任和相关控制措施，规定经办人员办理现金业务的职责范围和工作要求。

（4）企业应加强银行预留印鉴的管理。财务专用章由专人保管，个人名章由本人或其授权人保管。严禁一人保管支付款项所需的全部印章。

（5）企业应加强与现金有关的票据管理，防止空白票据的遗失和被盗。

任务二 收回前欠货款

【业务描述】

2013 年 12 月 1 日，收到大兴商场交来的转账支票一张用以偿还前欠部分货款 50000 元，已存入银行。

【业务资料】

1. 收到的转账支票

中国工商银行 转账支票 （字）   B02 18543178

出票日期(大写) 贰零壹叁 年 壹拾贰 月 零壹 日   付款行名称：工行解放西支行

收款人：广州林一食品加工厂   出票人账号：02698130122563

	亿	千	百	十	万	千	百	十	元	角	分
人民币（大写）伍万元整					¥	5	0	0	0	0	0

用途：部分货款

上列款项请从 我账户内支付 出票人签章

本支票付款期限十天

复核   记账

2. 支票背面

被背书人	被背书人	（贴粘单处）
背书人签章 年 月 日	背书人签章 年 月 日	

3. 收款收据

收 款 收 据

年 月 日   NO.00156

付款单位（人）		付款方式	
交款事由			
人民币（大写）		（小写）¥	
备注			

4. 银行进账单

中国农业银行进账单（回单）

年 月 日   NO.00156

出票人	全　称		收款人	全　称											
	账　号			账　号											
	开户银行			开户银行											
金额	人民币（大写）				亿	千	百	十	万	千	百	十	元	角	分
票据种类		票据张数													
票据号码															
	复核　　记账			开户银行签章											

此联是开户银行交给持票人的回单

【知识链接】

一、银行进账单

任何单位收到对方开来的支票，应先填制进账单，然后连同支票到开户银行办理进账手续。进账单一式三联：第一联回单（开户银行交给持票人的回单），第二联贷方凭证（收款人开户银行作贷方凭证），第三联收账通知（收款人开户银行交给收款人的收账通知）。进账单的填制方法及顺序（可用圆珠笔填制，但一般要用钢笔填制）如下：

时间——出票人全称、账号、开户银行——收款人全称、账户、开户银行——人民币（大写）——小写——票据种类、张数、号码

注意： 银行进账单是单位直接到开户行购买。此单是常用的一种单据，由财会人员填写。不同银行的进账单格式会有些区别，但基本内容是一样的。第一联"回单"是受理证明，说明单位要向银行存一张支票，但不证明到账。第三联"收账通知"是入账证明，可以用来做账。通常，可以把两联合在一起，以免重复做账。

二、应收账款的核算

应收账款是指企业因销售商品、产品或提供劳务等业务，应向购货单位或接受劳务单位收取的款项。它是企业因销售商品、产品、提供劳务等经营活动所形成的债权。核算应收账款时，必须确定其入账价值，及时反映应收账款的形成、收回情况，合理地确认和计量坏账损失，并按规定计提坏账准备。

应收账款应按实际发生额计价入账。其入账价值包括销售货物或提供劳务的价款、增值税，以及代购货单位垫付的包装费、运杂费等。在确认应收账款的入账价值时，还要考虑商业折扣和现金折扣等因素。

企业销售商品或材料发生的应收账款在没有商业折扣的情况下，企业按应收的全部金额借记"应收账款"科目，贷记"主营业务收入"、"其他业务收入"、"应交税费——应交增值税（销项税额）"等科目；收回款项时，借记"银行存款"等科目，贷记"应收账款"科目。企业代购单位垫付运杂费时，借记"应收账款"科目，贷记"银行存款"科目；收回代垫费用时，借记"银行存款"等科目，贷记"应收账款"科目。

【处理流程】

（1）认真审核收到的转账支票。审核支票的出票日期的大写填写是否正确；收款人、金额、用途等内容填写是否清楚。

（2）审核无误后，依据管理规定开具收款凭据（即收款收据），并在凭据上加盖"银行收讫"印章。

（3）认真填写支票背面的内容，并加盖银行预留印鉴。

（4）认真填写银行进账单。

（5）登记支票收款登记簿。

（6）将支票连同进账单前往银行办理。

收 款 收 据

2013 年 12 月 1 日　　　　　　　　　　　　　　　NO. 00156

付款单位（人）	大兴商场	付款方式	转账支票
交款事由	部分货款	银行收讫	
人民币（大写）	伍万元整		（小写）￥50000.00
备注			

被背书人	被背书人	（贴粘单处）
陈轩华印		
背书人签章　　年　月　日	背书人签章　　年　月　日	

（7）银行受理后，将已盖章的进账单的第一联和第三联交给出纳员（此处只列示第一联，第三联略）。

中国农业银行　进账单　（回　单）　1

2013 年 12 月 1 日

出票人	全　称	广州大兴商场	收款人	全　称	广州林一食品加工厂
	账　号	02698130122563		账　号	037401040000256
	开户银行	工行解放西支行		开户银行	农行创新支行

金额	人民币（大写）	伍万元整	亿	千	百	十	万	千	百	十	元	角	分
						￥	5	0	0	0	0	0	0

票据种类	转账	票据张数	壹张
票据号码			

复核　　　　　记账

中国农业银行股份有限公司
广州市创新支行
★ 2013.12.01 ★
票据受理专用章
收妥抵用
开户银行签章

此联是开户银行交给持票人的回单

（8）会计主管审核原始凭证后交制单人员编制记账凭证，并由记账人员根据审核无误的记账凭证登记相应明细账，出纳员登记银行存款日记账。

记 账 凭 证

2013 年 12 月 1 日　　　　　　　　　　　　　记字第 2 号

摘　要	会计科目		借方金额								贷方金额								记账 √
	总账科目	明细科目	百	十	万	千	百	十	元	角	分	百	十	万	千	百	十	元	角	分	
收回部分货款	银行存款				5	0	0	0	0	0	0										
	应收账款	大兴商场												5	0	0	0	0	0	0	
附件 3 张	合　计		¥	5	0	0	0	0	0	0		¥	5	0	0	0	0	0	0		

会计主管：陆小敏　　记账：吴宇　　出纳：李敏　　审核：何琴　　制证：王秋华

任务三　预借差旅费

【业务描述】

2013 年 12 月 1 日，采购部王强出差预借差旅费 2000 元，以现金支付。

【业务资料】

借 款 单

年　月　日

部　门		姓　名	
借款事由			
借款金额			
预计还款报销日期			
审批意见		借款人签收	

会计主管：　　　　　　　　　　　　　　　出纳：

【知识链接】

一、借款单

单位员工因外出开会、学习、采购、调研或员工为本单位交纳水电费、电话费、会务费、购买办公用品和礼品等具体事项而从本单位借出资金时，需填制"借款单"。员工首先到财务部门领取"借款单"，并认真填写完整，然后送所在部门的领导和有关人员审查签字。出纳员根据单位内部规定的审批权限和程序，审核后手续齐备并符合制度规定要求的即可予以支付。

二、现金支付应注意事项

一切现金付款业务必须有原始凭证。由经办人填制报销凭证，并经主管人员审核签字，然后送财务部门审核认可后填制付款凭证，出纳员据以付款。对于已付讫的凭证，出纳员应在有关原始凭证上加盖"现金付讫"戳记，以防止重复付款。

三、其他应收款的核算

其他应收款是企业除应收票据、应收账款和预付账款等经营活动以外的其他各种应收和暂付款项。其内容如下：

（1）应收的各种赔款或罚款。

（2）应收出租包装物的租金。

（3）应向职工收取的各种垫付款项。

（4）备用金（向企业各职能科室、车间等拨付的备用金）。

（5）存出的保证金，如租入包装物支付的押金。

（6）预付账款的转入。

（7）其他各种应收和暂付款项。不包括企业拨出用于投资和购买物资的各种款项。

企业应设置"其他应收款"会计科目进行核算。"其他应收款"科目属于资产类科目，增加计入借方，减少计入贷方。

【处理流程】

（1）王强填制借款单，并请领导签字。

（2）出纳员李敏审核借款单后，支付现金。王强签收。

借 款 单

2013 年 12 月 1 日

部　　门	采购部	姓名	王强
借款事由	外出采购预借差旅费		
借款金额	人民币（大写）零拾零万贰仟零佰零拾零元		人民币
预计还款报销日期	2013 年 12 月 10 日		￥2000.00
审批意见	同意借支。 陈轩华	借款人签收	王强

会计主管：陆小敏　　　　　　　　　　　　出纳：李敏

（3）会计主管审核原始凭证后交制单人员编制记账凭证，记账人员根据审核无误的记账凭证登记相应明细账，出纳员登记库存现金日记账。

记　账　凭　证

2013 年 12 月 1 日　　　　　　　　　　　　　　记字第 3 号

摘　　要	会计科目		借方金额									贷方金额									记账√
	总账科目	明细科目	百	十	万	千	百	十	元	角	分	百	十	万	千	百	十	元	角	分	
预借差旅费	其他应收款	王强			2	0	0	0	0	0											
		库存现金												2	0	0	0	0	0	
附件1张	合　　计			¥	2	0	0	0	0	0			¥	2	0	0	0	0	0	

会计主管：陆小敏　　记账：吴宇　　出纳：李敏　　审核：何琴　　制证：王秋华

任务四　支付电话费

【业务描述】

2013 年 12 月 2 日，开出转账支票一张支付 11 月电话费。

【业务资料】

1. 电信发票

电信发票

中国电信股份有限公司广州分公司收费专用发票

填开日期：2013 年 12 月 2 日　　　　　发票联　　　　　发票代码：×××

客户名称：广州林一食品加工厂　　　　　　　　　　发票号码：×××

合同号：×××　　　　　　　　　　　　　　　　客户号码：×××

金额（大写）贰仟肆佰陆拾元整　　小写：2460.00

款项性质：2013/11/01—2013/11/30　　天翼 T9

其中：通信费：贰仟肆佰陆拾元整			
本次缴纳：2460.00	本次余额：0.00	款余额：42060107893987	赠送余额抵扣：0.00
备注：		发票专用章	

流水号：××　　　收款员：××　　　收费单位：　　　（机打发票、手填无效）

2. 转账支票

中国农业银行转账支票存根(粤)

$\frac{CG}{02}$ 18445321

附加信息 _____

出票日期 年 月 日

收款人:	
金 额:	
用 途:	

单位主管 会计

中国农业银行 转账支票(粤) $\frac{CG}{02}$ 18445321

| 出票日期(大写) 年 月 日 | 付款行名称: |

收款人: 出票人账号:

人民币(大写) 亿千百十万千百十元角分

用途 _____

上列款项请从
我账户内支付
出票人签章

复核 记账

本支票付款期限十天

3. 领用支票审批单

领用支票审批单

年 月 日

领用部门		预支金额	
领用人		支票归属行		支票号码	

| 用途: |
| 限额：（ ） |

| 领用部门领导签章 | | 财务部门领导签章 | |

| 备注：1. 领用的支票 天内有效。 |
| 2. 领用支票后，限 天之内前来财务报账，并交回支票存根。 |

主办会计（审核）： 出纳：

4. 支票领用登记簿

支票领用登记簿

支票类型：转账支票 　　　2013 年 12 月 　　　银行账户：农行 037401040000256

日期		支票号	支票用途	预计金额								领用人	报销日期		退票日期		备注
月	日			十	万	千	百	十	元	角	分		月	日	月	日	

【知识链接】

管理费用的核算

管理费用是指企业为组织和管理生产经营活动而发生的各种管理费用，包括企业在筹建期间发生的开办费、董事会和行政管理部门在企业经营管理中发生的或者应由企业统一负担的公司经费（包括行政管理部门职工薪酬、物料消耗、低值易耗品摊销、办公费和差旅费等）、工会费、董事会经费（包括董事会成员津贴、会议费和差旅费等）、聘请中介机构费、咨询费（含顾问费）、诉讼费、业务招待费、房产税、土地使用税、车船税、印花税、技术转让费、矿产资源补偿费、研究费用、排污费及企业生产车间（部门）和行政管理部门发生的固定资产修理费等后续支出，应在发生时计入管理费用。

企业应通过"管理费用"科目，核算管理费用的发生和结转情况。该科目应按管理费用的费用项目进行明细核算。企业在筹办期间内发生的开办费，包括人员工资、办公费、培训费、差旅费、印刷费、注册登记费等，借记"管理费用"科目，贷记"银行存款"科目；企业行政管理部门人员的职工薪酬，借记"管理费用"科目，贷记"应付职工薪酬"科目；企业行政管理部门计提的固定资产折旧，借记"管理费用"科目，贷记"累计折旧"科目；企业按规定计算确定的应交房产税、车船税、土地使用税，借记"管理费用"科目，贷记"应交税费"等科目；企业行政管理部门发生的办公费、水电费、差旅费等以及企业发生的业务招待费、咨询费、印花税、研究费用等其他费用，借记"管理费用"科目，贷记"银行存款"、"研发支出"等科目。期末，应将"管理费用"科目余额结转入"本年利润"科目，借记"本年利润"科目，贷记"管理费用"科目，结转后科目无余额。

【处理流程】

（1）一般由出纳员填写转账支票。同时，还应填写支票领用簿。

领用支票审批单

2013 年 12 月 2 日

领用部门	财务部		预支金额	￥2460.00	
领用人	李敏	支票归属行	农行创新支行	支票号码	18445321
用途：支付电话费					（限额：￥2460.00）
领用部门领导签章同意支付。 陈轩华		财务部门领导签章			陆小敏
备注：1. 领用的支票 1 天内有效。 2. 领用支票后，限 1 天之内前来财务报账，并交回支票存根。					

主办会计（审核）：陆小敏　　　　　出纳：李敏

支票领用登记簿

支票类型：转账支票　　　　　　　2013 年 12 月　　　　　　　　银行账户：农行 037401040000256

日期		支票号	支票用途	预计金额								领用人	报销日期		退票日期		备注
月	日			十	万	千	百	十	元	角	分		月	日	月	日	
12	2	18445321	支付电话费	¥	2	4	6	0	0	0		李敏	12	2			

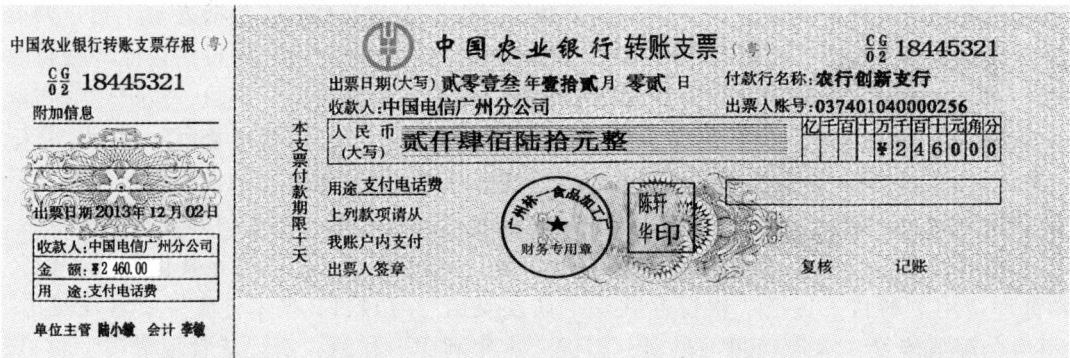

中国农业银行转账支票存根（粤）

C G / 0 2　18445321

附加信息

出票日期 2013 年 12 月 02 日

收款人：中国电信广州分公司

金　额：￥2 460.00

用　途：支付电话费

单位主管 陆小敏　会计 李敏

中国农业银行 转账支票（粤）　　C G / 0 2　18445321

出票日期(大写) 贰零壹叁 年 壹拾贰 月 零贰 日　　付款行名称：农行创新支行

收款人：中国电信广州分公司　　出票人账号：037401040000256

人民币(大写) 贰仟肆佰陆拾元整　　亿千百十万千百十元角分　￥246000

用途 支付电话费

本支票付款期限十天

上列款项请从我账户内支付

出票人签章

广州林一食品加工 财务专用章　陈轩华印

复核　　记账

（2）沿虚线剪开，支票存根留单位以备记账。出纳持支票正本交给电信公司。

（3）会计主管审核原始凭证后交制单人员编制记账凭证，记账人员根据审核无误的记账凭证登记相应明细账，出纳员登记银行存款日记账。

记 账 凭 证

2013 年 12 月 2 日　　　　　　　　　　　　　记字第 4 号

摘　要	会计科目		借方金额								贷方金额								记账√
	总账科目	明细科目	百	十	万	千	百	十	元	角	分	百	十	万	千	百	十	元	角	分	
支付11月电话费	管理费用	电话费				2	4	6	0	0	0										
	银行存款														2	4	6	0	0	0	
附件3张	合　　计		¥			2	4	6	0	0	0	¥			2	4	6	0	0	0	

会计主管：陆小敏　　记账：吴宇　　出纳：李敏　　审核：何琴　　制证：王秋华

任务五 采购材料

【业务描述】

2013 年 12 月 3 日，向中发公司购入材料一批，其中 A 材料 300 千克，价值 7800 元；B 材料 100 千克，价值 4000 元。材料已验收入库，款项暂未支付。

【业务资料】

1. 采购发票

广东增值税专用发票　　　　　　NO：05121530

抵扣联　　　　开票时间：2013 年 12 月 3 日

购货单位	名称：广州林一食品加工厂 纳税人识别号：44011234567890802 地址、电话：广州市番禺区光明西路 111 号 开户行及账号：农行创新支行 037401040000256					密码区		
货物或应税劳务名称	规格型号	单位	数量	单价	金额	税率	税额
A 材料		千克	300	26.00	7800.00	17%	1326.00
B 材料		千克	100	40.00	4000.00	17%	680.00
合计					11800.00		2006.00

价税合计（大写）壹万叁仟捌佰零陆元整　　（小写）13806.00

销货单位	名称：中发食品原料加工厂 纳税人识号：420601078932842 地址、电话：湛江市长兴路 11 号　61115436 开户行及账号：工行湛江分行 65456313034	备注 420601078932842 发票专用章

收款人：　　　　复核：　　　　开票：张一　　　　销货单位（章）

第二联：抵扣联 购货方扣税凭证

NO：05121530

广东增值税专用发票

发票联　　　　　　开票时间：2013 年 12 月 3 日

购货单位	名称：广州林一食品加工厂 纳税人识别号：44011234567890802 地址、电话：广州市番禺区光明西路 111 号 开户行及账号：农行创新支行 037401040000256				密码区			
货物或应税劳务名称	规格型号	单位	数量	单价	金额	税率	税额
A 材料		千克	300	26.00	7800.00	17%	1326.00
B 材料		千克	100	40.00	4000.00	17%	680.00
合计					11800.00		2006.00

价税合计（大写）壹万叁仟捌佰零陆元整　　（小写）13806.00

销货单位	名称：中发食品原料加工厂 纳税人识别号：420601078932842 地址、电话：广州市长兴路 11 号　61115436 开户行及账号：工行天河支行 65456313034		备注

收款人：　　　　复核：　　　　　开票人：张一　　　　　　销货单位（章）

2. 入库单

入 库 单

收货单位：广州林一食品加工厂　　　　2013 年 12 月 3 日　　　　　　第 0576 号

货号	品　名	单位	数量	单价	金额	备注
	A 材料	千克	300	26.00	7800.00	
	B 材料	千克	100	40.00	4000.00	
备注						

负责人：王晶晶　　　　　　　　　　　　　　　　收货经手人：张文

【知识链接】

一、应付账款

（一）应付账款概述

应付账款是指企业在购买材料、商品或接受劳务等经营活动时应支付给供应单位的款项。根据《企业会计准则》规定，企业应设置"应付账款"科目核算应付未付的往来账款，并在该科目下按不同的债权人设置明细科目。该科目借方登记偿还的应付账款，或开出商业汇票抵付应付账款的款项，或冲销无法支付的应付账款；贷方登记因购买材料、商品或接受劳务而产生的应付账款，期末余额一般在贷方，反映企业尚未支付的应付账款余额。

（二）应付账款的账务处理

（1）企业购入材料、商品等验收入库，但货款尚未支付，根据有关凭证（发票账单、随货同行发票上记载的实际价款或暂估价值），借记"物资采购"、"在途物资"、"原材料"科目，按可抵扣的增值税额，借记"应交税费——应交增值税（进项税额）"科目，按应付的价款，贷记"应付账款"科目。如果应付账款附有现金折扣的，应按照扣除折扣前的应付账款总额入账。因在折扣期限内付款而获得的现金折扣，应在偿付应付账款时冲减财务费用。

（2）对于接受供应单位提供劳务而发生的应付未付款项，根据供应单位的发票账单，借记"生产成本"、"管理费用"等科目，贷记"应付账款"科目。

（3）实际偿付时，借记"应付账款"科目，贷记"银行存款"等科目。

（4）如将应付账款划转出去或者确实无法支付的应付账款，应按其账面余额，借记"应付账款"科目，贷记"营业外收入"科目。

二、存货的确认与分类

（一）存货的概念与特征

存货是指企业在日常生产经营过程中持有的以备出售的产成品或商品，以及处在生产过程中的在产品、在生产过程或提供过程中耗用的材料、物料等。

存货通常有如下特征：

（1）存货是有形资产。

（2）存货是流动资产。

（3）持有存货的目的是为了在正常生产经营过程中被销售或耗用。

（4）存货可能发生价值的减损。

（二）存货的确认标准

存货在同时满足以下两个条件时，才能加以确认：一是与该存货有关的经济利益很可能流入企业；二是该存货的成本能够可靠地计量。

某个项目要确认为存货，首先要符合存货的定义。在此前提下，应当符合上述存货确认的两个条件。关于存货的确认，还需说明以下几点：

（1）关于代销商品。代销商品（也称托销商品）是指一方委托另一方代其销售商品。从商品所有权的转移来分析，代销商品在售出以前，所有权属于委托方，受托方只是代对方销售商品。因此，代销商品应作为委托方的存货处理。但为了使受托方加强对代销商品的核算和管理工作，企业会计制度也要求受托方将其受托代销商品纳入账内核算。

（2）关于在途商品。对于销售合同或协议规定已确认销售（如已收到货款）但尚未发运给购货方的商品，应作为购货方的存货而不应再作为销货方的存货；对于购货方已收到商品但尚未收到销货方结算发票等的商品，购货方应作为其存货处理；对于购货方已经确认为购进（如付款等）但尚未到达入库的在途商品，购货方应将其作为存货处理。

（3）关于购货约定。对于约定未来购入的商品，由于企业并没有实际的购货行为发生，所以不作为企业的存货，也不确认有关的负债和费用。

（三）存货的分类

1. 按经济用途分类

（1）原材料。是指企业在生产过程中经加工改变其形态或性质并构成产品主要实体的各种原料及主要材料、辅助材料、外购半成品（外购件）、修理用备件（备品、备件）、包装材料、燃料等。

（2）在产品。是指企业正在制造但尚未完工的生产物，包括正在各生产工序加工的产品，以及已加工完毕但尚未检验或已检验但尚未办理入库手续的产品。

（3）半成品。是指经过一定生产过程并已检验合格交付半成品仓库保管，但还未制造完工成产成品，仍需进一步加工的中间产品。但不包括从一个生产车间转给另一个生产车间继续加工的自制半成品以及不能单独计算成本的自制半成品。

（4）产成品。是指企业已经完成全部生产过程并验收入库，可以按照合同规定的条件送交订货单位，或者可以作为商品对外销售的产品。企业接受外来原材料加工制造的代制品和为外单位加工修理的代修品，制造和修理完成验收入库后，应视同企业的产成品。

（5）商品。是指商品流通企业的商品，包括外购或委托加工完成验收入库用于销售的各种商品。

（6）包装物。是指生产流通过程中，为包装本企业的产品或商品并随它们一起出售、出借或出租的各种包装容器，如桶、箱、瓶、坛、袋等。其主要作用是盛装、装潢产品或商品。但是，下列包装物在会计上不作为包装物存货进行核算：①各种包装用的材料，如纸、绳、铁丝、铁皮等，应作为原材料进行核算。②企业在生产经营过程中用于储存和保管产品或商品、材料、半成品、零件等，而不随同产品或商品出售、出租或出借的包装物，如企业在经营过程中周转使用的包装容器，应按其价值大小和使用年限长短，分别归入固定资产或低值易耗品进行核算。

（7）低值易耗品。是指不能作为固定资产的各种用具物品，如工具、管理用具、玻璃器皿、劳动保护用品，以及在经营过程中周转使用的容器等。其特点是单位价值较低，使用期限相对于固定资产较短，在使用过程中基本保持其原有实物形态不变。

（8）委托代销商品。是指企业委托其他单位代销的商品。

（9）委托加工物资。是指企业委托外单位加工的各种材料、商品等物资。

2. 按存入地点分类

企业的存货分布于供、产、销各个环节，按存放地点，可以分为在库存货、在途存货、在制存货和发出存货。

3. 按取得来源分类

存货按取得来源可分为外购存货、自制存货、委托加工存货、投资者投入的存货、接受捐赠的存货、盘盈的存货等。

（四）存货的入账价值

存货应当按照成本进行初始计量。存货成本包括采购成本、加工成本和其他成本。企业存货的来源不同，其成本构成内容也不同。

存货的采购成本一般包括购买价款、相关税费、运输费、装卸费、保险费以及其他可归属于存货采购成本的费用，包括：①买价。②运杂费。③运输途中的合理损耗。④入库前的整理挑选费。⑤购入物资负担的税金（如关税等）和其他费用。

三、实际成本法下原材料取得的核算

对于存货日常核算，可以按实际成本核算，也可以按计划成本核算。存货按实际成本核算，不论是总分类核算还是明细分类核算，都按实际成本计价。实际成本法一般适用于规模较小、存货品种简单、采购业务不多的企业。本书的存货核算采用实际成本法。

原材料按实际成本核算时，应设置"原材料"、"在途物资"等账户。

"原材料"账户属资产类账户，用来核算企业库存的各种原材料的实际成本。该账户借方登记收入原材料的实际成本；贷方登记发出原材料的实际成本；期末余额在借方，表示库存原材料的实际成本。

"在途物资"账户用来核算企业已经付款或已开出承兑商业汇票但尚未到达或尚未验收入库的各种物资的实际成本。借方登记已支付或已开出承兑商业汇票的各种物资的实际成本；贷方登记已验收入库物资的实际成本；期末余额在借方，表示已经付款或已开出承兑商业汇票但尚未到达或尚未验收入库的在途物资的实际成本。

外购原材料的核算由于结算方式和采购地点的不同，材料入库和货款的支付在时间上往往不一致，因而其账务处理也有所不同。材料入库和货款的支付所在时间的不同，形成以下三种基本情况：①材料到达企业验收入库，同时货款已经支付。②结算凭证已到，货款已付，材料尚未验收入库。③材料已验收入库，货款尚未支付。

本业务属于第三种情况：材料到达企业验收入库，货款尚未支付。而货款尚未支付，具体又有以下三种形式：

（1）发票账单已到，货款暂欠。

（2）发票账单已到，企业开出商业汇票。

（3）发票账单未到，企业无法付款。

本业务属于货款尚未支付的第一种形式：发票账单已到，货款暂欠。企业应根据发票、银行结算凭证、收料单等，借记"原材料"、"应交税费——应交增值税（进项税额）"等科目，贷记"应付账款"科目。

【处理流程】

会计主管审核原始凭证后交制单人员编制记账凭证，记账人员根据审核无误的记账凭证登记相应明细账。

注意：此业务的记账凭证上所填的"附件2张"，为什么不是3张？因为增值税发票中有一联是抵扣联，抵扣联作为扣税凭证需上交税务局，不能作为原始凭证粘贴在记账凭证的后面。

记 账 凭 证

2013 年 12 月 3 日　　　　　　　　　　　　　　记字第 5 号

摘　要	会计科目		借方金额									贷方金额									记账√
	总账科目	明细科目	百	十	万	千	百	十	元	角	分	百	十	万	千	百	十	元	角	分	
采购材料款未付	原材料	A 材料				7	8	0	0	0	0										
		B 材料				4	0	0	0	0	0										
	应交税费	应交增值税（进项税额）				2	0	0	6	0	0										
	应付账款	中发											1	3	8	0	6	0	0		
附件 2 张	合　　计		¥	1	3	8	0	6	0	0		¥	1	3	8	0	6	0	0		

会计主管：陆小敏　　　记账：吴宇　　　出纳：李敏　　　审核：何琴　　　制证：王秋华

【知识延伸】

（一）外购原材料的核算

1. 材料到达企业验收入库，货款已支付

企业（均为增值税一般纳税人，下同）在支付货款、材料验收入库后，应根据发票账单等结算凭证确定的材料采购成本，借记"原材料"科目，根据取得的增值税专用发票上注明的税额（不计入材料采购成本），借记"应交税费——应交增值税（进项税额）"科目，按照实际支付的款项，贷记"银行存款"、"其他货币资金"等科目。

2. 结算凭证已到，贷款已付，材料尚未验收入库

发生此类业务时，应根据有关结算凭证、增值税专用发票中记载的已付款的材料价款及增值税额，借记"在途物资"、"应交税费——应交增值税（进项税额）"科目，根据实际付款金额贷记"银行存款"或"其他货币资金"科目。待材料验收入库后，再借记"原材料"科目，贷记"在途物资"科目。

3. 材料已验收入库，货款尚未支付

根据货款未付的形式，又分为下面三种情况：

（1）发票账单已到，货款暂欠。

（2）发票账单已到，企业开出商业汇票。根据相关凭证单据，借记"原材料"、"应交税费——应交增值税（进项税额）"科目，贷记"应付票据"等科目。

（3）发票账单未到，企业无法付款。对于材料到达并已验收入库，但发票账单等

结算凭证未到，货款尚未支付的采购业务，因企业未收到有关结算凭证，无法准确计算入库材料的实际成本及销售方代垫的采购费用，应于月末按材料的暂估价值，借记"原材料"科目，贷记"应付账款——暂估应付账款"科目。下月初用红字作同样的记账凭证予以冲回，待结算凭证到达后，借记"原材料"、"应交税费——应交增值税（进项税额）"科目，贷记"银行存款"、"其他货币资金"或"应付票据"等科目。

（二）购料途中发生短缺和毁损的处理

如果是运输途中的合理损耗，应当计入材料采购成本。

如果是供货单位责任事故造成的短缺，应视款项是否已经支付而作出相应的账务处理；如果尚未支付货款，应按短缺的数量和发票金额填写拒付理由书，向银行办理拒付手续；如果在货款已经支付，并已计入"在途物资"科目的情况下，材料运达企业验收入库，发现短缺或毁损时，应根据有关的索赔凭证，借记"应付账款"、"应交税费——应交增值税（进项税额）"（红字）科目，贷记"在途物资"科目。

如果是运输部门的责任事故造成的短缺或毁损，应根据有关的索赔凭证，借记"其他应收款"、"应交税费——应交增值税（进项税额）"（红字）科目，贷记"在途物资"等科目。

如果是运输途中发生的非常损失和尚待查明原因的途中损耗，查明原因前，借记"待处理财产损溢——待处理流动资产损溢"科目，贷记"原材料"、"应交税费——应交增值税（进项税额转出）"科目。查明原因经批准后，如果是因供应单位、运输部门、保险公司和其他过失人负责赔偿的损失，借记"应付账款"、"其他应收款"等科目，贷记"待处理财产损溢——待处理流动资产损溢"科目。如果是因自然灾害等非正常原因造成的损失，应将扣除残料价值和过失人、保险公司赔偿后的净损失，借记"营业外支出——非常损失"科目，贷记"待处理财产损溢——待处理流动资产损溢"科目；如果是其他无法收回的损失，借记"管理费用"科目，贷记"待处理财产损溢——待处理流动资产损溢"科目。

注意：根据新《增值税法》规定，因自然灾害等原因造成的损失无须进行进项税额转出。

任务六　报销差旅费

【业务描述】

2013 年 12 月 3 日，陈康出差回来报销差旅费 1300 元，余款 700 元退回。

【业务资料】

1. 差旅费报销单（注：报销单后应附相关住宿发票、餐饮发票及车船票等原始凭证，此略）

差旅费报销单

报销部门：采购部　　　　　　填报日期：2013 年 12 月 3 日

姓名	陈康	职别	采购专员		出差事由		采购材料			
出差起止日期自 2013 年 11 月 28 日起至 2013 年 12 月 02 日止共 5 天附单据 15 张										
日期		起讫地点	天数	机票费	车船费	市内交通费	住宿费	出差补助	住宿节约补助	其他	小计
月	日										
11	28	广州→湛江	5		80	203	400	500			1183
12	2	湛江→广州			80	37					117
		合　计	5		160	240	400	500			1300
总计金额（大写）零万壹仟叁佰零拾零元零角零分　　预支 2000 元　退回 700 元											

负责人：陈轩华　　会计：陆小敏　　审核：吴宇　　部门主管：叶斌　　出差人：陈康

2. 还款凭证

还 款 凭 证

借款日期　　　年　　月　　　日

借款原因	借款人签章	
借款 　　　（大写） 金额	左列款项已于　　年　月　日全部结清 报销数　¥ 退还数　¥ 补付数　¥	第二联　还款记账

【知识链接】

差旅费报销

出差人员出差回来应到财务部门领取"报销单据粘贴单"和"差旅费报销单"及时报销差旅费。首先，将在出差过程中开支的所有单据在"报销单据粘贴单"上粘贴好；其次，用钢笔逐项填制"差旅费报销单"；再次，将填好的"差旅费报销单"交所在部门和单位领导审查签字后，送财务部门审核；最后，将审核无误的单据交给出纳员具体办理现金收付，出纳员要在还款凭证上加盖"现金收讫"或"现金付讫"章。对于单据的审核一定要根据企业报销制度的要求进行（不同的企业，报销制度会不一样）。

在任务四的"知识链接"中已介绍了管理费用的核算范围，任务三的"知识链接"中介绍了其他应收款的核算。所以本任务是报销差旅费，应冲减原出差借款。如果实际发生的差旅费小于原出差借款，要收回余款，表现为现金的增加；如果实际发生的差旅费大于原出差借款，则是补付差额款项，表现为现金的减少。

【处理流程】

（1）陈康到财务部门领取、填写"报销单据粘贴单"，并将出差中的所有单据粘贴在"报销单据粘贴单"上；贴好后，填写"差旅费报销单"；将填好的"差旅费报销单"粘贴在"报销单据粘贴单"上面（之前粘贴在"报销单据粘贴单"上的所有单据是作为"差旅费报销单"的附件）。此步骤本书略。

（2）"差旅费报销单"需经过以下审批过程：

交给采购部负责人审核──→交会计核定费用与金额──→交公司主管领导审批──→交会计制作记账凭证，结清借款交出纳员审核收款。

（3）出纳通过审核的"差旅费报销单"，确认入账依据和金额，并按单位关于差旅费的报销制度通过审核原始凭证，确认记账凭证的会计分录。审核无误后，出纳员李敏收取陈康 700 元，同时填写还款凭证，并签章、加盖现金收讫章。

还 款 凭 证

借款日期 2013 年 11 月 27 日

借款原因　出差借款	借款人签章　陈康	第二联 还款记账
借款 　　（大写）贰仟元整　　¥2000.00 金额	左列款项已于 2013 年 12 月 3 日全部结清 报销数　¥1300.00 退还数　¥700.00　　　**现金收讫** 补付数　¥：	

（4）会计主管审核原始凭证后交制单人员编制记账凭证，记账人员根据审核无误后的记账凭证登记相应明细账，出纳员登记现金日记账。

记 账 凭 证

2013 年 12 月 3 日　　　　　　　　　　　　　记字第 6 号

摘　要	会计科目		借方金额									贷方金额									记账√
	总账科目	明细科目	百	十	万	千	百	十	元	角	分	百	十	万	千	百	十	元	角	分	
报销差旅费	库存现金						7	0	0	0	0										
	管理费用	差旅费				1	3	0	0	0	0										
	其他应收款	陈康												2	0	0	0	0	0		
附件2张	合　　计			¥	2	0	0	0	0	0			¥	2	0	0	0	0	0		

会计主管：陆小敏　　记账：吴宇　　　出纳：李敏　　　审核：何琴　　　制证：王秋华

任务七　购买生产用烤炉

【业务描述】

2013年12月4日，购入生产用烤炉一台，价值20000元，增值税3400元。款项采用电汇方式转账支付。

【业务资料】

1. 增值税专用发票

广东增值税专用发票

NO：0042879

抵扣联

开票时间：2013年12月4日

购货单位	名称：广州林一食品加工厂 纳税人识别号：44011234567890802 地址、电话：广州市番禺区光明西路111号 开户行及账号：农行创新支行037401040000256				密码区			
货物或应税劳务名称	规格型号	单位	数量	单价	金额	税率	税额
食品烘烤炉	W-2893	台	1	20000.00	20000.00	17%	3400.00
合计					20000.00		3400.00
价税合计（大写）贰万叁仟肆佰元整　　（小写）23400.00							
销货单位	名称：珠海市明锐机械厂 纳税人识号：420333284298700 地址、电话：珠海市海滨路251号　88884388 开户行及账号：工行海滨支行00030458877				备注			

收款人：　　　　　复核：　　　　　开票人：李四　　　　　销货单位（章）

<u>广东增值税专用发票</u>　　　　　　　NO：0042879

发票联　　　　开票时间：2013 年 12 月 4 日

购货单位	名称：广州林一食品加工厂 纳税人识别号：44011234567890802 地址、电话：广州市番禺区光明西路 111 号 开户行及账号：农行创新支行 037401040000256					密码区		
货物或应税劳务名称	规格型号	单位	数量	单价	金额	税率	税额
食品烘烤炉	W－2893	台	1	20000.00	20000.00	17%	3400.00
合计					20000.00		3400.00

价税合计（大写）贰万叁仟肆佰元整　　（小写）23400.00

销货单位	名称：珠海市明锐机械厂 纳税人识号：420333284298700 地址、电话：珠海市海滨路 251 号　88884388 开户行及账号：工行海滨支行 00030458877	备注　珠海市明锐机械厂 420333284298700 发票专用章

收款人：　　　　复核：　　　　开票人：李四　　　　销货单位（章）

第三联：发票联　购货方记账凭证

2. 电汇单

中国农业银行 AGRICULTURAL BANK OF CHINA　结算业务申请书　XVII 0121933308

申请日期　　年　月　日

客户填写	业务类型	□电汇　　□信汇　　□汇票　　□本票 □其他		汇款方式	□普通　　□加急									
	申请人	全　称		收款人	全　称									
		账号或地址			账号或地址									
		开户行名称			开户行名称									
	金额（大写）人民币					百	十	万	千	百	十	元	角	分
	上列款项及相关费用请从我账户内支付。		支付密码											
	申请人签章		附信息及用途：											
银行打印														

会计主管：　　　　复核：　　　　记账：

第一联　记账联

3. 固定资产验收单

固定资产验收单

2013 年 12 月 4 日

名称	食品烘烤炉	数量	1	开始使用时间	2013.12	使用期限（年）	5
规格	W－2893	计量单位	台	停止使用时间	2018.12	使用部门	办公室
责任人	林鑫	设备编号	20131102	预计清理费用	0	已使用年限	0
存放地点	生产车间	形成方式		预计残值收入	500.00	月折旧率	
月折旧额		入账价值	6318.00				
已提折旧额		资产类别	生产设备				

4. 办理电汇手续费单据

中国农业银行业务收费凭证

币别：CNY　　　2013 年 12 月 4 日　　　流水号：00345

付款人	广州林一食品加工厂		账号	037401040000256	
项目名称	工本费	手续费	电子汇划费		金额
		50.00		中国农业银行广州创新支行 2013.12 04 转讫	50.00
金额（大写）伍拾元整					50.00
付款方式：银行划扣					

【知识链接】

一、汇兑

根据中国人民银行颁发的《支付结算办法》规定，不符合现金适用范围的款项支付应通过银行进行转账结算。企业可选择使用的结算方式有支票、银行本票、银行汇票、汇兑、商业汇票、托收承付、委托收款、信用卡、信用证等。

1. 汇兑及其适用范围

汇兑是指汇款人委托银行将其款项支付给收款人的结算方式。汇兑又分为信汇、电汇两种。信汇是指汇款人委托银行通过邮寄方式将款项划转给收款人；电汇是指汇款人委托银行通过电报将款项划转给收款人。这两种汇总方式由汇款人根据需要选择使用。汇兑适用于异地单位、个体经济户和个人各种款项的结算。

2. 汇兑结算的基本规定

（1）汇兑结算不受金额起点的限制，即不论汇款金额多少均可以办理信汇和电汇结算。

（2）支取现金的规定。收款人要在汇入银行支取现金，付款人在填制信汇和电汇凭证时，须在凭证"汇款金额"大写金额栏中填写"现金"字样。款项汇入异地后，收款人需携带本人的身份证件或汇入地有关单位足以证实收款人身份的证明，到银行一次办理现金支付手续。信汇或电汇凭证上未注明"现金"字样而需要支取现金的，由汇入银行按现金管理规定审查支付；需部分支取现金的，收款人应填写取款凭证和存款凭证送交汇入银行，办理支取部分现金和转账手续。

（3）留行待取的规定。汇款人将款项汇往异地需派人领取的，在办理汇款时，应在签发的汇兑凭证各联的"收款人账号或地址"栏注明"留行待取"字样。留行待取的汇款，需要指定单位的收款人领取汇款的，应注明收款人的单位名称。收款人必须持与预留印鉴相符的印章，经银行验对无误后，方可办理付款手续。信汇凭印鉴支取后，应在第四联凭证上加盖预留的收款人印鉴。

（4）分次支取的规定。收款人接到汇入银行的取款通知后，若收款人需要分次支取的，要向汇入银行说明分次支取的原因和情况，经汇入银行同意，以收款人名义设立临时存款账户，该账户只付不收，结清为止，不计利息。

（5）转汇的规定。收款人如需将汇款转到另一地点，应在汇入银行重新办理汇款手续。转汇时，收款人和用途不得改变，汇入银行必须在信汇或电汇凭证上加盖"转汇"戳记。

（6）退汇的规定。汇款人对汇出的款项要求退汇时，应出具正式函件，说明要求退汇的理由或本人身份证明和原信电汇凭证回单，向汇出银行办理退汇。汇出银行审查后，通知汇入银行，经汇入银行查实款项确未解付，方可办理退汇。如汇入银行回复款项已经解付或款项已直接汇入收款人账户，则不能办理退汇。此外，汇入银行对于收款人拒绝接受的汇款，应立即办理退汇。汇入银行对从发出取款通知之日起，两个月内仍无法交付的款项，可主动办理退汇。

3. 汇兑结算的程序

（1）汇款人委托开户银行办理汇款。

（2）银行受理退汇回单。

（3）银行间划拨。

（4）收款人开户银行通知收款人汇款已到。

办理汇兑手续，需填写汇兑申请书，并在第一联上加盖预留银行印鉴，送交银行办理。银行核对印鉴相符后，按规定收取一定工本费和手续费。现以电汇为例作相关的介绍。电汇单的填制方法如下（可用圆珠笔填制，但一般要求用钢笔填制）：

申请日期──选择业务类型（电汇）──选择汇款方式──申请人全称、账户、开户行名称──收款人全称、账户、开户行名称──人民币（大写）──小写──申请人签章（加盖银行预留印鉴）──附加信息及用途。

4. 汇兑结算应注意的问题

（1）汇款人异地汇款时，可根据款项汇入地点的远近和时间的要求，选择信汇或电汇结算方式，填写汇款凭证时，要按照凭证各栏要求，详细填明汇入地点、行名、收款人及汇款用途等项内容并加盖预留银行印鉴章。

（2）根据结算规定，信汇汇款可附带与汇款有关的少量单证，如向外地订购书刊的订购单、商品订购单以及向外地人员汇付工资发放表等。电汇款项不允许附带单证。

（3）收款人收到银行转来的收款通知或电划代收报单时，要认真地审查凭证的内容，主要查看凭证收款人全称和账号是否与本单位的全称和账号一致，汇款作途是否与本单位有关，汇入银行是否加盖了印章。在确认属于本单位款项但用途不明的情况下，应及时与本单位有关部门联系，尽快查明款项用途，从而准确归属有关核算账户。

5. 会计核算

在会计核算中，付款人借记"应付账款"、"原材料"、"应交税费——应交增值税（进项税额）"等科目，贷记"银行存款"科目。收款人借记"银行存款"，贷记"应收账款"、"主营业务收入"、"应交税费——应交增值税（销项税额）"等科目。

二、财务费用

财务费用是指企业为筹集生产经营所需资金等而发生的费用，包括利息支出（减少利息收入）、汇兑损益以及相关的手续费、企业发生的现金折扣或收到的现金折扣等。

企业应通过"财务费用"科目，核算管理费用的发生和结转情况。该科目应按财务费用的项目进行明细核算。企业发生的各项财务费用，借记"财务费用"科目，贷记"银行存款"、"应收账款"等科目；企业发生的应冲减财务费用的利息收入、汇兑差额、现金折扣，借记"银行存款"、"应付账款"等科目，贷记"财务费用"科目。期末，应将"财务费用"科目余额转入"本年利润"科目，借记"本年利润"科目，贷记"财务费用"科目，结转后"财务费用"科目无余额。

三、外购固定资产的核算

根据《企业会计准则第 4 号——固定资产》的规定，固定资产是指同时具有下列特征的有形资产：①为生产商品、提供劳务、出租或经营管理而持有的。②使用寿命超过一个会计年度。其中，使用寿命是指企业使用固定资产的预计期间，或者该固定资产所能生产产品或提供劳务的数量。使用寿命一般可从使用年限和使用期内所能生产的产品或提供劳务的数量来表示。③固定资产为有形资产。

外购的固定资产初始成本，包括购买价款、相关税费（不包括允许抵扣的增值税进项税额）、使固定资产达到预定可使用状态前所发生的可归属该项资产的运输费、装卸费、安装费和专业人员服务费等。外购固定资产有两种情况：一是外购不需要安装的固定资产；二是外购需要安装的固定资产。本业务属于外购不需要安装的固定资产。则业务处理是借记"固定资产"和"应交税费——应交增值税（进项税额）"等科目，贷记"银行存款"等科目。

注意：根据《增值税暂行条例》和《增值税暂行条例实施细则》及财税（2009）113号文件规定，固定资产涉及的进项税额抵扣范围是：凡是用于应税项目的机器、机械、运输工具类固定资产，其进项税额可以从销项税额中抵扣；专门用于非应税项目、免税项目、集体福利或者个人消费等的固定资产进项税额不得抵扣；购进建筑物、构筑物及附属设备设施类固定资产进项税额一律不得抵扣。

【处理流程】

（1）采购员将固定资产验收入库单、购进固定资产的增值税发票在"报销单据粘贴单"上贴好后交给负责人审核（"报销单据粘贴单"略）。

（2）负责人审核后交财务部门主管审核有关原始凭证，审核无误后再交企业法人审批。审批后交会计填制记账凭证。

（3）经办人将原始凭证和记账凭证交出纳员复审并填制电汇单。

（4）出纳员前往银行办理电汇手续。银行受理并收取电汇手续费，并将已盖章的凭证交给出纳员。

中国农业银行 AGRICULTURAL BANK OF CHINA　　**结算业务申请书**　　XVII 0121933308

申请日期2013年12月04日

客户填写	业务类型		☑电汇　□信汇　□汇票　□本票 □其他			汇款方式 ☑普通　□加急									
	申请人	全　称	广州林一食品加工厂	收款人	全　称	珠海市明锐机械厂									
		账号或地址	0374010000256		账号或地址	00030458877									
		开户行名称	农行创新支行		开户行名称	工行海滨支行									
	金额（大写）人民币 **贰万叁仟肆佰元整**					百	十	万	千	百	十	元	角	分
							¥	2	3	4	0	0	0	0
	上列款项及相关费用请从我账户内支付。			支付密码										
	申请人			附信息及用途 购货款										

（盖章）广州林一食品加工厂 财务专用章　陈轩华印　　中国农业银行广州创新支行 2013.12.04 转讫

第一联 记账联

会计主管：　　　复核：　　　记账：

（5）会计主管审核原始凭证后交制单人员编制记账凭证，记账人员根据审核无误的记账凭证登记相应明细账，出纳员登记银行存款日记账。

记 账 凭 证

2013 年 12 月 4 日　　　　　　　　　　　　记字第 7 号

摘　要	会计科目		借方金额									贷方金额									记账√
	总账科目	明细科目	百	十	万	千	百	十	元	角	分	百	十	万	千	百	十	元	角	分	
购买食品烘烤炉	固定资产				2	0	0	0	0	0	0										
	应交税费	应交增值税（进项税额）				3	4	0	0	0	0										
	财务费用	手续费					5	0	0	0											
	银行存款													2	3	4	5	0	0	0	
附件4张	合　　计		¥	2	3	4	5	0	0	0		¥	2	3	4	5	0	0	0		

会计主管：陆小敏　　记账：吴宇　　出纳：李敏　　审核：何琴　　制证：王秋华

任务八　领用原材料

【业务描述】

2013 年 12 月 5 日，生产朱古力豆领用 A 材料 300 千克，共计 7800 元，B 材料 100 千克，共计 2000 元；生产奶糖领用 C 材料 300 千克，共计 3000 元，D 材料 100 千克，共计 80 元。

【业务资料】

领 料 单

领料部门：朱古力生产线　　　　　　　　2013 年 12 月 5 日

材 料		单位	数 量		单价	金额	过账
名称	规格		请领	实发			
A 材料	一级品	千克	300	300	26.00	7800.00	√
B 材料	一级品	千克	100	100	40.00	4000.00	√
工作单号		用途	生产朱古力豆				
工作项目							

会计：　　　　记账：　　　　发料： 袁辉 　　　　领料： 李智

领 料 单

领料部门：奶糖生产线　　　　　　　　2013 年 12 月 5 日

材 料		单位	数 量		单价	金额	过账
名称	规格		请领	实发			
C 材料	一级品	千克	300	300	10.00	3000.00	√
D 材料	一级品	千克	100	100	1.60	160.00	√
工作单号		用途	生产奶糖				
工作项目							

会计：　　　　记账：　　　　发料： 郭凡 　　　　领料： 郑添

【知识链接】

实际成本法下原材料发出的核算

（一）存货的计价方法

由于采购时间、采购地点等不同，企业购进同样的存货，其单位成本往往也不同。所以，当发出存货时，就会出现按什么单价计价的问题，这就必须采用合理的计算方法予以确定。根据财政部的规定，企业对存货的计价可以使用先进先出法、加权平均法、个别计价法等。计价方法一经确定，不得随意变更。本企业采用的是先进先出法。

先进先出法是指根据先入库先发出的原则，对发出的存货，以先入库存货的单价进行计价，从而计算发出存货成本的方法。采用先进先出法计算发出存货成本的具体做法是：先按第一批入库存货的单价计算发出存货的成本，领发完毕后，再按第二批入库存货的单价计算，以此类推。若领发的存货属于前后两批入库的，单价又不同时，分别用两个单价计算。在采用先进先出法的情况下，由于期末结存材料金额是根据近期入库存货成本计价的，其价值接近于市场价格，并能随时结转发出存货的实际成本。但每次发出存货要根据先入库的单价计算，工作量较大，一般适用于收发存货次数不多的企业。当物价上涨时，采用先进先出法会高估企业当期利润和库存存货价值；反之，会低估企业当期利润和库存存货价值。

（二）原材料发出的核算

企业根据"领料单"或"限额领料单"、"领料登记簿"或"发出材料汇总表"编制发出材料的记账凭证，进而登记原材料明细账。企业发出的材料，根据不同的用途，借记"生产成本"、"制造费用"、"管理费用"等账户，贷记"原材料"账户。

【处理流程】

会计主管审核原始凭证后交制单人员编制记账凭证，记账人员根据审核无误的记账凭证登记相应明细账。

记 账 凭 证

2013 年 12 月 5 日　　　　　　　　　　　　　　记字第 8 号

摘　要	会计科目		借方金额									贷方金额									记账√
	总账科目	明细科目	百	十	万	千	百	十	元	角	分	百	十	万	千	百	十	元	角	分	
生产领用材料	生产成本	朱古力			1	1	8	0	0	0	0										
		奶糖				3	1	6	0	0	0										
	原材料	A 材料												7	8	0	0	0	0	0	
		B 材料												4	0	0	0	0	0	0	
		C 材料												3	0	0	0	0	0	0	
		D 材料												1	6	0	0	0	0	0	
附件 2 张	合　　计		¥	1	4	9	6	0	0	0	0	¥	1	4	9	6	0	0	0	0	

会计主管 陆小敏　　记账 吴宇　　出纳：　　审核 何琴　　制证 王秋华

任务九　归还短期借款

【业务描述】

2013 年 12 月 6 日，归还短期借款 20000 元，利息 750 元。

【业务资料】

中国农业银行还款凭证（回单）　　　　　　　　　01－002837

收款日期：2013 年 12 月 6 日

还款人	广州林一食品加工厂			贷款人		广州林一食品加工厂						
存款账号	037401040000256			贷款账户		037401040000256						
开户银行	农行创新支行			开户银行		农行创新支行						
					千	万	千	百	十	元	角	分
本息合计（大写）	人民币贰万零柒佰伍拾元整				￥	2	0	0	7	5	0	0	0
备注：偿还短期借款本金及利息												

中国农业银行庄州
创新支行

2013.12.06 上列款项已从你单位账户扣付

转
讫

转账日期 2013 年 12 月 6 日

制票：胡静　　　　　　　　　　　复核：陈曦

【知识链接】

一、短期借款概述

短期借款是指企业向银行或其他金融机构等借入的、还款期限在一年或一年以下的各种借款，通常是为了满足正常生产经营的需要。

《企业会计准则》规定，核算企业的短期借款应设置"短期借款"科目，该科目借方登记偿还的借款本金，贷方登记借入的短期借款金额，期末余额在贷方。各企业可根据实际需要按债权人设置明细账，并按借款种类和币种进行明细核算。

二、短期借款的核算

（一）取得短期借款时的账务处理

当企业借入各种短期借款时，借记"银行存款"科目，贷记"短期借款"科目。

（二）短期借款利息的账务处理

短期借款的利息结算方式包括按月支付、按季支付、按半年支付和到期一次还本付息等方式。在账务处理时，应根据不同的方式采取恰当的会计处理方法。如果企业的短期借款利息按月支付，或者是在借款到期时连同本金一并归还且数额不大的，可以直接计入当期财务费用，借记"财务费用"科目，贷记"银行存款"科目。如果短期借款的利息按季（或按半年）支付，或者是在借款到期时连同本金一并归还且数额较大的，应采用预提的办法，先按月预提，借记"财务费用"科目，贷记"应付利息"科目；实际支付时，借记"应付利息"科目，贷记"银行存款"科目。在实际工作中，银行一般于每季度末收取短期借款利息，为此，短期借款利息一般采用月末预提的方式进行核算。

（三）归还短期借款的账务处理

企业到期归还短期借款时，借记"短期借款"科目，贷记"银行存款"科目。

【处理流程】

会计主管审核原始凭证后交制单人员编制记账凭证，记账人员根据审核无误的记账凭证登记相应明细账，出纳员登记银行存款日记账。

记 账 凭 证

2013 年 12 月 6 日　　　　　　　　　　　　　　　　　　　　　记字第 9 号

摘要	会计科目		借方金额									贷方金额									记账√
	总账科目	明细科目	百	十	万	千	百	十	元	角	分	百	十	万	千	百	十	元	角	分	
偿还短期借款	短期借款				2	0	0	0	0	0	0										
	财务费用	利息支出				7	5	0	0	0	0										
	银行存款												2	0	7	5	0	0	0	0	
附件1张	合计		￥	2	0	7	5	0	0	0	0	￥	2	0	7	5	0	0	0	0	

会计主管：陆小敏　　记账：吴宇　　出纳：李敏　　审核：何琴　　制证：王秋华

任务十　购买打印机

【业务描述】

2013 年 12 月 7 日，办公室负责人王华购买打印机一台，开出普通支票一张以支付款项。

【业务资料】

1. 增值税发票

广东省增值税专用发票　　　　NO：03715

抵扣联　　　开票时间：2013 年 12 月 7 日

| 购货单位 | 名称：广州林一食品加工厂
纳税人识别号：44011234567890802
地址、电话：广州市番禺区光明西路 111 号
开户行及账号：农行创新支行　037401040000256 | | | | | 密码区 | | |

货物或应税劳务名称	规格型号	单位	数量	单价	金额	税率	税额
HP 打印机	WY－1	台	1	5400.00	5400.00	17%	918.00
合计					5400.00		918.00

价税合计（大写）：陆仟叁佰壹拾捌元整　　　（小写）6318.00			
销货单位	名称：广州好时光电器有限公司 纳税人识号：2462013549899 地址、电话：广州大石路 134 号 87695412 开户行及账号：建行大石支行 789654120546		备注

收款人：王红　　　　复核：　　　　开票人：蒋丽　　　　销货单位：（章）

广东省增值税专用发票　　　　NO：03715

发票联　　　开票时间：2013 年 12 月 7 日

| 购货单位 | 名称：广州林一食品加工厂
纳税人识别号：44011234567890802
地址、电话：广州市番禺区光明西路 111 号
开户行及账号：农行创新支行　037401040000256 | | | | | 密码区 | | |

货物或应税劳务名称	规格型号	单位	数量	单价	金额	税率	税额
HP 打印机	WY－1	台	1	5400.00	5400.00	17%	918.00
合计					5400.00		918.00

价税合计（大写）：陆仟叁佰壹拾捌元整　　　（小写）6318.00			
销货单位	名称：广州好时光电器有限公司 纳税人识号：2462013549899 地址、电话：广州大石路 134 号 87695412 开户行及账号：建行大石支行 789654120546		备注

收款人：王红　　　　复核：　　　　开票人：蒋丽　　　　销货单位：（章）

2. 固定资产验收单

固定资产验收单

2013 年 12 月 7 日

名称	HP 打印机	数量	1	开始使用时间	2013.12	使用期限（年）	5
规格	WY－1	计量单位	台	停止使用时间	2018.12	使用部门	办公室
责任人	王华	设备编号	20131103	预计清理费用	0	已使用年限	0
存放地点	办公室	形成方式		预计残值收入	200.00	月折旧率	
月折旧额		入账价值	6318.00				
已提折旧额		资产类别	办公设备				

3. 转账支票

中国农业银行转账支票存根（粤）	中国农业银行 转账支票（粤）	$^{CG}_{02}$18445322
$^{CG}_{02}$18445322 附加信息	出票日期（大写） 年 月 日 付款行名称： 收款人： 出票人账号： 人民币 （大写） 亿千百十万千百十元角分 用途： 上列款项请从 我账户内支付 出票人签章 复核 记账	
出票日期 年 月 日 收款人： 金额： 用途： 单位主管 会计	本支票付款期限十天	

4. 领用支票审批单

领用支票审批单

年 月 日

领用部门			预支金额		
领用人		支票归属行		支票号码	
用途：					
				限额：	（ ）
领用部门领导签章			财务部门领导签章		

备注：1. 领用的支票　　　天内有效。

　　　 2. 领用支票后，限　　　天之内前来财务报账，并交回支票存根。

主办会计（审核）：　　　　　　　　　　　　　出纳：

5. 支票领用登记簿

支票领用登记簿

支票类型：转账支票　　　　　　　　2013 年 12 月　　　　　　　银行账户：农行 037401040000256

日期		支票号	支票用途	预计金额								领用人	报销日期		退票日期		备注
月	日			十	万	千	百	十	元	角	分		月	日	月	日	

【知识链接】

任务七所购买的固定资产是用于生产，按相关规定其进项税额可以抵扣。本业务所购买的固定资产是办公室使用，非生产用，故其进项税额不允许抵扣，应计入采购成本。

【处理流程】

（1）经办人王华到财务部门领取并填写"领用支票审批表"，交部门负责人审核签字。

（2）部门负责人签字后，交财务部门主管审核签字。

（3）经办人王华将已签好意见的"领用支票审批单"交给出纳员，并由出纳员签发支票并登记"支票领用登记簿"。

领用支票审批单

2013 年 12 月 7 日

领用部门	办公室		预支金额	￥6318.00	
领用人	王华	支票归属行	农行创新支行	支票号码	18445322
用途：购买打印机　　　　　　　　　　　　　　　　　　　　　　　　　　　　（限额：￥6318.00）					
领用部门领导签章		同意支付。 陈轩华	财务部门领导签章		陆小敏
备注：1. 领用的支票 1 天内有效。 　　　2. 领用支票后，限 1 天之内前来财务报账，并交回支票存根。					

主办会计（审核）：陆小敏　　　　　　　　　　出纳：李敏

支票领用登记簿

支票类型：转账支票　　　　　　　2013 年 12 月　　　　　银行账户：农行 037401040000256

日期		支票号	支票用途	预计金额								领用人	报销日期		退票日期		备注
月	日			十	万	千	百	十	元	角	分		月	日	月	日	
12	2	18445321	支付电话费	¥	2	4	6	0	0	0	0	李敏	12	2			
12	7	18445322	购买打印机	¥	6	3	1	8	0	0	0	王华	12	7			

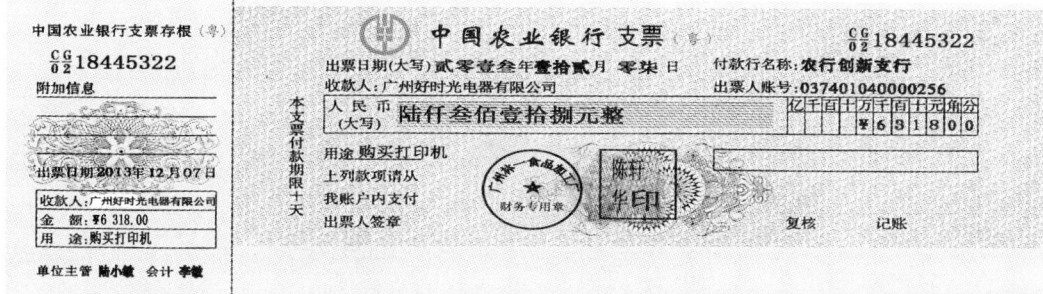

中国农业银行支票存根（粤）
CG 02 18445322
附加信息
出票日期 2013 年 12 月 07 日
收款人：广州好时光电器有限公司
金 额：¥6 318.00
用 途：购买打印机
单位主管 陆小敏　会计 李敏

中国农业银行 支票（粤）　　CG 02 18445322
出票日期(大写) 贰零壹叁年壹拾贰月 零柒 日　付款行名称：农行创新支行
收款人：广州好时光电器有限公司　出票人账号：037401040000256
人民币(大写) 陆仟叁佰壹拾捌元整　　¥6 318 00
用途 购买打印机
上列款项请从
我账户内支付
出票人签章　　　　　　复核　　记账

（4）沿虚线剪开，支票存根留在单位以备记账。出纳将持支票正本交给经办人王华。

（5）会计主管审核原始凭证后交制单人员编制记账凭证，记账人员根据审核无误的记账凭证登记相应明细账，出纳员登记银行存款日记账。

记 账 凭 证

2013 年 12 月 7 日　　　　　　　　　　　　　　　　　记字第 9 号

摘要	会计科目		借方金额									贷方金额									记账 √
	总账科目	明细科目	百	十	万	千	百	十	元	角	分	百	十	万	千	百	十	元	角	分	
购买打印机一台	固定资产					6	3	1	8	0	0										
	银行存款														6	3	1	8	0	0	
附件4张	合　计				¥	6	3	1	8	0	0			¥	6	3	1	8	0	0	

会计主管：陆小敏　　记账：吴宇　　出纳：李敏　　审核：何琴　　制证：王秋华

任务十一　缴纳增值税

【业务描述】

2013 年 12 月 8 日，缴纳 11 月应纳增值税 15400 元。

【业务资料】

中国农业银行　电子缴税（回单）　　　　　　　　　　NO.09837820

业务日期：2013 年 12 月 8 日

付款人	全称	广州林一食品加工厂	收款人	全称	广州市番禺区国家税务局
	账号	03740104000025		账号	77880105590000500
	开户银行	农行创新支行		开户银行	中华人民共和国国家金库广州番禺区支库

| 金额 | 人民币
（大写）壹万伍仟肆百佰元整 | 千 | 百 | 十 | 万 | 千 | 百 | 十 | 元 | 角 | 分 |
| | | | | | ￥1 | 5 | 4 | 0 | 0 | 0 | 0 |

| 内容 | 扣缴国税款 | 电子税票号 | 000001008893 | 纳税人编码 | 440112345678908 | 纳税人名称 | 广州林一食品加工厂 |

税种	所属期	纳税金额	备注	税种	所属期	纳税金额	备注
增值税	20131101— 20131130	15400.00					

| 附言 | |

【知识链接】

应交增值税的核算

增值税是对在我国境内销售货物或者提供加工、修理修配劳务以及进口货物的单位和个人就其实现的增值额征收的一种流转税。目前我国的增值税纳税人主要分为一般纳税企业和小规模纳税企业。两者由于性质的不同，因此在会计核算上也有所区别。本教材仅介绍增值税一般纳税人企业的会计核算。

增值税一般纳税人企业是指会计核算健全，能按会计制度和税务机关的要求准确核算进项税额和应纳税额，且年销售额达到一定标准的企业。按照《增值税暂行条例》规定，一般纳税人企业购进货物或接受应税劳务支付的增值税（以下简称"进项税额"），可以从销售货物或提供应税劳务按规定收取的增值税（以下简称"销项税额"）中抵扣。下列进项税额准予从销项税额中抵扣：

（1）从销售方取得的增值税专用发票上注明的增值税税额。

（2）从海关取得的完税凭证上注明的增值税税额。

（3）购入免税农产品，可按农产品买价和13%的扣除率计算的进项税额。

（4）购入或销售货物以及在生产经营过程中支付运输费用的，按运输费用结算单据上注明的运输费用金额和7%的扣除率计算的进项税额。

纳税人购进货物或者接受应税劳务，取得的增值税扣税凭证不符合法律、行政法规或者国务院税务部门有关规定的，其进项税额不得从销项税额中抵扣，只能计入购进货物或接受应税劳务的成本。

一般纳税企业应交的增值税，在"应交税费"科目下设置"应交增值税"、"未交增值税"两个明细科目进行核算。为了详细核算企业应交纳增值税的计算和解缴、抵扣等情况，企业应在"应交增值税"明细科目下设置"进项税额"、"已交税金"、"转出未交增值税"、"销项税额"、"出口退税"、"进项税额转出"等专栏。

（1）物资采购的账务处理。企业采购物资时，按可抵扣的增值税额，借记"应交税费——应交增值税（进项税额）"科目，按采购物资的实际成本，借记"材料采购"、"在途物资"或"原材料"、"库存商品"等科目，按应付或实际支付的金额，贷记"应付账款"、"应付票据"、"银行存款"等科目。购入物资发生退货的，做相反的会计分录。

（2）销售物资或提供应税劳务的账务处理。企业按销售物资或提供应税劳务时，按营业收入和应收取的增值税额，借记"应收账款"、"应收票据"、"银行存款"等科目，按发生的增值税额，贷记"应交税费——应交增值税（销项税额）"科目，按实现的营业收入，贷记"主营业务收入"、"其他业务收入"科目。发生销售退回的，做相反的会计分录。

（3）进项税额的转出。企业所购进的物资改变用途或者发生非正常损失，其进项税额不得从销项税额中抵扣，应做转出处理。发生业务时，借记相关科目，贷记"应交税费——应交增值税（进项税额转出）"科目。

（4）视同销售行为。企业将自产或委托加工的货物用于非应税项目、集体福利或个人消费，将自产、委托加工或购买的货物作为投资、分配给股东或投资者、无偿赠送他人等，应视同对外销售物资处理，计算应交增值税，借记"在建工程"、"应付职工薪酬"、"长期股权投资"、"营业外支出"等科目，贷记"应交税费——应交增值税（销项税额）"科目。

（5）缴纳当月增值税。企业缴纳当月增值税时，借记"应交税费——应交增值税（已交税金）"，贷记"银行存款"科目。

（6）月末未交和多交增值税的结转。月份终了，企业应将当月发生的应交未交增值税额，借记"应交税费——应交增值税（转出未交增值税）"科目，贷记"应交税费——未交增值税"科目；或将当月多交的增值税额，借记"应交税费——未交增值税"科目，贷记"应交税费——应交增值税（转出多交增值税）"科目。

未交增值税在以后月份上缴时，借记"应交税费——未交增值税"科目，贷记"银行存款"科目。多交的增值税在以后月份退回或抵缴当月应交增值税时，借记"银行存款"或"应交税费——应交增值税（已交税金）"科目，贷记"应交税费——未交增值税"科目。

【处理流程】

会计主管审核原始凭证后交制单人员编制记账凭证，记账人员根据审核无误的记账凭证登记相应明细账，出纳登记银行存款日记账。

记　账　凭　证

2013 年 12 月 8 日　　　　　　　　　　　记字第 11 号

摘　要	会计科目		借方金额									贷方金额									记账√
	总账科目	明细科目	百	十	万	千	百	十	元	角	分	百	十	万	千	百	十	元	角	分	
缴纳 11 月应纳增值税	应交税费	未交增值税			1	5	4	0	0	0	0										
		银行存款												1	5	4	0	0	0	0	
附件 1 张	合　　计		¥	1	5	4	0	0	0	0		¥	1	5	4	0	0	0	0		

会计主管：陆小敏　　记账：吴宇　　出纳：李敏　　审核：何琴　　制证：王秋华

上旬业务强化训练

任务十二　购买文具

【业务描述】

2013 年 12 月 8 日，办公室用现金购买办公用品 245 元，交来发票一张。

【业务资料】

<u>商品销售统一发票</u>

客户名称及地址：广州林一食品加工厂　　　　2013 年 12 月 8 日　　　　NO. 7882

品名规格	单位	数量	单价	金额					
				千	百	十	元	角	分
笔记本	本	20	10.00			0	0	0	0
墨水	瓶	10	4.50			4	5	0	0
合计	大写：贰佰肆拾伍元整			¥		4	5	0	0

填票人：张悦　　　　　　收款人：郭晓　　　　　　单位名称：（章）

任务十三　采购材料

【业务描述】

　　2013 年 12 月 8 日，向好滋味食品原料加工厂购入材料一批，其中 C 材料 300 千克，价值 3000 元，D 材料 100 千克，价值 200 元。材料已验收入库，款项采用信汇方式支付。

【业务资料】

　　1. 采购发票

<u>广东增值税专用发票</u>　　　　　　　　　　NO：051215678

抵扣联　　　　开票时间：2013 年 12 月 8 日

购货单位	名称：广州林一食品加工厂 纳税人识别号：44011234567890802 地址、电话：广州市番禺区光明西路 111 号 开户行及账号：农行创新支行 037401040000256					密码区		
货物或应税劳务名称	规格型号	单位	数量	单价	金额	税率	税额	
C 材料		千克	300	10.00	3000.00	17%	510.00	
D 材料		千克	100	2.00	200.00	17%	34.00	
合计					3200.00		544.00	
价税合计（大写）叁仟柒佰肆拾肆元整　　（小写）3744.00								
销货单位	名称：好滋味食品原料加工厂 纳税人识别号：420601078932842 地址、电话：潮州市长兴路 11 号　61115436 开户行及账号：工行朝明支行 65456313034					备注 420601078932842 发票专用章		

收款人：　　　　　复核：　　　　　开票人：董晓　　　　　销货单位（章）

第二联：抵扣联　购货方扣税凭证

广东增值税专用发票　　　　　　　　　　　NO：051215678

发票联　　　　开票时间：2013 年 12 月 8 日

购货单位	名称：广州林一食品加工厂 纳税人识别号：44011234567890802 地址、电话：广州市番禺区光明西路 111 号 开户行及账号：农行创新支行 037401040000256				密码区		

货物或应税劳务名称	规格型号	单位	数量	单价	金额	税率	税额
C 材料		千克	300	10.00	3000.00	17%	510.00
D 材料		千克	100	2.00	200.00	17%	34.00
合计					3200.00		544.00

价税合计（大写）叁仟柒佰肆拾肆元整　　（小写）3744.00

销货单位	名称：好滋味食品原料加工厂 纳税人识别号：420601078932842 地址、电话：潮州市长兴路 11 号　61115436 开户行及账号：工行朝明支行 65456313034	备注

420601078932842
发票专用章

收款人：　　　　复核：　　　　开票人：董晓　　　　销货单位（章）

2. 入库单

入　库　单

收货单位：广州林一食品加工厂　　　2013 年 12 月 8 日　　　　　　　第 0576 号

货　号	品　名	单位	数量	单价	金额	备注
	C 材料	千克	300	10.00	3000.00	
	D 材料	千克	100	2.00	200.00	
备　注						

负责人：王晶晶　　　　收货经手人：张文

3. 办理信汇申请书

中国农业银行
AGRICULTURAL BANK OF CHINA
结算业务申请书　XVII 0121933308

申请日期　　年　月　日																

<table>
<tr><td rowspan="7">客户填写</td><td colspan="2">业务类型</td><td colspan="4">□电汇　　□信汇　　□汇票　　□本票
□其他</td><td colspan="2">汇款方式</td><td colspan="2">□普通　　□加急</td></tr>
<tr><td rowspan="3">申请人</td><td>全　称</td><td></td><td rowspan="3">收款人</td><td>全　称</td><td></td></tr>
<tr><td>账号或地址</td><td></td><td>账号或地址</td><td></td></tr>
<tr><td>开户行名称</td><td></td><td>开户行名称</td><td></td></tr>
<tr><td colspan="3">金额（大写）人民币</td><td colspan="3">百 十 万 千 百 十 元 角 分</td></tr>
<tr><td colspan="3">上列款项及相关费用请从我账户内支付。</td><td>支付密码</td><td></td></tr>
<tr><td colspan="3">申请人签章</td><td colspan="3">附信息及用途：</td></tr>
</table>

银行打印

会计主管：　　　　复核：　　　　记账：

第一联　记账联

4. 办理信汇手续费单据

中国农业银行业务收费凭证

币别：CNY　　　　　　2013 年 12 月 08 日　　　　　　流水号：07841

付款人	广州林一食品加工厂		账号	037401040000256	
项目名称	工本费	手续费	电子汇划费	中国农业银行广州创新支行 2013.12.08 转讫	金额
		18.72			18.72
金额（大写）壹拾捌元柒角贰分					18.72
付款方式：银行划扣					

任务十四　提现备用

【业务描述】

2013 年 12 月 9 日，开出现金支票提取 2500 元现金备用。

【业务资料】

1. 支票正面

2. 支票背面

被背书人	被背书人	（贴粘单处）
背书人签章 年　月　日	背书人签章 年　月　日	

3. 领用支票审批单

领用支票审批单

年　　月　　日

领用部门		预支金额	
领用人		支票归属行		支票号码	
用途： 　　　　　　　　　　　　　　　　　　　　　　　　　　　限额：　　　（　　）			
领用部门领导签章		财务部门领导签章	
备注：1. 领用的支票　　　天内有效。 　　　　2. 领用支票后，限　　　天之内前来财务报账，并交回支票存根。			

主办会计（审核）：　　　　　　　　　　　　　　　　出纳：

4. 支票领用登记簿

支票领用登记簿

支票类型：现金支票　　　　　　2013 年 12 月　　　　　　银行账户：农行 037401040000256

日期		支票号	支票用途	预计金额								领用人	报销日期		退票日期		备注
月	日			十万	万	千	百	十	元	角	分		月	日	月	日	
12	9	185451212	提现备用		￥	3	0	0	0	0	0	李敏	12	2			

任务十五　报销差旅费

【业务描述】

2013 年 12 月 10 日，王强出差回来报销差旅费 2150 元，以现金补付 150 元。

【业务资料】

1. 差旅费报销单（注：报销单后应附相关住宿发票、餐饮发票及车船票等原始凭证，此略）

差旅费报销单

报销部门：采购部　　　　　　填报日期：2013 年 12 月 10 日

姓名		王强	职别		采购专员	出差事由		采购材料		
出差起止日期自 2013 年 12 月 3 日起至 2013 年 12 月 8 日止共 6 天附单据 20 张										
日期		起迄地点	天数	机票费	车船费	市内交通费	住宿费	出差补助	住宿节约补助	其他	小计
月	日									
12	3	广州→潮州	6		150	332	500	600		350	1932
12	8	潮州→广州			150	68					218
		合　计	5		300	400	500	600		350	2150

总计金额（大写）零万贰仟壹佰伍拾零元零角零分　预支 2000 元　退回　　元

负责人：陈轩华　　会计：陆小敏　　审核：吴宇　　部门主管：叶斌　　出差人：王强

2. 还款凭证

还 款 凭 证

借款日期　　年　　月　　日

借款原因	借款人签章	第二联
借款 　　（大写） 金额	左列款项已于　　年　月　日全部结清 报销数　　¥ 退还数　　¥ 补付数　　¥：	还款记账

任务十六　收回前欠货款

【业务描述】

2013 年 12 月 10 日，收到大兴商场交来的转账支票一张用以偿还前欠部分货款 30000 元，已存入银行。

【业务资料】

1. 收到的转账支票

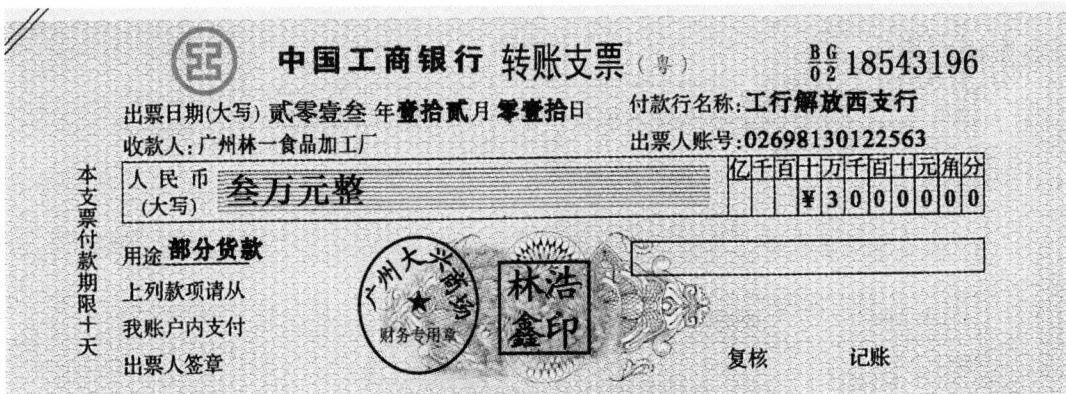

2. 支票背面

被背书人	被背书人	（贴粘单处）
   背书人签章 年　月　日	 背书人签章 年　月　日	

3. 收款收据

收 款 收 据

年 月 日   NO.00156

付款单位（人）		付款方式	
交款事由			
人民币（大写）		（小写）¥	
备注			

4. 银行进账单

中国农业银行进账单（回单）

出票人	全 称		收款人	全 称												此联是开户银行交给持票人的回单
	账 号			账 号												
	开户银行			开户银行												
金额	人民币（大写）				亿	千	百	十	万	千	百	十	元	角	分	
票据种类		票据张数														
票据号码																
	复核 记账			开户银行签章												

项目三 中旬账务处理

任务一 编制上旬科目汇总表

【业务描述】

2013 年 12 月 11 日，根据 2014 年 12 月 1～10 日发生的经济业务编制上旬科目汇总表。

【业务资料】

科目汇总表

年　月　日至　日　　　　　　　　　　　　　　　　第　号

会计科目	本期发生额		备注
	借方金额	贷方金额	
合　计			

【知识链接】

一、科目汇总表的含义及作用

科目汇总表亦称"记账凭证汇总表",是定期(10 天、半月或月末一次)对全部记账凭证进行汇总,按各个会计科目列示其借方发生额和贷方发生额的一种汇总凭证。依据借贷记账法的基本原理,科目汇总表中各个会计科目的借方发生额合计与贷方发生额合计应该相等,因此,科目汇总表具有试算平衡的作用。科目汇总表是科目汇总表账务处理程序下总分类账登记的依据。

二、科目汇总表的编制

科目汇总表的编制是科目汇总表账务处理程序的一项重要工作,它是根据一定时期内的全部记账凭证,按科目作为归类标志进行编制的。具体编制的方法是:将一定时期内全部记账凭证按照相同会计科目的借方和贷方归类，定期（10 天、半月或月末一次）汇总每一账户的借方本期发生额和贷方本期发生额，填写到科目汇总表的相关栏目，可以反映全部账户的借方本期发生额和贷方本期发生额。

在实际工作中，通常都是通过设置"科目汇总表工作底稿"来的。"科目汇总表工作底稿"所采用的汇总形式从外表看酷似"T"形账户，但并不是完整的"T"形账户。因为"科目汇总表工作底稿"仅汇总各个会计科目的发生额，而不反映各个会计科目的余额，从而便于编制"科目汇总表"。

【处理流程】

（1）将本期（1～10 日）所有记账凭证中各总账科目的借、贷方发生额在"科目汇总表工作底稿"中记录并汇总。

借	库存现金	贷
（1）3000.00		（3）2000.00
（6）700.00		（12）245.00
（14）2500.00		（15）150.00
本期发生额 6200.00		本期发生额 2395.00

借	银行存款	贷
		（1）3000.00
		（4）2460.00
		（7）23450.00
（2）500000.00		（9）20750.00
（16）30000.00		（10）6318.00
		（11）15400.00
		（13）3762.72
		（14）2500.00
本期发生额 530000.00		本期发生额 77640.72

借	应收账款	贷
		（2）500000.00
		（16）30000.00
本期发生额 0		本期发生额 530000.00

借	其他应收款	贷
（3）2000.00		（6）2000.00
		（15）2000.00
本期发生额 2000.00		本期发生额 4000.00

借	原材料	贷
（5）11800.00		（8）14960.00
（13）3200.00		
本期发生额15000.00		本期发生额14960.00

借	固定资产	贷
（7）20000.00		
（10）6318.00		
本期发生额26318.00		本期发生额0

借	短期借款	贷
（9）20000.00		
本期发生额20000.00		本期发生额0

借	应付账款	贷
		（5）1380600
本期发生额0		本期发生额13806.00

借	应付税费	贷
（5）2006.00		
（7）3400.00		
（11）15400.00		
（13）544.00		
本期发生额21350.00		本期发生额0

借	生产成本	贷
（8）14960.00		
本期发生额14960.00		本期发生额0

借	管理费用	贷
（4）2460.00		
（6）1300.00		
（12）245.00		
（15）2150.00		
本期发生额6155.00		本期发生额0

借	财务费用	贷
（7）50.00		
（9）750.00		
（13）18.72		
本期发生额818.72		本期发生额0

（2）将"科目汇总表工作底稿"中各总账科目的借贷方科目发生额合计数，分别填入科目汇总表中相应总账科目的"借方金额"和"贷方金额"栏内。

科目汇总表

2013 年 12 月 1～10 日　　　　　　　　　　科汇第 1 号

会计科目	本期发生额		备注
	借方金额	贷方金额	
库存现金	6200.00	2395.00	
银行存款	530000.00	77640.72	
应收账款	0	530000.00	
其他应收款	2000.00	4000.00	
原材料	15000.00	14960.00	
固定资产	26318.00	0	
短期借款	20000.00	0	
应付账款	0	13806.00	
应交税费	21350.00	0	
生产成本	14960.00	0	
管理费用	6155.00	0	
财务费用	818.72	0	
合　计	642801.72	642801.72	

（3）进行试算平衡。本期借方发生额合计数应与本期贷方发生额合计数相等。

注意：科目汇总表中的会计科目一般是按资产、负债、所有者权益、成本费用、损益类别顺序填列。科目汇总表内的空行也需要进行空行注销。科目汇总表实质也是一种凭证，所以表头时间是所汇总的具体会计期间；字号应为"科汇第×号"，并根据汇总次数编号，如果汇总的会计科目较多，需要加页的，其编号如同记账凭证编号一样采用分数形式。

（4）根据已试算平衡的科目汇总表登记总账。以"库存现金"账户总账为例。

总　账

总页数：25
本户页数：1

科目名称：库存现金

2013年		凭证号数	摘　要	借　方								贷　方								借或贷	余　额							
月	日			十万	千	百	十	元	角	分		十万	千	百	十	元	角	分			十万	千	百	十	元	角	分
12	1		期初余额																借			3	9	8	1	0
	11	科汇1	1~10日汇总		6	2	0	0	0	0			2	3	9	5	0	0	借			4	2	0	3	1	0

任务二　支付设备维修费

【业务描述】

2013 年 12 月 11 日，生产车间设备维修，以现金支付维修费 980 元。

【业务资料】

广州市工业企业通用发票　　　　　　　　　　　No 006734

发票联

客户名称：广州林一食品加工厂　　　　　　税务登记证号：440112345627890802

开票日期　2013 年 12 月 11 日

产品名称	规格	单位	数量	单价	金　额							备注
					十万	千	百	十	元	角	分	
K23 型生产线保养							9	8	0	0	0	
人民币合计（大写）			×仟玖佰捌拾零元零角零分									
			¥980.00									
企业名称	税务登记号	4403859666 02232871	开户银行	广州市商业银行黄沙分行		结算方式		现金				
	（加盖发票专用章）		账号	9558232502034437890		电话		33490000				

地址：广州市黄沙沙田路11号

开票人（章）范慧桥　　　　　　收款人（章）张娟

【知识链接】

新会计准则规定，企业生产车间（部门）和行政管理部门发生的固定资产修理费等后续支出，应在生时计入管理费用。在任务四中已介绍了管理费用的核算范围，请注意与旧会计准则的业务处理不同。

【处理流程】

会计主管审核原始凭证后交制单人员编制记账凭证，记账人员根据审核无误的记账凭证登记相应明细账，出纳员登记现金日记账。

记 账 凭 证

2013 年 12 月 11 日　　　　　　　　　　　　　　记字第 17 号

摘　要	会计科目		借方金额									贷方金额									记账√
	总账科目	明细科目	百	十	万	千	百	十	元	角	分	百	十	万	千	百	十	元	角	分	
支付设备维修费	管理费用					9	8	0	0	0											
	库存现金														9	8	0	0	0		
附件1张	合　计				￥	9	8	0	0	0				￥	9	8	0	0	0		

会计主管：陆小敏　　记账：吴宇　　出纳：李敏　　审核：何琴　　制证：王秋华

任务三　支付广告费

【业务描述】

2013 年 12 月 12 日，销售部张三领用转账支票一张支付广告费 8000 元（广州浩远广告公司的开户银行是建行天河支行，账号 689977290）。

【业务资料】

1. 收据

收　据

2013 年 12 月 12 日　　　　　　　　　　No0003382

今收到广州林一食品加工厂广告设计费 8000 元。

金额：（大写）零拾零万捌仟零佰零拾零元零角零分　　（￥8000.00）

收款专用章

单位盖章

负责人：　　会计：　　出纳：陈小灿　　记账：程音

（不作发票及服务性收据使用）

第三联　记账

73

2. 转账支票

3. 领用支票审批单

领用支票审批单

年　　　月　　　日

领用部门		预支金额	
领用人		支票归属行		支票号码	
用途：			
			（限额：　）
领用部门领导签章		财务部门领导签章	
备注：1. 领用的支票　　　　天内有效。			
2. 领用支票后，限　　　　天之内前来财务报账，并交回支票存根。			

主办会计（审核）：　　　　　　　　　　　　　　　　　　出纳：

4. 支票领用登记簿

支票领用登记簿

支票类型：转账支票　　　　　　　2013 年 12 月　　　　　　银行账户：农行 037401040000256

日期		支票号	支票用途	预计金额								领用人	报销日期		退票日期		备注
月	日			十	万	千	百	十	元	角	分		月	日	月	日	
12	2	18445321	支付电话费	¥	2	4	6	0	0	0		李敏	12	2			
12	7	18445322	购买打印机	¥	6	3	1	8	0	0		王华	12	7			

【知识链接】

销售费用

销售费用是指企业在销售商品和材料、提供劳务过程中发生的各项费用，包括企业在销售商品过程中发生的包装费、保险费、展览费和广告费、商品维修费、预计产品质量保证损失、运输费、装卸费等费用，以及企业发生的为销售本企业商品而专设的销售机构（含销售网点、售后服务网点等）的职工薪酬、业务费、折旧费、固定资产修理费等费用。企业发生的与专设机构相关的固定资产修理费用等后续支出，应在发生时计入销售费用。

企业应通过"销售费用"科目，核算销售费用的发生和结转情况。该科目应按销售费用的费用项目进行明细核算。企业在销售商品过程中发生的包装费、保险费、展览费、广告费、运输费等费用，借记"销售费用"科目，贷记"库存现金"、"银行存款"等科目；企业发生的为销售本企业商品而专设的销售机构的职工薪酬、业务费、折旧费、固定资产修理费等费用，借记"销售费用"科目，贷记"应付职工薪酬"、"银行存款"、"累计折旧"等科目。期末，应将"销售费用"科目余额结转入"本年利润"科目，借记"本年利润"科目，贷记"销售费用"科目，结转后该科目无余额。

【处理流程】

（1）经办人张三来财务部门领取并填写"领用支票审批表"，交部门负责人审核签字。

（2）部门负责人签字后，交财务部门主管审核签字。

（3）经办人张三将已签好意见的"领用支票审批单"交给出纳员，由出纳员签发支票并登记"支票领用登记簿"。

领用支票审批单

2013 年 12 月 12 日

领用部门	销售部		预支金额	￥8000.00	
领用人	张三	支票归属行	农行创新支行	支票号码	18445322
用途：支付广告费					
				（限额：￥8000.00）	
领用部门领导签章	同意支付。 陈轩华		财务部门领导签章	陆小敏	
备注：1. 领用的支票 1 天内有效。 2. 领用支票后，限 1 天之内前来财务报账，并交回支票存根。					

主办会计（审核）： 陆小敏   出纳： 李敏

支票领用登记簿

支票类型：转账支票　　　　　　　　2013 年 12 月　　　　　　　　银行账户：农行 037401040000256

日期		支票号	支票用途	预计金额								领用人	报销日期		退票日期		备注
月	日			十	万	千	百	十	元	角	分		月	日	月	日	
12	2	18445321	支付电话费	¥	2	4	6	0	0	0	0	李敏	12	2			
12	7	18445322	购买打印机	¥	6	3	1	8	0	0	0	王华	12	7			
12	12	18445323	支付广告费	¥	8	0	0	0	0	0	0	张三	12	12			

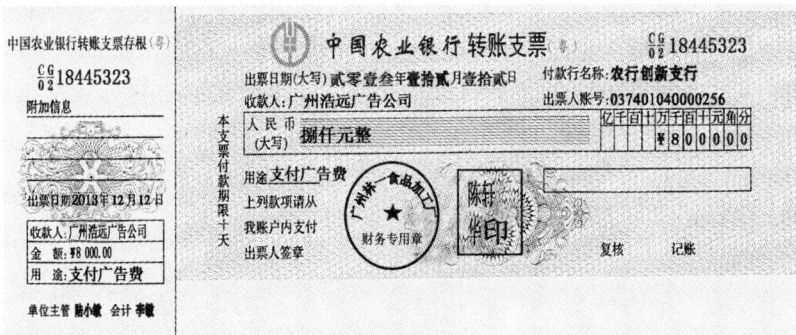

（4）沿虚线剪开，支票存根留在单位以备记账。出纳员将持支票正本交给经办人张三。

（5）会计主管审核原始凭证后交制单人员编制记账凭证，记账人员根据审核无误的记账凭证登记相应明细账，出纳员登记银行存款日记账。

记 账 凭 证

2013 年 12 月 12 日　　　　　　　　　　　　　　　　记字第 18 号

摘　　要	会计科目		借方金额								贷方金额								记账 √
	总账科目	明细科目	百	十	万	千	百	十	元	角	分	百	十	万	千	百	十	元	角	分	
支付广告费	销售费用					8	0	0	0	0	0									
	银行存款														8	0	0	0	0	0	
附件3张	合　　计			¥	8	0	0	0	0	0			¥	8	0	0	0	0	0	

会计主管：陆小敏　　　记账：吴宇　　　出纳：李敏　　　审核：何琴　　　制证：王秋华

任务四　缴纳并结转电费

【业务描述】

2013 年 12 月 13 日，缴纳并结转电费 12960 元（企业共用电 108000 千瓦时，每千瓦时 0.12 元）。其中，朱古力豆生产线耗用 52000 千瓦时，奶糖生产线耗用 48000 千瓦时，车间照明耗用 4480 千瓦时，行政管理耗用 3520 千瓦时。

【业务资料】

1. 电费分配表

电费分配表

使用部门	用电量（千瓦时）	分配金额（元）
生产车间朱古力豆生产线	52000	6240.00
生产车间奶糖生产线	48000	5760.00
车间照明	4480	537.60
行政管理部门	3520	422.40
合　计	108000	12960.00

2. 电费发票

广东增值税专用发票　　　　　　NO：0034587

抵扣联　　　　开票时间：2013 年 12 月 13 日

购货单位	名称：广州林一食品加工厂 纳税人识别号：44011234567890802 地址、电话：广州市番禺区光明西路 111 号 开户行及账号：农行创新支行 037401040000256					密码区		
货物或应税劳务名称	规格型号	单位	数量	单价	金额	税率	税额
11 月电费		千瓦时	108000	0.12	12960.00	17%	2203.20
合计					12960.00		2203.20
价税合计（大写）壹万伍仟壹佰陆拾叁元贰角整　　（小写）15163.20							
销货单位	名称：南方电网广州有限公司 纳税人识别号：5487008123540 地址、电话：广州天河路 39 号 开户行及账号：农行天河支行 589421012					备注		

收款人：　　　　复核：　　　　开票人：　　　　销货单位（章）

广东增值税专用发票   NO：0034587

发票联   开票时间：2013 年 12 月 13 日

<table>
<tr><td rowspan="4">购货单位</td><td colspan="5">名称：广州林一食品加工厂</td><td rowspan="4">密码区</td><td></td></tr>
<tr><td colspan="5">纳税人识别号：44011234567890802</td><td></td></tr>
<tr><td colspan="5">地址、电话：广州市番禺区光明西路 111 号</td><td></td></tr>
<tr><td colspan="5">开户行及账号：农行创新支行 037401040000256</td><td></td></tr>
<tr><td>货物或应税劳务名称</td><td>规格型号</td><td>单位</td><td>数量</td><td>单价</td><td>金额</td><td>税率</td><td>税额</td></tr>
<tr><td>11 月电费</td><td>千瓦时</td><td></td><td>108000</td><td>0.12</td><td>12960.00</td><td>17%</td><td>2203.20</td></tr>
<tr><td>合计</td><td></td><td></td><td></td><td></td><td>12960.00</td><td></td><td></td></tr>
<tr><td colspan="6">价税合计（大写）壹万伍仟壹佰陆拾叁元贰角整　　　（小写）15163.20</td><td colspan="2">备注</td></tr>
<tr><td rowspan="4">销货单位</td><td colspan="5">名称：南方电网广州有限公司</td><td colspan="2" rowspan="4">税号 5487008123540
发票专用章</td></tr>
<tr><td colspan="5">纳税人识别号：5487008123540</td></tr>
<tr><td colspan="5">地址、电话：广州天河路 39 号</td></tr>
<tr><td colspan="5">开户行及账号：农行天河支行 589421012</td></tr>
</table>

第三联：发票联 购货方记账凭证

收款人：　　　　复核：　　　　开票人：　　　　销货单位（章）

3. 银行转账凭证

中国农业银行转账凭证

币种：CNY　　　　　　　2013 年 12 月 13 日　　　　　　流水号：06729

<table>
<tr><td rowspan="3">收款人</td><td>全称</td><td>南方电网广州有限公司</td><td rowspan="3">付款人</td><td>全称</td><td>广州林一食品加工厂</td></tr>
<tr><td>账号</td><td>589421012</td><td>账号</td><td>037401040000256</td></tr>
<tr><td>开户行</td><td>农行天河支行</td><td>开户行</td><td>农行创新支行</td></tr>
<tr><td colspan="3">金额：人民币（大写）壹万伍仟壹佰陆拾叁元贰角整</td><td colspan="3">人民币（小写）￥15163.20</td></tr>
<tr><td colspan="3">用途：支付电费</td><td colspan="3">中国农业银行广州
创新支行
2013.12.13
转讫
（银行盖章）</td></tr>
</table>

【知识链接】

费用分配与核算科目

费用在核算时应根据具体的受益对象进行分配,通过相应的会计科目进行核算。具体而言,生产车间与生产有直接关系的,记入"生产成本"科目;车间一般耗用记入"制造费用"科目;与行政管理部门有关的,记入"管理费用"科目;与销售有关的,记入"销售费用"等科目。

【处理流程】

会计主管审核原始凭证后交制单人员编制记账凭证,记账人员根据审核无误的记账凭证登记相应明细账。

记 账 凭 证

2013 年 12 月 13 日　　　　　　　　　　　　　　　　　记字第 19 号

摘　要	会计科目		借方金额									贷方金额									记账√
	总账科目	明细科目	百	十	万	千	百	十	元	角	分	百	十	万	千	百	十	元	角	分	
缴纳并结转电费	生产成本	朱古力豆			6	2	4	0	0	0											
		奶糖			5	7	6	0	0	0											
	制造费用	电费				5	3	7	6	0											
	管理费用	电费				4	2	2	4	0											
	应交税费	应交增值税（进项税额）			2	2	0	3	2	0											
	银行存款												1	5	1	6	3	2	0		
附件3张	合　　计		¥	1	5	1	6	3	2	0		¥	1	5	1	6	3	2	0		

会计主管：陆小敏　　记账：吴宇　　出纳：李敏　　审核：何琴　　制证：王秋华

任务五　销售产品

【业务描述】

2013 年 12 月 13 日,向理光商场销售朱古力豆 250 千克,价款 37500 元,奶糖 200 千克,价款 20000 元,开具增值税专用发票。收到对方开来金额为 67275 元的转账支票一张并存入银行。

【业务资料】

1. 销售发票

广东增值税专用发票

NO：03481

记账联　　　开票时间：2013 年 12 月 13 日

购货单位	名称：珠海理光商场 纳税人识别号：441123980558304 地址、电话：珠海市解放路 7892 号 开户行及账号：工行解放西支行 007289300333921				密码区		
货物或应税劳务名称	规格型号	单位	数量	单价	金额	税率	税额
朱古力豆		千克	250	150	37500.00	17%	6375.00
奶糖		千克	200	100	20000.00	17%	3400.00
合计					57500.00		9775.00
价税合计（大写）陆万柒仟贰佰柒拾伍元整　　（小写）￥67275.00							
销货单位	名称：广州林一食品加工厂 纳税人识别号：44011234567890802 地址、电话：广州市番禺区光明西路 111 号 开户行及账号：农行创新支行 037401040000256				备注		

收款人：　　复核：　　开票人：王五　　　　销货单位（章）

第一联：记账联　销货方记账凭证

2. 转账支票

中国工商银行 转账支票 （粤）

BG02 3877900

出票日期(大写) 贰零壹叁 年壹拾贰月壹拾叁日　　付款行名称：工行解放西支行
收款人：广州林一食品加工厂　　　　出票人账号：007289300333921

人民币（大写）陆万柒仟贰佰柒拾伍元整　　亿千百十万千百十元角分 ￥672750 0 0

本支票付款期限十天

用途 所购产品货款
上列款项请从
我账户内支付
出票人签章

复核　　记账

3. 支票背面

被背书人	被背书人	（贴粘单处）
背书人签章 年　月　日	背书人签章 年　月　日	

4. 收款收据

收　款　收　据

年　月　日　　　　　　　　　　　　　　　　　　NO. 00156

付款单位（人）		付款方式	
交款事由			
人民币（大写）		（小写）￥	
备注			

5. 银行进账单

中国农业银行进账单（回单）

年　月　日

出票人	全　称		收款人	全　称												
	账　号			账　号												
	开户银行			开户银行												
金额	人民币 （大写）				亿	千	百	十	万	千	百	十	元	角	分	
票据种类		票据张数														
票据号码																
							开户银行签章									
	复核　　　记账															

此联是开户银行交给持票人的回单

6. 产品出库单

产 品 出 库 单

凭证编号：037

用　途：销售　　　　　　2013 年 12 月 13 日　　　　　　库存商品库：1 号

类别	编号	名称及规格	计量单位	数量	单位成本	总成本	附注：
		朱古力豆	千克	250	85	21250.00	
		奶糖	千克	200	60	12000.00	
合　计						33250.00	

记账：　　　　　保管：　　　　检验：李二　　　　制单：廖斌

【知识链接】

一、收入的概述

（一）收入的定义

收入是指企业在日常活动中所形成的、会导致所有者权益增加的、与所有者投入资本无关的经济利益的总流入。收入通常包括销售商品收入、提供劳务收入、让渡资产使用权收入等，但不包括为第三方或客户代收的款项，如增值税等。收入具有以下特点：

1. 收入是企业在日常活动中形成的经济利益的总流入

日常活动是指企业为完成其经营目标所从事的经常性活动以及相关的活动。工业企业销售产品、商业企业销售商品、咨询公司提供咨询服务、软件开发企业为客户开发软件、安装公司提供安装服务、商业银行对外贷款、租赁公司出租资产等活动，均属于企业为完成其经营目标所从事的经常性活动，由此形成的经济利益的总流入构成收入。明确界定日常活动是为了将收入与利得区分。日常活动是确认收入的重要判断标准，凡是日常活动形成的经济利益的流入应当确认为收入；反之，非日常活动所形成的经济利益的流入不能确认为收入，而应当计入利得。利得通常表现为不经过经营过程就能取得或属于企业不曾期望获得的收益。例如，无形资产出租所取得的租金收入属于日常活动所形成的，应当确认为收入，但是处置无形资产属于非日常活动，所形成的净利益，不应当确认为收入，而应当确认为利得。

2. 收入会导致企业所有者权益的增加

收入形成的经济利益总流入的形式多种多样，既可能表现为资产增加，如增加银行存款、应收账款；也可能表现为负债减少，如减少预收账款；还可能表现为二者的组合，如销售实现时，部分减少预收账款，部分增加银行存款。收入形成的经济利益总流入能增加资产或减少负债或二者兼而有之，根据"资产 – 负债 = 所有者权益"的会计等式，收入一定能增加企业的所有者权益。这里说的收入增加所有者权益，仅指收入本身的影响，而收入扣除与之相配比的费用后的净额，既可能增加所有者权益，也可能减少所有者权益。

对于企业为第三方或客户代收的款项，如企业代国家收取的增值税等，一方面增加了企业的资产，另一方面增加了企业的负债，而并不增加企业的所有者权益，因此不构成企业的收入。

3. 收入与所有者投入资本无关

所有者投入资本主要是为了享有企业资产的剩余权益，与此形成的经济利益的总流入不构成收入，而应确认为所有者权益的组成部分。

（二）收入的分类

根据不同的标准可对收入进行不同的分类：

1. 按企业从事日常活动的性质分类

按企业从事日常活动的性质不同，收入可分为销售商品收入、提供劳务收入和让渡资产使用权收入等。

销售商品收入主要指企业通过销售商品实现的收入。这里的商品包括企业为销售而生产的产品和为转售而购进的商品。如工业企业生产的产品、商品流通企业购进的商品等，企业销售的其他存货，如原材料、包装物等也视同为商品。

提供劳务收入是指企业通过提供劳务实现的收入。主要有企业提供旅游、运输、饮食、广告、理发、照相、染发、咨询、代理、培训、产品安装等劳务获取的收入。

让渡资产使用权收入是指企业通过让渡资产使用权取得的收入，包括利息收入和使用费收入。使用费收入主要指让渡专利权、商标权、专营权、版权、计算机软件等无形资产的使用权而获得的收入。

2. 按企业经营业务的主次分类

按企业经营业务的主次不同，收入可分为主营业务收入和其他业务收入。

主营业务收入是指企业完成经营目标所从事的经营性活动所实现的收入，一般占企业收入比重较大，对企业经济效益产生较大的影响。如工业企业的主营业务收入主要包括销售产品、自制半成品、代制品、代修品、提供工业性劳务等取得的收入；商业企业的主营业务收入主要包括销售商品实现的收入；咨询公司的主营业务收入主要包括提供咨询服务实现的收入。

其他业务收入是指企业为完成其经营目标所从事的与经营性活动相关的活动实现的收入。其他业务收入属于企业日常活动中次要交易实现的收入，一般占企业总收入的比重较小。如固定资产经营出租收入、无形资产出租收入（转让无形资产的使用权取得的使用费收入）、销售材料取得的收入、出租包装物的租金收入等。

（三）收入的确认与计量

（1）销售商品收入的确认。企业销售商品时，当同时满足以下五个条件时，即确认收入：

第一，企业已将商品所有权上的主要风险和报酬转移给购货方。

企业已将所有权上的主要风险和报酬转移给购货方，是确认销售商品收入的重要条件。与商品所有权有关的风险，是指商品可能发生减值或毁损等形成的损失。与商品所有权有关的报酬，是指商品价值增值或通过使用商品等形成的经济利益。

判断企业是否已将商品所有权上的主要风险和报酬转移给购贷方，应当关注交易的实质，并结合所有权凭证的转移和实物的交付进行判断。通常情况下，转移商品所有权凭证并交付实物后，商品所有权上的主要风险和报酬便随之转移，如大多数零售商品。某些情况下，转移商品所有权凭证但未交付实物，商品所有权上的主要风险和报酬也随之转移，企业只保留了次要风险和报酬，如交款提货方式销售商品。有时，已交付实物但未转移商品所有权凭证，商品所有权上的主要风险和报酬并未随之转移，如采用收取手续费方式委托代销的商品。

第二，企业既没有保留通常与商品所有权相联系的继续管理权，也没有对已售出商品实施有效控制。

通常情况下，企业出售商品后不再保留与商品所有权相联系的继续管理权，也不再对已售出商品实施有效控制，商品所有权上的主要风险和报酬已经转移给购货方，应在发出商品时确认收入。如果企业在商品销售后保留了与商品所有权相联系的继续管理权，或能够继续对其实施有效控制，说明商品所有权上的主要风险和报酬没有转移，销售交易不能成立，不应确认收入，如售后租回。

第三，收入的金额能够可靠地计量。

收入的金额能够可靠地计量是指收入的金额能够合理地估计。收入的金额能否合理地估计是确认收入的基本前提，如果收入的金额不能够合理地估计就无法确认收入。企业在销售商品时，商品销售价格通常已经确定。但是，由于销售商品过程中某些不确定因素的影响，有可能存在商品销售价格发生变动的情况。在这种情况下，新的商品销售价格未确定前通常不应确认销售商品收入。

第四，相关经济利益很可能流入企业。

在销售商品的交易中，与交易相关的经济利益主要表现为销售商品的价款。相关的经济利益很可能流入企业，是指销售商品价款收回的可能性大于不能收回的可能性，即销售商品价款收回的可能性超过50%。企业在销售商品时，如估计销售价款不是很可能收回，即使收入确认的其他条件均已满足，也不应当确认收入。

企业在确定销售商品价款收回的可能性时，应当结合以前和买方交往的直接经验、政府的有关政策及从其他方面取得的信息等因素进行分析。企业销售的商品符合合同或协议要求，已将发票账单交付买方，买方承诺付款，通常表明相关的经济利益很可能流入企业。如果企业判断销售商品收入满足确认条件予以确认，同时确认一笔应收债权，以后由于购货方资金周转困难无法收回应收债权时，不应调整原会计处理，而应对该债权计提坏账准备、确认坏账损失。如果企业根据以前与买方交往的直接经验判断买方信誉较差，或销售时得知买方在另一项交易中发生巨额亏损，资金周转十分困难，或在出口商品时不能肯定相关的经济利益能流入企业的情况，不应确认收入。

第五，相关的已发生的或将发生的成本能够可靠地计量。

相关的已发生的或将发生的成本能够可靠地计量是指与销售商品有关的已发生的或将发生的成本能够合理地估计。

根据收入和费用配比原则，销售商品收入满足其他确认条件时，相关的已发生或将发生的成本通常能够合理地估计，如库存商品的成本。如销售商品相关的已发生的或将发生的成本不能够合理地估计，此时企业不应确认收入，若已收到价款，应将已收到的价款确认为负债。

（2）商品销售收入的计量。企业应按照从购货方已收或应收的合同或协议价款确定销售商品收入的金额，但已收或应收的合同或协议价款不公允除外。

合同或协议价款的收取采用递延方式，实际上具有融资性的，应当按照应收的合同或协议价款的公允价值确定销售商品收入的金额。应收的合同或协议价款与公允价值之间的差额，应当在合同或协议期间内采用实际利率法进行摊销，计入当期损益。

二、商品销售收入的核算

为了总括地反映主营业务收入的实现情况，企业应设置以下账户：

（1）"主营业务收入"账户。该账户核算企业销售商品和提供劳务的收入，企业发生的销售退回、销售折让都作为冲减销售商品收入处理。该账户贷方登记出售商品、自制半成品、提供劳务取得的收入，借方登记发生销售退回、销售折让时冲减的主营业务收入以及期末结转入"本年利润"账户的主营业务收入，结转后账户应无余额。该账户应按商品或劳务种类设置明细分类账户，进行明细分类核算。

（2）"主营业务成本"账户。该账户用来核算企业销售商品、提供劳务等日常活动中的主要业务交易所发生的实际成本，该账户的借方登记本期结转的销售商品、提供劳务的实际成本，贷方反映期末结转入"本年利润"账户的成本以及因销售退回而冲减的主营业务成本，结转后账户应无余额。

企业一般商品销售业务的处理如下：

在进行销售商品收入的会计处理时，应首先考虑销售商品收入是否满足收入确认条件，符合规定的五个确认条件，企业应及时确认收入，并结转相关成本。

确认销售商品收入时，按照实际收到或应收的金额，借记"银行存款"、"应收账款"、"应收票据"等科目，按确定的收入金额贷记"主营业务收入"科目，按增值税专用发票上注明的增值税额，贷记"应交税费——应交增值税（销项税额）"科目。同时，按销售商品的实际成本，借记"主营业务成本"科目，贷记"库存商品"等科目。企业也可以在月末编制"商品发出汇总表"，一次结转本月已销商品的实际成本。

【处理流程】

（1）认真审核收到的转账支票。审核支票的出票日期的大写是否正确；收款人、金额、用途填写等内容是否清楚。

（2）审核无误后，依据管理规定开具收款凭据（收款收据），并在凭据上加盖"银行收讫"印章。

收 款 收 据

2013 年 12 月 13 日　　　　　　　　　　　　　　NO. 00156

付款单位（人）	理光商场		转账支票
交款事由	销售货款	银行收讫	
人民币（大写）	陆万柒仟贰佰柒拾伍元整		（小写）￥67275.00
备注			

（3）认真填写支票背面的内容，并加盖银行预留印鉴。

被背书人	被背书人	（贴粘单处）
背书人签章 年　月　日	背书人签章 年　月　日	

（4）认真填写银行进账单。

（5）登记支票收款登记簿。

（6）将支票连同进账单前往银行办理。

（7）银行受理后，将已盖章的进账单的第一联和第三联交给出纳员。

中国农业银行 进账单 （回　单）　1

2013 年 12 月 13 日

出票人	全　　称	珠海理光商场		收款人	全　　称	广州林一食品加工厂												
	账　　号	007289300333921			账　　号	037401040000256												
	开户银行	工行解放西支行			开户银行	农行创新支行												
金额	人民币 （大写）	陆万柒仟贰佰柒拾伍元整					亿	千	百	十	万	千	百	十	元	角	分
										¥	6	7	2	7	5	0	0
票据种类	转账		票据张数	壹张													
票据号码																	
		复核　　　　记账															

（8）会计主管审核原始凭证后交制单人员编制记账凭证，记账人员根据审核无误的记账凭证登记相应明细账，出纳员登记银行存款日记账。

记　账　凭　证

2013 年 12 月 13 日　　　　　　　　　　　　　　　　记字第 20 号

摘　要	会计科目		借方金额									贷方金额									记账√
	总账科目	明细科目	百	十	万	千	百	十	元	角	分	百	十	万	千	百	十	元	角	分	
销售产品一批，款已收	银行存款				6	7	2	7	5	0	0										
	主营业务收入	朱古力豆												3	7	5	0	0	0	0	

摘要	会计科目		借方金额									贷方金额									记账√
	总账科目	明细科目	百	十	万	千	百	十	元	角	分	百	十	万	千	百	十	元	角	分	
		奶糖												2	0	0	0	0	0	0	
	应交税费	应交增值税（销项税额）													9	7	7	5	0	0	
附件3张	合计		¥	6	7	2	7	5	0	0		¥	6	7	2	7	5	0	0		

会计主管：陆小敏　　记账：吴宇　　出纳：　　审核：何琴　　制证：王秋华

记 账 凭 证

2013 年 12 月 13 日　　　　　　　　　　记字第 21 号

摘要	会计科目		借方金额									贷方金额									记账√
	总账科目	明细科目	百	十	万	千	百	十	元	角	分	百	十	万	千	百	十	元	角	分	
结转销售成本	主营业务成本	朱古力豆			2	1	2	5	0	0	0										
		奶糖			1	2	0	0	0	0											
	库存商品	朱古力豆												2	1	2	5	0	0	0	
		奶糖												1	2	0	0	0	0		
附件1张	合计		¥	3	3	2	5	0	0	0		¥	3	3	2	5	0	0	0		

会计主管：陆小敏　　记账：吴宇　　出纳：　　审核：何琴　　制证：王秋华

任务六　销售产品

【业务描述】

2013 年 12 月 13 日，向深圳华民商场销售朱古力豆 100 千克，价款 15000 元，奶糖 50 千克，价款 5000 元，开具增值税专用发票一张，货款尚未收到。

【业务资料】

1. 销售发票

广东增值税专用发票　　　　　　　　　NO：03482

记账联　　　　开票时间：2013 年 12 月 13 日

购货单位	名称：深圳华民商场 纳税人识别号：41098377793427 地址、电话：深圳市华强北 8888 号 开户行及账号：建行华强北支行 428790012345367					密码区		
货物或应税劳务名称	规格型号	单位	数量	单价	金额	税率	税额
朱古力豆		千克	100	150	15000.00	17%	2550.00
奶糖		千克	50	100	5000.00	17%	850.00
合计					20000.00		3400.00

价税合计（大写）贰万叁仟肆佰元整　　　（小写）￥23400.00

销货单位	名称：广州林一食品加工厂 纳税人识别号：44011234567890802 地址、电话：广州市番禺区光明西路 111 号 开户行及账号：农行创新支行 037401040000256	备注

收款人：　　　　复核：　　　　开票人：王五　　　　销货单位（章）

第一联：记账联　销货方记账凭证

2. 产品出库单

产　品　出　库　单

凭证编号：038

用　途：销售　　　　　2013 年 12 月 13 日　　　　　库存商品库：1 号

类　别	编号	名称及规格	计量单位	数量	单位成本	总成本	附注：
		朱古力豆	千克	100	85	8500.00	
		奶糖	千克	50	60	3000.00	
合　计						11500.00	

记账：　　　　保管：　　　　检验：　　　　制单：

【知识链接】

销售产品款未收，会使企业债权增加，即应收账款增加。应收账款的内容在任务二中已做介绍，在此不再重复。

【处理流程】

会计主管审核原始凭证后交制单人员编制记账凭证，记账人员根据审核无误的记账凭证登记相应明细账。

记 账 凭 证

2013 年 12 月 13 日　　　　　　　　　　　　　　记字第 22 号

摘　要	会计科目		借方金额									贷方金额									记账 √
	总账科目	明细科目	百	十	万	千	百	十	元	角	分	百	十	万	千	百	十	元	角	分	
销售产品一批，款未收	应收账款				2	3	4	0	0	0	0										
	主营业务收入	朱古力豆											1	5	0	0	0	0	0	0	
		奶糖												5	0	0	0	0	0	0	
	应交税费	应交增值税（销项税额）												3	4	0	0	0	0	0	
附件 1 张	合　　计		¥	2	3	4	0	0	0	0	0	¥	2	3	4	0	0	0	0	0	

会计主管：陆小敏　　记账：吴宇　　出纳：　　审核：何琴　　制证：王秋华

记 账 凭 证

2013 年 12 月 13 日　　　　　　　　　　　　　　记字第 23 号

摘　要	会计科目		借方金额									贷方金额									记账 √
	总账科目	明细科目	百	十	万	千	百	十	元	角	分	百	十	万	千	百	十	元	角	分	
结转销售成本	主营业务成本	朱古力豆				8	5	0	0	0	0										
		奶糖				3	0	0	0	0	0										
	库存商品	朱古力豆												8	5	0	0	0	0	0	
		奶糖												3	0	0	0	0	0	0	
附件 1 张	合　　计		¥	1	1	5	0	0	0	0	0	¥	1	1	5	0	0	0	0	0	

会计主管：陆小敏　　记账：吴宇　　出纳：　　审核：何琴　　制证：王秋华

任务七　发放上月工资

【业务描述】

2013 年 12 月 15 日，通过网上银行转账发放 11 月工资 45000 元。

【业务资料】

中国农业银行

电子转账凭证（回单）

币别：人民币　　　　委托日期：2013 年 12 月 15 日　　　　凭证编号：3688795

付款人	全称	广州林一食品加工厂	收款人	全称	广州林一食品加工厂
	账号	03740104000025		账号	037401045288965
	汇出地点	广东省广州市/县		汇入地点	广东省广州市/县
汇出行名称		农行创新支行	汇入行名称		农行创新支行

（印章：中国农业银行广州创新支行 2013.12.15 办讫）

金额	（大写）人民币肆万伍仟元整	千	百	十	万	千	百	十	元	角	分
					¥4	5	0	0	0	0	0

附加信息及用途：转代发工资账号	支付密码	K0000001
	根据中国农业银行广州林一食品加工厂客户 022445063 号电子指令，上述已由　　支付。	
（银行盖章）	客户经办人员：　　复核：　　记账：	

【知识链接】

　　银行存款是企业存放在银行或其他金融机构的货币资金。按照国家《支付结算办法》规定，企业应在当地银行开立账户，办理存款、取款和转账等结算业务。开立账户后，必须遵守中国人民银行《银行账户管理办法》的各项规定。

　　银行存款账户分为基本存款账户、一般存款账户、临时存款账户和专用存款账户。

　　（1）基本存款账户是企业办理日常结算和现金收付的账户。企业的工资、奖金等现金的支取，只能通过基本存款账户办理。

　　（2）一般存款账户是企业在基本存款账户以外的银行借款转存，与基本存款账户的企业不在同一地点的附属非独立核算单位的账户，企业可以通过本账户办理转账结算和现金缴存，但不能办理现金支取。

　　（3）临时存款账户是企业因临时经营活动需要开立的账户。企业可以通过本账户办理转账结算和根据国家现金管理规定办理现金收付。

　　（4）专用存款账户是企业因特定用途需要开立的账户。

　　一个企业、事业单位只能选择一家银行的一个营业机构开立一个基本存款账户，不得在多家银行机构开立基本存款账户，不得在同一家银行的几个分支机构开立一般存款账户。企业在银行开立账户后，与其他单位之间的一切收付款项，除制度规定可用现金支付的部分外，都必须通过银行办理转账结算。

该企业工资发放制度是当月工资，下月发放且直接通过网上银行转账到各个员工的个人银行账户上，不通过现金发放。因为当月的工资未发放，会形成企业的负债。下月发放时，则是企业负债减少，企业银行存款也减少。应付职工薪酬的具体内容在后面计提本月工资时具体讲述。

【处理流程】

会计主管审核原始凭证后交制单人员编制记账凭证，记账人员根据审核无误的记账凭证登记相应明细账，出纳员登记银行存款日记账。

记 账 凭 证

2013 年 12 月 15 日 　　　　　　　　　　　　　　记字第 24 号

摘　要	会计科目		借方金额									贷方金额									记账√
	总账科目	明细科目	百	十	万	千	百	十	元	角	分	百	十	万	千	百	十	元	角	分	
发放工资	应付职工薪酬	职工工资			4	5	0	0	0	0	0										
	银行存款													4	5	0	0	0	0	0	
附件 1 张	合　　计			¥	4	5	0	0	0	0	0		¥	4	5	0	0	0	0	0	

会计主管：陆小敏　　　记账：吴宇　　　出纳：　　　审核：何琴　　　制证：王秋华

任务八　销售产品

【业务描述】

2013 年 12 月 16 日，向惠州市惠发商场销售朱古力豆 50 千克，价款 7500 元，奶糖 30 千克，价款 3000 元，开具增值税专用发票一张。已到银行办理了委托收款事宜。

【业务资料】

1. 销售发票

广东增值税专用发票

NO：03482

记账联　　　　　　开票时间：2013 年 12 月 16 日

购货单位	名称：惠州市惠发商场 纳税人识别号：4448951620333 地址、电话：惠州市惠民南路 1111 号 开户行及账号：建行惠民南支行 68951423650					密码区		
货物或应税劳务名称	规格型号	单位	数量	单价	金额	税率	税额
朱古力豆		千克	50	150	7500.00	17%	1275.00
奶糖		千克	30	100	3000.00	17%	210.00
合计					10500.00		1485.00

价税合计（大写）壹万壹仟玖佰捌拾伍元整　　（小写）￥11985.00

销货单位	名称：广州林一食品加工厂 纳税人识别号：44011234567890802 地址、电话：广州市番禺区光明西路 111 号 开户行及账号：农行创新支行 037401040000256	备注

收款人：　　　　复核：　　　　开票人：王五　　　　　　销货单位（章）

2. 产品出库单

产　品　出　库　单

凭证编号：038

用　途：销售　　　　　2013 年 12　月 16 日　　　　库存商品库：1 号

类　别	编号	名称及规格	计量单位	数量	单位成本	总成本	附注
		朱古力豆	千克	50	85	4250.00	
		奶糖	千克	30	60	1800.00	
合　计						6050.00	

记账：　　　　　保管：　　　　　检验：　　　　　制单：

3. 委托收款凭证

委托收款凭证（回单）

委托日期：2013 年 12 月 16 日

<table>
<tr><td rowspan="3">付款人</td><td>全称</td><td colspan="2">惠州市惠发商场</td><td rowspan="3">收款人</td><td>全称</td><td colspan="9">广州林一食品加工厂</td></tr>
<tr><td>账号</td><td colspan="2">68951423650</td><td>账号</td><td colspan="9">03740104000025</td></tr>
<tr><td>开户银行</td><td colspan="2">建行惠民南支行</td><td>开户银行</td><td colspan="9">农行创新支行</td></tr>
<tr><td rowspan="2">委收金额</td><td colspan="2">人民币</td><td>千</td><td>百</td><td>十</td><td>万</td><td>千</td><td>百</td><td>十</td><td>元</td><td>角</td><td>分</td></tr>
<tr><td colspan="2">（大写）壹万壹仟玖佰捌拾伍元整</td><td></td><td></td><td>¥</td><td>1</td><td>1</td><td>9</td><td>8</td><td>5</td><td>0</td><td>0</td></tr>
<tr><td>款项内容</td><td></td><td colspan="2">委托收款凭证名称</td><td colspan="10"></td></tr>
<tr><td>备注：电划</td><td colspan="3">款项收妥日期
年　月　日</td><td colspan="10">收款人开户银行盖章　　月　　日</td></tr>
</table>

中国农业银行
创新支行
附寄单
2013.12.16
证张数
业务办讫

【知识链接】

委托收款

1. 委托收款及其适用范围

委托收款是指收款人委托银行向付款人收取款项的结算方式。根据凭证传递方式不同，委托收款可分为委邮和委电两种。

凡在银行或其他金融机构开立账户的单位和个体经济户的商品交易，公用事业单位向用户收取水电费、邮电费、煤气费、公房租金等劳务条款项以及其他应收款项，无论是在同城还是异地，均可使用委托收款的结算方式。

2. 委托收款结算的基本规定

（1）委托收款不受金额起点限制，均可采用委邮或委电结算方式。

（2）付款时间的规定。委托收款的付款期为 3 天，从付款人开户银行发出付款通知的次日算起，付款期内遇节假日顺延。付款人在付款期内未向银行提出异议，银行视作同意付款，并在付款期满的次日开始营业时，将款项主动划给收款人。如在付款期满前，付款人通知银行提前付款，即刻划款。

（3）付款人拒绝付款。付款人审查有关债务证明后，对收款人委托收取的款项需要拒绝付款的，可以办理拒绝付款。付款人对收款人委托收取的款项需要全部拒绝付款的，应在付款期内填制"委托收款结算全部拒绝付款理由书"，并加盖银行预留印鉴章，连同有关单证送交开户银行，银行不负责审查拒付理由，将拒绝付款理由书和有关凭证及单证寄给收款人开户银行转交收款人。需要部分拒绝付款的，应在付款期内出具"委托收款结算部分拒绝付款理由书"，并加盖银行预留印鉴章，送交开户银行，银行办理部分划款，并将部分拒绝付款理由书寄给收款人开户银行转交收款人。

（4）无款支付的规定。付款人在付款期满日、银行营业终了前如无足够资金支付全部款项，即为无款支付。银行于次日上午开始营业时，通知付款人将关单证（单证已作账务处理的，付款人可填制"应付款项证明书"），在两天内退回开户银行，银行将有关结算凭证连同单证或应付款项证明单退回收款人开户银行转交收款人。

（5）付款人逾期不退回单证的，开户银行应按照委托收款的金额自发出通知的第3天起，每天处以 0.5% 但不低于 50 元的罚金，并暂停付款人委托银行向外办理结算业务，直到退回单证时为止。

3. 委托收款结算的程序

委托收款结算应注意以下事项：

（1）收款人委托银行收款时，应根据划款快慢的需要选择委电或委邮结算方式。凭证的付款人全称、账号或地址、开户银行等内容要填写清楚，连同有关收款凭证向本单位开户银行办理托收手续。

（2）付款人收到银行传来的付款通知后，应及时查明是否为本单位应付款项，款项的金额是否有误，并在付款期内决定是否予以承付。对应拒付的款项，要在付款期内及时填制拒绝付款理由书，连同付款通知一起交开户银行办理拒付手续。

（3）收付款双方在结算过程中发生纠纷时，应由收付双方共同协商解决，或申请仲裁机关裁决，银行不负责监督扣款和监督拒绝付款。

（4）委托收款结算的程序。

委托收款结算的程序主要有四种情况：①两方交易，直接结算程序。②三方交易，直接结算程序。③代办发货结算程序。④代理收货结算程序。在此，我们仅介绍第一种情况，两方交易，直接结算程序。具体程序如下：

收款人付出商品或劳务供应──→收款人委托银行收款──→银行接收委托回单──→收款人开户银行将"委托收款凭证"传递给付款人开户银行──→通知付款──→划拨款项──→通知款已收到。

4. 委托收款结算应注意的问题

委托收款方式使用灵活，在实际工作中，还会发生一些特殊形式的委托收款方式，主要有三方交易的委托收款方式，代办发货、代理收货的委托收款方式以及同城特约委托收款方式等。

（1）三方交易、直达结算的委托收款。三方交易、直达结算是指批发单位、销货单位以及购货单位都不在一地，批发单位委托销货单位直接向购货单位发货，而货款则由批发单位分别与购销双方进行结算的一种交易。这种做法适用于批发单位和购货单位的交易需要经过代理中间商的交易活动。销货单位根据三方签订的合同，由批发单位直接向购货单位发货，同时由销货单位填制两套"委托收款凭证"，并附上有关单位，将其同时提交开户银行办理委托收款手续。其中，一份以销货单位的名义，向批发单位收款，货款划回销货单位开户银行，收进销货单位账户；另一份以批发单位的名义，向购货单位收款，货款直接划回批发单位开户银行，收进批发单位账户。购货单位对批发单位、批发单位对销货单位发生拒付或无款支付的，均按照前述有关规定办理。

（2）代办发货的委托收款。代办发货是指销货单位与代办发货单位不在一地，销货单位与代办发货单位订立代办发货委托收款合同，由销货单位委托代办发货单位向购货单位发货，并由代办发货单位代销货单位办理委托收款手续，向购货单位收款。代办发货单位根据销货单位的通知向购货单位发货后，以销货单位名义填制委托收款凭证，并在凭证上加盖代办发货单位的印章，送交代办发货单位开户银行，向购货单位收取款项，再将货款划回销货单位开户银行，收入销货单位银行存款账户。在这种方式下，代办发货单位只办理代办发货和代办委托收款手续，不发生结算关系，购货单位拒付或无款支付等都由销货单位和购货单位按照上述有关规定办理。

（3）同城特约委托收款。在同城范围内，收款人收取公用事业费或根据国务院的规定，收取有关款项时，可以使用同城特约委托收款。使用这种结算方式的要求是：①收取公用事业费必须具有收付双方事先签订的经济合同。②由付款人向开户银行授权，通知银行按约收款。③经开户银行同意，报经中国人民银行当地分支行批准。

5. 会计核算

在会计核算中，对债权方，使用"应收账款"账户；对债务方，使用"应付账款"账户。

【处理流程】

会计主管审核原始凭证后交制单人员编制记账凭证，记账人员根据审核无误的记账凭证登记相应明细账，出纳员登记银行存款日记账。

记 账 凭 证

2013 年 12 月 16 日　　　　　　　　　　　记字第 25 号

摘要	会计科目		借方金额									贷方金额									记账√
	总账科目	明细科目	百	十	万	千	百	十	元	角	分	百	十	万	千	百	十	元	角	分	
销售产品一批，款未收	应收账款			1	1	9	8	5	0	0	0										
	主营业务收入	朱古力豆												7	5	0	0	0	0	0	
		奶糖												3	0	0	0	0	0	0	
	应交税费	应交增值税（销项税额）											1	4	8	5	0	0	0		
附件1张	合　计		¥	1	1	9	8	5	0	0	0	¥	1	1	9	8	5	0	0	0	

会计主管：陆小敏　　记账：吴宇　　出纳：　　审核：何琴　　制证：王秋华

记 账 凭 证

2013 年 12 月 16 日　　　　　　　　　　　记字第 26 号

摘要	会计科目		借方金额									贷方金额									记账√
	总账科目	明细科目	百	十	万	千	百	十	元	角	分	百	十	万	千	百	十	元	角	分	
结转销售成本	主营业务成本	朱古力豆				4	2	5	0	0	0										
		奶糖				1	8	0	0	0	0										
	库存商品	朱古力豆													4	2	5	0	0	0	
		奶糖													1	8	0	0	0	0	

续表

摘 要	会计科目		借方金额									贷方金额									记账 √
	总账科目	明细科目	百	十	万	千	百	十	元	角	分	百	十	万	千	百	十	元	角	分	
附件1张	合 计			￥	6	0	5	0	0	0			￥	6	0	5	0	0	0		

会计主管：[陆小敏]　　记账：[吴宇]　　出纳：　　审核：[何琴]　　制证：[王秋华]

任务九　采购材料

【业务描述】

2013 年 12 月 16 日，向天天食品原料有限公司购入材料一批，其中 A 材料 200 千克，价值 6000 元，B 材料 200 千克，价值 8000 元。材料已验收入库。开出一张期限为 3 个月的不带息商业承兑汇票支付材料款。另以现金支付运费 200 元，运费按重量分配。

【业务资料】

1. 采购发票

广东增值税专用发票

NO：0265388

抵扣联　　　　　　　　　　开票时间：2013 年 12 月 16 日

购货单位	名称：广州林一食品加工厂 纳税人识别号：44011234567890802 地址、电话：广州市番禺区光明西路 111 号 开户行及账号：农行创新支行 037401040000256					密码区		
货物或应税劳务名称	规格型号	单位	数量	单价	金额	税率	税额
A 材料		千克	200	30.00	6000.00	17%	1020.00
B 材料		千克	200	40.00	8000.00	17%	1360.00
合计					14000.00		2380.00

价税合计（大写）壹万陆仟叁佰捌拾元整　　（小写）16380.00

销货单位	名称：天天食品原料有限公司 纳税人识别号：435870198352 地址、电话：广州市长兴路 1122 号 开户行及账号：建行长兴支行 2345780192378	备注 420601078932842 发票专用章

收款人：　　　　复核：　　　　开票人：黄诚　　　　销货单位（章）

第二联：抵扣联　购货方扣税凭证

广东增值税专用发票

发票联

NO：0265388

开票时间：2013 年 12 月 16 日

购货单位	名称：广州林一食品加工厂 纳税人识别号：44011234567890802 地址、电话：广州市番禺区光明西路 111 号 开户行及账号：农行创新支行 037401040000256					密码区		
货物或应税劳务名称	规格型号	单位	数量	单价	金额	税率	税额
A 材料		千克	200	30.00	6000.00	17%	1020.00
B 材料		千克	200	40.00	8000.00	17%	1360.00
合计					14000.00		2380.00

价税合计（大写）壹万陆仟叁佰捌拾元整　　（小写）16380.00

销货单位	名称：天天食品原料有限公司 纳税人识别号：435870198352 地址、电话：广州市长兴路 1122 号 开户行及账号：建行长兴支行 2345780192378	备注

收款人：　　　复核：　　　开票人：黄诚　　　销货单位（章）

2. 运费发票

公路　内河货物运输业统一发票

发票联

发票代码：033

开票日期 2013 年 12 月 16 日

发票号码：61289

机打代码	×××	税控号码	×××
机打号码	×××		
机器编码	×××		
收货人及纳税人识别码	广州林一食品加工厂44011234567890802	承运人及纳税人识别码	广东德邦物流有限公司420601078935420
发货人及纳税人识别码	天天食品原料有限公司435870198352	主管税务机关及代码	广州市地方税务局　×××
运输项目及金额	货物名称：材料 数量/重量：400 单位运价：0.5 计费金额200 **现金付讫**	其他项目及金额	备注： 起运地 广州 到达地 广州
运费小计	200.00	其他费用小计	
合计（大写）	贰佰元整	小写 ¥200.00	

公路　内河货物运输业统一发票

抵扣联

发票代码：033

发票号码：61289

开票日期2013 年 12 月 16 日

机打代码	×××	税控号码	×××
机打号码	×××		
机器编码	×××		
收货人及纳税人识别码	广州林一食品加工厂44011234567890802	承运人及纳税人识别码	广东德邦物流有限公司420601078935420
发货人及纳税人识别码	天天食品原料有限公司435870198352	主管税务机关及代码	广州市地方税务局 ×××
运输项目及金额	货物名称：材料 数量/重量：400 单位运价：0.5 计费金额：200	其他项目及金额	备注：起运地　广州 到达地　广州
运费小计	200.00	其他费用小计	
合计（大写）	贰佰元整		小写 ￥200.00

3. 入库单

入　库　单

收货单位：广州林一食品加工厂　　　　2013 年 12 月 16 日　　　　第 0576 号

货　号	品　名	单位	数量	单价	金额	备注
	A 材料	千克	200	30.00	6000.00	
	B 材料	千克	200	40.00	8000.00	
备　注						

负责人：王晶晶　　　　　　　　收货经手人：张文

4. 商业承兑汇票

商业承兑汇票（卡片）

出票日期　　　　年　　月　　日　　　　汇票号码

付款人	全　称		收款人	全　称										
	账　号			账　号										
	开户银行			开户银行		百	十	万	千	百	十	元	角	分
出票金额		人民币（大写）												
汇票到期日（大写）			付款人开户行	行号										
交易合同号码				地址										
			备注：											
		出票人签章												

【知识链接】

一、采购运费

存货的采购成本一般包括购买价款、相关税费、运输费、装卸费、保险费以及其他可归属于存货采购成本的费用，具体包括：①买价。②运杂费。③运输途中的合理损耗。④入库前的整理挑选费。⑤购入物资负担的税金和其他费用。

而购入或销售货物以及在生产经营过程中支付运输费用的，按照运输费用结算单据上注明的运输费用金额和7%的扣除率计算的进项税额。

如果运杂费是属于共同性的运杂费，则需要在各种采购物资之间进行分配。其计算公式如下：

运杂费分配率＝运杂费总额÷各种采购物资的重量（或金额）之和

某种采购物资应分配的运杂费＝该物资的重量（或金额）×运杂费分配率

二、商业承兑汇票

1. 商业汇票及其适用范围

商业汇票是收款人或付款人（或承兑申请人）签发，由承兑人承兑，并于到期日向收款人或背书人支付款项的票据。

根据《银行结算办法》和中国人民银行1994年7月颁布的《商业汇票办法》规定，商业汇票按承兑人不同，分为商业承兑汇票和银行承兑汇票。前者是指由收款人签发，经付款人承兑，或由付款人签发并承兑的票据；后者是指由收款人或承兑申请人签发，并由承兑申请人向开户银行申请，经银行审查同意承兑的票据。

商业汇票结算方式适用范围广泛，在银行开立账户的法人之间根据购销合同进行的先发货后收款或延期付款的商品交易，均可使用商业汇票。商业汇票在同城和异地均可使用。

上述的收款人、付款人或承兑申请人一般指供货单位和购货单位。在商业承兑汇票中，汇票上的当事人是发票人，是交易中的收款人，即卖方；或者交易中的付款人，即买方。承兑人，出票人如是卖方，承兑人为买方；出票人如是买方，其本人为承兑人。付款人是买方的开户银行；受款人是交易中的收款人，即卖方。在银行承兑汇票中，汇票上的当事人是出票人，是承兑申请人；付款人和承兑人是承兑行，即承兑申请人的开户银行；受款人是与发票人签订购销合同的收款人，即卖方。商业汇票的承兑期限由交易双方商定。关于最长承兑期限，《银行结算办法》规定为9个月，而《商业汇票办法》则修订为6个月。如属分期付款，应一次签发若干张不同期限的汇票，也可按供货进度分次签发汇票。

2. 商业汇票结算的基本规定

（1）商业汇票一律记名，允许背书转让。签发人或承兑人有汇票正面记明"不得转让"字样的商业汇票，不得背书转让。否则，签发人或承兑人对被背书人不负保证付款的责任。

（2）商业汇票的承兑期限，由交易双方商定，但最长不超过6个月；如需分期付款，应一次签发若干张不同期限的汇票，也可按供货进度分次签发汇票。

（3）无款支付的规定。商业承兑汇票到期，付款人账户存款不足而不能支付票款时，如果属于异地办理委托收款的，由付款人开户银行在委托收款凭证备注栏注明付款人"无款支付"字样，按照委托收款结算无款支付手续处理，将委托收款凭证和商业承兑汇票退回收款人开户银行。如果属于同城用进账单划款的，比照空头支票退票处理。同时，银行按照商业承兑汇票的票面金额处以5%但不低于1000元的罚款，同时处以2%赔偿金给收款人。银行承兑汇票到期，付款人账户无款支付或不足支付时，银行除凭票向收款人无条件支付款项外，将根据承兑协议对付款人执行扣款。对尚未收回的款项转入付款人的逾期贷款户，并每日按0.5%计收罚息。

（4）使用商业汇票的单位必须是在银行开立账户的企业法人。

（5）签发商业汇票应以商品交易为基础，禁止签发、承兑、贴现无商品交易的商业汇票；严禁利用商业汇票套取银行贴现资金。

（6）商业承兑汇票的签发方法。商业承兑汇票按购、销双方约定签发。由收款人签发的商业承兑汇票，应交付款人承兑；由付款人签发的商业承兑汇票，应经本人承兑。承兑时，付款人须在商业承兑汇票下面签署"承兑"字样，并加盖预留银行印章，再将商业承兑汇票交给收款人。

（7）商业承兑汇票的办理方法。商业承兑汇票的收款人或被背书人，对在同一城市的付款人承兑的汇票，应于汇票到期日将汇票送交银行办理收款；对在异地的付款人承兑的汇票，应于汇票到期日前5天内，将汇票交开户银行办理收款。对逾期的汇票，应于汇票到期日次日起10天内，将汇票送交开户银行办理收款。超过期限，银行不予受理。

办理商业承兑汇票收款时，均需要填制委托收款凭证，并在"委托收款货物名称栏"注明"商业承兑汇票"及汇票号码，将汇票随托收凭证一并送交开户银行。

（8）收款人在商业承兑汇票审查中应注意的问题。①是否为中国人民银行统一印制的商业承兑汇票。②汇票的签发和到期日期必须大写、收款单位的名称必须是全称；账户及开户银行、大小写金额等栏目是否填写齐全正确。③汇票上的签章（签发处应加盖签发单位的法人印章，承兑人盖章处盖付款人预留银行印章并填写承兑日期）是否齐全正确。④汇票是否超过有效承兑期限（最长为6个月，但应注意：有效期是从承兑日开始计算，而不是从汇票的签发日开始）。⑤汇票上有无批注"不得转让"字样。经转让的汇票，背书是否连续（每一手的背书人是否为前一手的被背书人或收款人），背书的签章是否正确（是否为单位公章、财务专用章等）。

3. 商业汇票结算的程序

（1）商业承兑汇票结算程序。①签发和承兑商业承兑汇票。商业承兑汇票一式三联，可由收款人签发，也可由付款人签发。汇票签发后，第三联由签发人留存备查，第一联由付款人（即承兑人）留存，第二联汇票由付款人（即承兑人）在承兑栏加盖预留银行印章，并在商业承兑汇票正面签署"承兑"字样，以示承兑后，将商业承兑汇票交给收款人。②承兑并盖预留银行印鉴。③委托收款。收款人或被背书人将要到期的商业承兑汇票送交开户银行办理收款手续，收款一般采取的是委托收款方式。④收款人开户行将凭证和汇票传递给付款人开户行。⑤到期兑付。付款人应于商业承兑汇票到期日前积极筹措款项于到期日前将票款足额交存其开户银行。⑥银行划拨款项。付款人开户银行收到传来的委托收款凭证和商业承兑汇票后，将款项划给收款人或被背书人。⑦收妥入账。

（2）银行承兑汇票结算程序。①出票（指由收款人签发）。②申请承兑并签订承兑协议。③同意承兑。④送交银行承兑汇票。⑤到期交付票款。⑥到期日前委托银行收款。⑦承兑行将款项划拨给收款人开户行。⑧收款人收妥票款入账。

4. 商业汇票的会计核算

在会计核算中，对债权方，使用"应收票据"账户；对债务方，使用"应付票据"账户。

三、应付票据

（一）应付票据概述

应付票据是指企业在购买材料、商品或接受劳务等经营活动时开出、承兑的商业汇票，包括商业承兑汇票和银行承兑汇票。企业应当设置"应付票据备查簿"，详细登记每一商业汇票的种类、号数和出票日期、到期日、票面余额、交易合同号和收款人姓名或单位名称以及付款日期和金额等资料。应付票据到期结清时，应当在备查簿内逐笔注销。

企业应设置"应付票据"科目，核算应付票据的发生、偿付等业务。该科目借方登记支付票据的金额；贷方登记开出、承兑汇票的面值及带息票据的预提利息。期末贷方余额，表示企业尚未到期的应付票据本息。

（二）应付票据的会计核算

（1）企业开出、承兑商业汇票或以承兑商业汇票抵付货款、应付账款时，借记"物资采购"、"库存商品"、"应付账款"、"应交税费——应交增值税（进项税额）"科目，贷记"应付票据"科目。

（2）支付银行承兑汇票的手续费，借记"财务费用"科目，贷记"银行存款"科目。

（3）收到银行支付到期票据的付款通知时，借记"应付票据"科目，贷记"银行存款"科目。

（4）对于带息票据，一般在月末、季末不用计提利息，只在年末（或半年末）才计提当年至年末（或半年末）时的未到期票据上的累计应付利息。计提利息时，借记"财务费用"科目，贷记"应付票据"科目。如果利息金额不大，是否预提对会计报表不会产生重大影响，则可在票据到期归还本金和支付利息时，一次性计入财务费用。

（5）应付票据到期，如企业无力支付票款，按应付票据的票面价值，借记"应付票据"科目，贷记"应付账款"科目；如果是银行承兑汇票则应贷记"短期借款"科目。

【处理流程】

（1）会计主管审核原始凭证，审核无误后交出纳员办理商业承兑汇票。

（2）出纳员复核原始凭证，在运费发票上加盖"现金付讫"章，以免重复支付，并填写商业承兑汇票。

商业承兑汇票（卡片）　　1

出票日期　贰零壹叁年壹拾贰月　壹拾陆 日　　　汇票号码

付款人	全　称	广州林一食品加工厂	收款人	全称	天天食品原料有限公司
	账　号	037401040000256		账号	2345780192378
	开户银行	农行创新支行		开户银行	建行长兴支行

出票金额	人民币（大写）壹万陆仟叁佰捌拾元整	百	十	万	千	百	十	元	角	分
				¥ 1	6	3	8	0	0	0

汇票到期日（大写）	贰零壹肆年零叁月壹拾陆日	付款人开户行	行号	003
交易合同号码	02345		地址	广州市番禺区光明西路789号

备注：

出票人签章

（此联承兑人留存）

（3）制单人根据银行回单及其他原始凭证编制记账凭证。记账人员根据审核无误后的记账凭证登记相应明细账，出纳登记现金日记账。

注意：编制记账凭证前应正确计算材料入账价值和可抵扣的增值税额。

A 材料的入账价值 = 6000 + 100 × 0.5 × 93% = 6093（元）

B 材料的入账价值 = 8000 + 100 × 0.5 × 93% = 8093（元）

可抵扣的进项税额 = 2380 + 200 × 7% = 2394（元）

记 账 凭 证

2013 年 12 月 16 日　　　　　　　　　　　　　记字第 27 号

摘要	会计科目		借方金额									贷方金额									记账√
	总账科目	明细科目	百	十	万	千	百	十	元	角	分	百	十	万	千	百	十	元	角	分	
采购材料	原材料	A材料				6	0	9	3	0	0										
		B材料				8	0	9	3	0	0										
	应交税费	应交增值税（进项税额）				2	3	9	4	0	0										
	应付票据	天天食品原料有限公司											1	6	3	8	0	0	0	0	
	库存现金																2	0	0	0	0	
附件4张	合　计			¥ 1	6	5	8	0	0	0	0		¥ 1	6	5	8	0	0	0	0	

会计主管：陆小敏　　记账：吴宇　　出纳：李敏　　审核：何琴　　制证：王秋华

任务十 偿还前欠货款

【业务描述】

2013 年 12 月 16 日，采购部王强领取转账支票一张，偿还前欠深圳宇强纸业公司产品包装材料款 2000 元（账号：57792304332019，开户银行深发行龙岗支行）。

【业务资料】

1. 转账支票

中国农业银行转账支票存根(粤)	中国农业银行 转账支票(粤)	CG 02 18445324

（转账支票图样）

2. 领用支票审批单

领用支票审批单

年　　月　　日

领用部门		预支金额		
领用人		支票归属行	支票号码	
用途：				
			（限额：　　　　）	
领用部门领导签章		财务部门领导签章		
备注：1. 领用的支票　　　　天内有效。 　　　2. 领用支票后，限　　　　天之内前来财务报账，并交回支票存根。				

主办会计（审核）：　　　　　　　　　　　　　　出纳：

支票领用登记簿

支票类型：转账支票　　　　　　　2013 年 12 月　　　　　　银行账户：农行 037401040000256

日期		支票号	支票用途	预计金额								领用人	报销日期		退票日期		备注
月	日			十	万	千	百	十	元	角	分		月	日	月	日	
12	2	18445321	支付电话费	¥		2	4	6	0	0	0	李敏	12	2			
12	7	18445322	购买打印机	¥		6	3	1	8	0	0	王华	12	7			
12	12	18445323	支付广告费				¥	8	0	0	0	张三	12	2			

【知识链接】

偿还前欠货款的业务，企业的负债会减少，同时企业的资产也会减少。

【处理流程】

（1）经办人王强来财务部门领取并填写"领用支票审批表"，交部门负责人审核签字。

（2）部门负责人签字后，交财务部门主管审核签字。

（3）经办人将已签好意见的"领用支票审批单"交给出纳员，并由出纳员签发支票并登记"支票领用登记簿"。

领用支票审批单

2013 年 12 月 16 日

领用部门	采购部		预支金额	¥ 2000.00	
领用人	王强	支票归属行	农行创新支行	支票号码	18445324
用途：偿还前欠货款 （限额：¥2000.00）					
领用部门领导签章	同意支付。 陈轩华	财务部门领导签章		陆小敏	
备注：1. 领用的支票 1 天内有效。 　　　2. 领用支票后，限 1 天之内前来财务报账，并交回支票存根。					

主办会计（审核）：陆小敏　　　　　　　　　　出纳：

支票领用登记簿

支票类型：转账支票　　　　　2013 年 12 月　　　　　银行账户：农行 037401040000256

日期		支票号	支票用途	预计金额								领用人	报销日期		退票日期		备注
月	日			十	万	千	百	十	元	角	分		月	日	月	日	
12	2	18445321	支付电话费	¥		2	4	6	0	0	0	李敏	12	2			
12	7	18445322	购买打印机	¥		6	3	1	8	0	0	王华	12	7			
12	12	18445323	支付广告费	¥		8	0	0	0	0	0	张三	12	12			
12	16	18445324	支付货款	¥		2	0	0	0	0	0	张三	12	16			

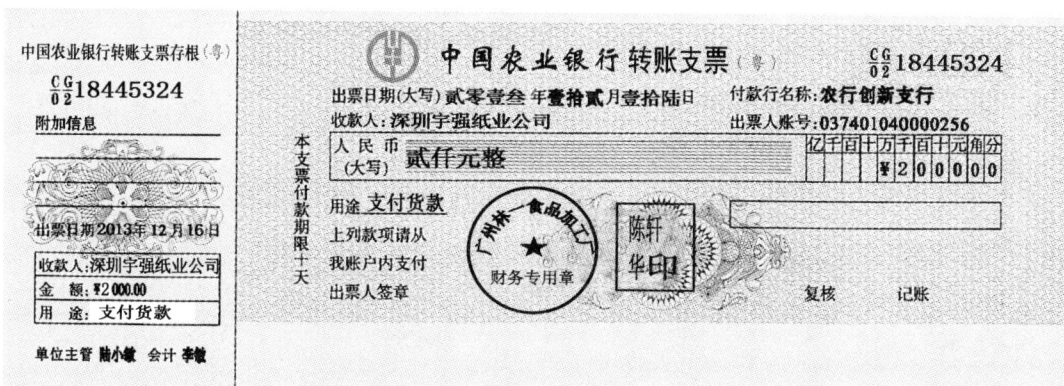

中国农业银行转账支票存根（粤）

CG 02 18445324

附加信息

出票日期2013 年 12 月16 日

收款人：深圳宇强纸业公司
金　额：¥2 000.00
用　途：支付货款

单位主管 陆小敏　会计 李敏

中国农业银行 转账支票（粤）　　CG 02 18445324

出票日期(大写) 贰零壹叁 年 壹拾贰 月 壹拾陆 日　　付款行名称：农行创新支行
收款人：深圳宇强纸业公司　　出票人账号：037401040000256

人民币(大写) 贰仟元整　　　　　¥200000

用途 支付货款
上列款项请从
我账户内支付
出票人签章

复核　　记账

（4）沿虚线剪开，支票存根留在单位以备记账。出纳员将持支票正本交给经办人王强。

（5）会计主管审核原始凭证后交制单人员编制记账凭证，记账人员根据审核无误的记账凭证登记相应明细账，出纳员登记银行存款日记账。

记 账 凭 证

2013 年 12 月 16 日　　　　　　　　　　记字第 28 号

摘要	会计科目		借方金额									贷方金额									记账√
	总账科目	明细科目	百	十	万	千	百	十	元	角	分	百	十	万	千	百	十	元	角	分	
偿还货款	应付账款	王强				2	0	0	0	0	0										
	银行存款														2	0	0	0	0	0	
附件2 张	合　计		¥			2	0	0	0	0	0	¥			2	0	0	0	0	0	

会计主管 陆小敏　　记账 吴宇　　出纳：　　审核 何琴　　制证 王秋华

任务十一 收到职工罚款

【业务描述】

2013 年 12 月 17 日，收到生产工人赵刚违章操作罚款 250 元。

【业务资料】

1. 罚款通知单

罚款通知单
财务科： 　　生产车间工人赵刚因违章操作，经公司会议决定，对其罚款 250 元。 办公室 2013 年 12 月 16 日

2. 收款收据

收　款　收　据

年　月　日　　　　　　　　　　　　　　　　　　　NO. 00157

付款单位（人）		付款方式	
交款事由			
人民币（大写）		（小写）￥	
备注			

【知识链接】

一、营业外收入的核算内容

营业外收入是指企业发生的与日常活动无直接关系的各项利得。营业外收入并不是企业经营资金耗费所产生的，不需要企业付出代价，实际上是经济利益的流入，不可能也不需要与有关的费用进行配比。营业外收入主要包括非流动资产处置利得、盘盈利得、罚没利得、捐赠利得、政府补助、非货币性资产交换利得、债务重组利得、确实无法支付而按规定程序经批准后转作营业外收入的应付款项等。

（1）非流动资产处置利得，包括固定资产处置利得和无形资产出售利得。固定资产处置利得是指企业出售固定资产取得的价款或报废固定资产的材料价值和变价收入等，扣除处置固定资产的账面价值、清理费用、处置相关税费后的净收益；无形资产出售利得，是指企业出售无形资产取得的价款，扣除出售无形资产的账面价值、与出售相关税费后的净收益。

（2）盘盈利得主要是指对于现金等清查盘点中盘盈的现金等，报经批准后计入营业外收入的金额。

（3）罚没利得是指企业取得各项罚款，在弥补由于违反合同或协议而造成的经济损失后的罚款净收益。

（4）捐赠利得是指企业接受捐赠产生的利得。

（5）政府补助是指企业从政府无偿取得货币性资产或非货币性资产形成的利得。

二、营业外收入的核算

企业通过"营业外收入"科目，核算营业外收入的取得及结转情况。该科目贷方登记企业确认的各项营业外收入，借方登记期末结转入本年利润的营业外收入。结转后，该科目应无余额。该科目应按照营业外收入的项目进行明细核算。

企业确认营业外收入，借记"固定资产清理"、"银行存款"、"库存现金"、"应付账款"等科目，贷记"营业外收入"科目。期末，应将"营业外收入"科目余额转入"本年利润"科目，借记"营业外收入"科目，贷记"本年利润"科目。

【处理流程】

（1）出纳员按罚款通知单收取罚款并填制收款收据。

收 款 收 据

2013 年 12 月 17 日　　　　　　　　　　　　　　　　NO.00157

付款单位（人）	赵刚	付款方式	现金
交款事由		违章操作罚款	
人民币（大写）	贰佰伍拾元整	（小写）￥250.00	
备　注	现金收讫		

（2）会计主管审核原始凭证后交制单人员编制记账凭证，记账人员根据审核无误的记账凭证登记相应明细账，出纳员登记现金日记账。

记 账 凭 证

2013 年 12 月 17 日　　　　　　　　　　　　　　　记字第 29 号

摘　要	会计科目		借方金额								贷方金额								记账√
	总账科目	明细科目	百	十	万	千	百	十	元	角	分	百	十	万	千	百	十	元	角	分	
收到职工罚款	营业外收入						2	5	0	0	0										
	库存现金															2	5	0	0	0	
附件 2 张	合　　计		￥			2	5	0	0	0		￥			2	5	0	0	0		

会计主管 陆小敏　　　记账 吴宇　　　出纳　　　审核 何琴　　　制证 王秋华

中旬业务强化训练

任务十二 缴纳并结转水费

【业务描述】

2013 年 12 月 18 日，支付并结转水费 1080 元。本月企业共用水 300 吨，每吨 3.60 元。其中，朱古力豆产品生产线耗用 100 吨，奶糖产品生产线耗用 100 吨。车间清洁用水 30 吨，行政管理部门用水 70 吨。

【业务资料】

1. 水费分配表

水费分配表

使用部门	用水量（吨）	分配金额（元）
生产车间朱古力豆生产线	100	360.00
生产车间奶糖生产线	100	360.00
车间清洁用水	30	108.00
行政管理部门	70	252.00
合　计	300	1080.00

2. 水费发票

广州市自来水公司水费收费发票

发 票 联

荔水字

邮政编码：510000　　　客户编号：　计费时段：　开票日期：2013 年 12 月 18 日

邮寄地址：

客户名称：广州林一食品加工厂　用水地址：　工业用水　用水性质：

抄表日期	上次行度	本次行度	实用水量	表　尾	分摊水量	水量合计	收费方式：银行代划
20130318			300			300	注：
项　目	水量（吨）	单价（元/吨）	金额（元）		备　注		1. 请客户按时缴纳水费，逾期将按规定加收水费违约金。
水费	300	3.60	1080				2. 本票据盖章有效，手写无效。
合　计					税号 6789763901233 发票专用章		3. 热线服务电话：
水费合计（大写）：壹仟零捌拾元整						小写：1080.00	

抄表：　　　　收费：　　　　开票：　　　　开票单位：

第二联：发票联

3. 转账凭证

中国农业银行转账凭证

币种：CNY　　　　　　　　2013 年 12 月 18 日　　　　　　　流水号：05678

收款人	全称	广州市自来水公司	付款人	全称	广州林一食品加工厂
	账号	25498706321		账号	037401040000256
	开户行	工行越秀支行		开户行	中国农业银行广州创新支行

金额：人民币（大写）壹仟零捌拾元整　　　人民币（小写）¥1080.00

用途：支付水费

中国农业银行广州
创新支行
2013.12.18
转讫

（银行盖章）

任务十三　处理废旧物资

【业务描述】

2013 年 12 月 18 日，企业后勤部门处理废旧物资，现金收入 530 元。

【业务资料】

收　款　收　据

2013 年 12 月 18 日　　　　　　　　　　　　　　　　NO.00158

付款单位（人）	番禺区废品资源回收公司	付款方式	现　金
交款事由		收购废旧物资	
人民币（大写）	伍佰叁拾元整	（小写）¥530.00	
备　注	现金收讫		

广州林一食品加工厂
★
财务专用章

任务十四　缴纳有关税费

【业务描述】

2013 年 12 月 18 日，缴纳 11 月城市维护建设税和教育费附加。

【业务资料】

中国农业银行　电子缴税（回单）　　　　　　　NO. 112830

业务日期：2013 年 12 月 18 日

付款人	全　称	广州林一食品加工厂	收款人	全　称	广州市番禺区国家税务局									
	账　号	037401040000256		账　号	3747820092938									
	开户银行	农行创新支行		开户银行	中华人民共和国国家金库广州番禺区支库									
金额	人民币（大写）壹仟伍佰肆拾元整				千	百	十	万	千	百	十	元	角	分
								¥ 1	5	4	0	0	0
内容	扣缴国税款	电子税票号	000245680113	纳税人编码	44011234567890802				纳税人名称		广州林一食品加工厂			

税种	所属期	纳税金额	备注	税种	所属期	纳税金额	备注
城市维护建设	20131101 – 20131130	1078.00					
教育费附加	20131101 – 20131130	462.00					
附言							

（中国农业银行股份有限公司 广东分行营业部对账中心 ★ 核算用章）

任务十五　支付明年报刊费

【业务描述】

2013 年 12 月 19 日，开出转账支票一张支付 2014 年报刊费 1440 元。

【业务资料】

1. 收据

收　据

NO. 1400232　　　　　　　　　　　　　　　　2013 年 12 月 19 日

收款单位	广州市番禺区邮电局	交款单位	广州市林一食品加工厂	金　额							
					十	万	千	百	十	元	角	分
金额（大写）	人民币壹仟肆佰肆拾元整					¥ 1	4	4	0	0	0
事由	2014 年报刊费										

（广州市番禺区邮电局 ★ 财务专用章）

2. 转账支票

3. 领用支票审批单

领用支票审批单

年　　月　　日

领用部门		预支金额	
领用人	支票归属行	支票号码	
用途：			
限额：			（限额：　　　）
领用部门领导签章		财务部门领导签章	
备注：1. 领用的支票　　　天内有效。			
2. 领用支票后，限　　　天之内前来财务报账，并交回支票存根。			

主办会计（审核）：　　　　　　　　　　　　　　　　　　出纳：

4. 支票领用登记簿

支票领用登记簿

支票类型：转账支票　　　　　　2013 年 12 月　　　　银行账户：农行 037401040000256

日期		支票号	支票用途	预计金额							领用人	报销日期		退票日期		备注
月	日			十	万	千	百	十	元	角	分		月	日	月	日	
12	2	18445321	支付电话费	¥	2	4	6	0	0	0	李敏	12	2			
12	7	18445322	购买打印机	¥	6	3	1	8	0	0	王华	12	7			
12	12	18445323	支付广告费	¥	8	0	0	0	0	0	张三	12	12			
12	16	18445324	偿换货款	¥	2	0	0	0	0	0	张三	12	16			

任务十六　支付保险费

【业务描述】

2013 年 12 月 20 日，收到付款通知，向中国太平洋保险股份公司支付 2014 年财产保险费 5000 元。

【业务资料】

1. 保险业专用发票

保险业专用发票

发票联　　　　　　　　　　代码：22106086441

开票日期 2013 年 12 月 20 日

付款人：广州林一食品加工厂	
承保险种：财产险	
保险单号：5678912	
保险费金额（大写）：伍仟元整	小写：￥5000.00
附注：	

经手人：杨志强　　　　　复核：张芳　　　　　保险公司签章：

（中国太平洋保险股份公司　228427907889022　发票专用章）

第二联：报销凭证

2. 付款通知

特约

中国农业银行委托收款凭证（付款通知）

托收日期：2013 年 12 月 20 日

承付日期：2013 年 12 月 20 日

付款人	全　称	中国太平洋保险股份公司	收款人	全　称	广州林一食品加工厂
	账　号	3329988890211		账　号	037401040000256
	开户银行	建行天河支行		开户银行	农行创新支行

托收金额	人民币（大写）伍仟元整	千	百	十	万	千	百	十	元	角	分
					￥5	0	0	0	0	0	

备注： 中国农业银行 创新支行 2013.12.20 业务结算（01）	上列款项已由付款人开户银行从付款人账户全额划出。 此致！ 付款人 （付款人开户行签章）	科目： 对方科目： 转账日期：2013 年 12 月 20 日 单位主管：　会计： 复核：　记账：

任务十七 收回货款（委托收款方式）

【业务描述】

2013 年 12 月 20 日，收回惠州市惠发商场前欠货款，已收到银行收账通知。

【业务资料】

委电	**委托银行收款结算凭证（收账通知）** 4		第 号 委收号码

委托日期：2013 年 12 月 16 日　　　　　　付款期限　年　月　日

延期期限　年　月　日

付款人	全称	惠州市惠发商场	收款人	全称	广州林一食品加工厂
	账号	68951423650		账号	037401040000256
	开户银行	建行惠民南支行		开户银行	农行创新支行

委收金额	人民币（大写）壹万壹仟玖佰捌拾伍元整	千	百	十	万	千	百	十	元	角	分
					￥1	1	9	8	5	0	0

款项内容	货款	委托收款凭证名称		附寄单证张数	

备注： 中国农业银行 创新支行 2013.12.20 业务结算（01）	上列款项： 1. 已全部划回收入你方账户。 2. 已收回部分款项收入你方账户。 3. 全部未收到。 （收款单位开户银行盖章） 2013 年 12 月 20 日	科目： 对方科目： 转账年月日 单位主管：　会计： 复核：　　记账：

任务十八 编制中旬科目汇总表

【业务描述】

2013 年 12 月 20 日，根据 2014 年 12 月 11～20 日发生的所有经济业务编制中旬科目汇总表。

【业务资料】

<u>科目汇总表</u>

年　月　日至　日 　　　　　　　　　　　　　　　　　　　　第　号

会计科目	本期发生额		备注
	借方金额	贷方金额	
合　计			

项目四　下旬账务处理

任务一　销售产品

【业务描述】

2013 年 12 月 21 日，以现金方式向广州惠民商场销售奶糖 10 千克，价税合计 1170 元，开具增值税专用发票一张，货款已收。

【业务资料】

1. 销售发票

广东增值税专用发票　　　　　　NO：03483

记账联　　　　开票时间：2013 年 12 月 21 日

<table>
<tr>
<td rowspan="4">购货单位</td>
<td colspan="5">名称：广州惠民商场
纳税人识别号：42000347932
地址、电话：广州市广州大道北 8888 号
开户行及账号：建行广州大道北支行 3456789367</td>
<td colspan="3" rowspan="4">密码区</td>
</tr>
</table>

<table>
<tr>
<th>货物或应税劳务名称</th>
<th>规格型号</th>
<th>单位</th>
<th>数量</th>
<th>单价</th>
<th>金额</th>
<th>税率</th>
<th>税额</th>
</tr>
<tr>
<td></td>
<td></td>
<td></td>
<td></td>
<td colspan="2">现金收讫</td>
<td></td>
<td></td>
</tr>
<tr>
<td>奶糖</td>
<td></td>
<td>千克</td>
<td>10</td>
<td>100</td>
<td>1000.00</td>
<td>17%</td>
<td>170.00</td>
</tr>
<tr>
<td>合计</td>
<td></td>
<td></td>
<td></td>
<td></td>
<td>10000.00</td>
<td></td>
<td>170.00</td>
</tr>
</table>

价税合计（大写）壹仟壹佰柒拾元整　　（小写）￥1170.00

<table>
<tr>
<td rowspan="4">销货单位</td>
<td>名称：广州林一食品加工厂
纳税人识别号：44011234567890802
地址、电话：广州市番禺区光明西路 111 号
开户行及账号：农行创新支行 037401040000256</td>
<td>备注</td>
</tr>
</table>

收款人：　　　　复核：　　　　开票人：　　　　销货单位（章）

第一联：记账联　销货方记账凭证

2. 产品出库单

产 品 出 库 单

凭证编号：038

用　途：销售　　　　　2013 年 12 月 20 日　　　　　库存商品库：1 号

类别	编号	名称及规格	计量单位	数量	单位成本	总成本	附注：
		奶糖	千克	10	60		600.00
合　　计							600.00

记账：　　　　保管：　　　　检验：　　　　制单：

任务二　现金收入送存银行

【业务描述】

2013 年 12 月 21 日，将现金收入 1170 元（其中，面值 100 元人民币 10 张，面值 50 元人民币 3 张，面值 10 元人民币 2 张）送存银行。

【业务资料】

中国农业银行 AGRICULTURAL BANK OF CHINA　　**现金解款单**

年　　月　　日　　　　　　　　　传票号：

客户填写部分	收款人户名						收款人开户行									
	收款人账号															
	缴　款　人					款项来源										
	币　种（√）	人民币□ 外币　□	大写：						万	千	百	十	元	角	分	
								¥							
	券别	100 元	50 元	20 元	10 元	5 元	2 元	1 元				辅币（金额）				
	张数															
银行电脑打印部分	日期：　　　　　日志号：　　　　　交易码：　　　　　币种： 金额：　　　　　终端号：　　　　　主　管：　　　　　柜员：															
	温馨提示：本部分内容只能由电脑打印，不能手工填写，请客户留意。															

制票：　　　　　　　　　　复核：

【知识链接】

《现金管理暂行条例》规定，各单位必须按照开户银行核定的库存限额保管、使用现金，对当天收入的现金或超过库存限额的现金，应填制现金解款单，及时送存开户银行。

现金解款单需从银行领取。不同银行的现金解款单具体格式有些区别，但基本内容相同，一般是一式三联。通常，银行将现金点清后，在第一联回单上盖章并退还送款单位，第二、三联留存分别作为现金记账凭证和代现收日记簿。

出纳员填写现金解款单时，要用复写纸复写，交款日期必须填写交款当日，交款单位名称应填写全称，款项来源要如实填写，大小写金额的书写要标准。券别和张数栏按实际送款时各种券别的张数填写。

【处理流程】

（1）整点票币。送款前，出纳员应将送存款清点整理，按币别、币种分开。

（2）款项清点整齐并核对无误后，出纳员填写"现金缴款单"。

现 金 缴 款 单

2013 年 12 月 21 日　　　　　　　　　　传票号：04722

<table>
<tr><td rowspan="8">客户填写部分</td><td colspan="2">收款人户名</td><td colspan="4">广州林一食品加工厂</td><td colspan="3"></td></tr>
<tr><td colspan="2">收款人账号</td><td colspan="2">037401040000256</td><td colspan="2">收款人开户行</td><td colspan="3">农行创新支行</td></tr>
<tr><td colspan="2">缴　款　人</td><td colspan="2">李敏</td><td colspan="2">款项来源</td><td colspan="3">货款</td></tr>
</table>

币种（√）	人民币☑ 外币 □	大写：壹仟壹佰柒拾元整	万	千	百	十	元	角	分
			¥	1	1	7	0	0	0

券别	100元	50元	20元	10元	5元	2元	1元		辅币（金额）
张数	10	3		2					

银行电脑打印部分	日期：　　　　日志号：　　　　交易码：　　　　币种： 金额：　　　　终端号：　　　　主　管：　　　　柜员：
	温馨提示：本部分内容只能由电脑打印，不能手工填写，请客户留意。

制票：　　　　　　　　复核：

（3）向银行提交缴款单和整点好的票币。票币要一次性交清，当面清点，如有差异，应当面复核。

（4）开户银行受理核对后盖章，并将回单交存款单位，表示款项已收妥。

（5）会计主管审核原始凭证后交制单人员编制记账凭证，出纳员根据审核无误的记账凭证登记现金日记账和银行存款日记账。

记 账 凭 证

2013 年 12 月 21 日　　　　　　　　　　记字第 38 号

摘要	会计科目		借方金额								贷方金额								记账√
	总账科目	明细科目	百	十	万	千	百	十	元	角	分	百	十	万	千	百	十	元	角	分	
将现金收入送存银行	银行存款					1	1	7	0	0	0										
	库存现金														1	1	7	0	0	0	
附件 1 张	合　计			¥	1	1	7	0	0	0			¥	1	1	7	0	0	0	

会计主管 陆小敏　　记账 吴宇　　出纳 李敏　　审核 何琴　　制证 王秋华

任务三 收到投资款

【业务描述】

2013 年 12 月 22 日，收到海威公司投资款 300000 元。

【业务资料】

1. 银行来账通知

中国农业银行 支付系统专用凭证 NO. 00071170774

来账凭证

交易日期：2013 年 12 月 22 日

业务类型：00100

付款人账号：1876632037457

付款人名称：海威公司

付款行号：10224

付款行行名：中国银行股份有限公司广州分行天河支行

收款人账号：037401040000256

收款人名称：广州林一食品加工厂

收款行号：033

收款行行名：中国农业银行股份有限公司广州分行创新支行

交易金额（大写）：人民币叁拾万元整

交易金额（小写）：CNY300000. 00

附言：投资款　　转农行创新支行

中国农业银行广州
创新支行
2013.12.22
转
讫

入账机构

业务流水号：100008890379　　业务编号：01333097765551

打印时间：2013 年 12 月 22 日

2. 收款收据

收 款 收 据

年 月 日　　　　　　　　　　　　　　　　　　NO. 00156

付款单位（人）		付款方式	
交款事由			
人民币（大写）		（小写）¥	
备 注			

【知识链接】

一、实收资本的概述

实收资本是指企业按照企业章程规定，合同、协议的约定，接受投资者投入企业的资本。实收资本的构成比例即投资者的出资比例或股东的股权比例，是确定所有者在企业所有者权益中份额的基础，也是企业进行利润或股利分配的主要依据。

在理解实收资本时，应注意三个概念：注册资本、实收资本和投入资本。

注册资本是企业在工商行政管理登记机关登记的投资人缴纳的出资额。

投入资本是指投资人实际投入企业的财产物质的数额，投资人投入资本即构成企业的实收资本。

我国有关法律规定，企业的实收资本达到法定注册资本的要求，企业才能设立。但是，在一些特殊情况下，投资人也会因为种种原因超额投入，从而使其投入资本超过企业的注册资本。实收资本的增减与变动超过注册资本的20%，应持有资金使用证明或者验资证明向原登记机关申请变更登记。

二、一般企业实收资本的核算

在对实收资本的会计核算中，股份有限公司设置"股本"科目，其他企业设置"实收资本"科目，核算投资者投入资本的增减变动情况。该科目的贷方登记实收资本的增加数额，借方登记实收资本的减少数额，期末贷方余额反映企业期末实收资本实有数额。投资者投入资本的形式可以有很多种，可以用货币资产投资，也可以用非货币资产投资，符合国家规定的，还可以用无形资产投资，企业实收资本入账价值的确认取决于不同的资本取得方式。企业接受货币资金方式投资的核算如下：

在会计核算中，对于不同投资者投入的货币资金，"实收资本"科目应分别设置明细账进行明细核算。企业在收到投入的货币资金时，应以实际收到的金额借记"银行存款"科目，按投资者出资享有的企业注册的份额，贷记"实收资本"科目，投资者出资超过其占企业注册资本份额的部分，贷记"资本公积——资本溢价"科目。

【处理流程】

（1）出纳员根据银行入账凭证填制收款收据。

收　款　收　据

2013 年 12 月 22 日　　　　　　　　　　　　　　NO. 00152

付款单位（人）	海威公司		转账
交款事由	投资款		
人民币（大写）	叁拾万元整	财务专用章	（小写）￥300000.00
备　注			

（2）会计主管审核原始凭证后交制单人员编制记账凭证，记账人员根据审核无误的记账凭证登记相应明细账，出纳员登记银行存款日记账。

记 账 凭 证

2013 年 12 月 22 日 记字第 39 号

摘 要	会计科目		借方金额									贷方金额									记账√
	总账科目	明细科目	百	十	万	千	百	十	元	角	分	百	十	万	千	百	十	元	角	分	
收到投资款	银行存款			3	0	0	0	0	0	0	0										
	实收资本	海威公司											3	0	0	0	0	0	0	0	
附件2张	合 计		¥	3	0	0	0	0	0	0	0	¥	3	0	0	0	0	0	0	0	

会计主管：陆小敏　　记账：吴宇　　出纳：李敏　　审核：何琴　　制证：王秋华

【知识延伸】

（一）接受非现金资产投资的核算

企业接受固定资产、无形资产等非现金资产投资时，应按合同或协议约定的价值（不公允的除外）作为固定资产、无形资产等非现金资产的入账价值，借记"固定资产"、"原材料"、"无形资产"等有关资产科目，按投资者应享有的企业注册资本的份额，贷记"实收资本"科目，按其差额，贷记"资本公积——资本溢价"科目。

（二）企业资本变动的核算

一般情况下，企业的实收资本应相对固定不变，但在某些特定情况下，实收资本也可能发生增加变化。我国《企业法人登记管理条例》规定，除国家另有规定外，企业的注册资本应当与实收资本相一致，当实收资本比原注册资金增加或减少的幅度超过20%时，应持资金信用证明或者验资证明，向原登记主管机关申请变更登记。如擅自改变注册资本或抽逃资金，要受到工商行政管理部门的处罚。企业实收资本（或股本）除下列情况外，不得随意变动：

（1）符合增资条件，并经有关部门批准增资的，在实际取得投资者出资时，登记入账。

（2）企业按法定程序报经批准减少注册资本的，在实际发还投资时登记入账。采用收购本企业股票方式减资的，在实际购入本企业股票时，登记入账。

企业实收资本增加的渠道大体有几种：接受追加投资、资本公积转增资本、盈余公积转增资本、分配股票股利。接受追加投资的核算同接受投资的核算。其余方式将在第二篇知识拓展中作介绍。

我国《公司法》规定，企业的资本（或股本）在通常情况下不能随意减少，投资者（或股东）在企业存续期内，不得抽回资本（或股本）。但在特殊情况下，如果企业发生缩小经营规模、资本过剩等特殊情况时，企业按法定程序报经批准后可以减少注册资本。

有限责任公司和一般企业返还投资比较简单，按返还投资数额，借记"实收资本"科目，贷记"银行存款"等科目。

任务四　销售商品

【业务描述】

2013 年 12 月 23 日，向昌隆百货公司销售朱古力豆 150 千克，价款 22500 元，奶糖 50 千克，价款 5000 元，按规定收取增值税 4675 元。收到对方开来的期限为四个月票面金额为 32175 元的不带息银行承兑汇票一张。

【业务资料】

1. 销售发票

广东增值税专用发票

NO：03484

记账联　开票时间：2013 年 12 月 23 日

购货单位	名称：佛山昌隆百货公司 纳税人识别号：234799001 地址、电话：佛山市市新路1118号 开户行及账号：中行市新路支行332939900090					密码区		
货物或应税劳务名称	规格型号	单位	数量	单价	金额	税率	税额
朱古力豆		千克	150	150	22500.00	17%	3825.00
奶糖		千克	50	100	5000.00	17%	850.00
合计					27500.00	税率	4675.00
价税合计（大写）叁万贰仟壹佰柒拾伍元整　　　（小写）￥32175.00							
销货单位	名称：广州林一食品加工厂 纳税人识别号：44011234567890802 地址、电话：广州市番禺区光明西路111号 开户行及账号：农行创新支行037401040000256				备注			

收款人：　　　　　复核：　　　　　开票人：　　　　　销货单位（章）

第一联：记账联　销货方记账凭证

2. 产品出库单

产品出库单

凭证编号：042

用 途：销售　　　　　　　　2013 年 12 月 23 日　　　　　　　库存商品库：1 号

类别	编号	名称及规格	计量单位	数量	单位成本	总成本	附注：
		朱古力豆	千克	150	85	12750.00	
		奶糖	千克	50	60	3000.00	
合　计						15750.00	

记账：　　　　　　保管：　　　　　　检验：　　　　　　制单：

3. 银行承兑汇票

银 行 承 兑 汇 票　　　　　　　2

出票日期 贰零壹叁 年壹拾贰月贰拾叁 日　　　　　　　　汇票号码

出票人全称	佛山昌隆百货公司	收款人	全　称	广州林一食品加工厂								
出票人账号	332939900090		账　号	037401040000256								
付款行全称	中行市新路支行		开户银行	农行创新支行								
出票金额	人民币（大写）叁万贰仟壹佰柒拾伍元整			百	十	万	千	百	十	元	角	分
				¥	3	2	1	7	5	0	0	
汇票到期日（大写）	贰零壹肆年肆月贰拾叁日	付款人开户行	行号	011								
承兑协议编号	CD34558112		地址	佛山市市新路33333号								

本汇票请你行承兑，到期条件付款。		本汇票已经承兑，到期日由本行付款。	
广州林一食品加工 财务专用章	韩晓琴印	承兑行签章承兑日期　年　月　日	
	出票人签章	备注：	复核　　记账

此联收款人开户行随托收凭证寄付款行作借方凭证附件

【知识链接】

一、应收票据概述

应收票据是指企业因采用商业汇票支付方式销售商品、产品或提供劳务等而收到的商业汇票。

商业汇票是出票人签发的，委托付款人在指定日期无条件支付确定的金额给收款人或持票人的票据。在银行开立存款账户的法人以及其他组织之间须具有真实的交易关系或债权债务关系，才能使用商业汇票。

商业汇票按承兑人的不同，分为商业承兑汇票和银行承兑汇票。银行承兑汇票是由银行承兑，由在承兑银行开立账户的存款人签发。承兑银行按票面金额向出票人收取万分之五的手续费。购货企业应于汇票到期前将票款足额交存其开户银行，以备由承兑银行在汇票到期日或到期日后的见票当日支付票款。销货企业应在汇票到期时将汇票连同进账单送交开户银行以便转账收款。承兑银行凭汇票将承兑款项无条件转给销货企业，如果购货企业于汇票到期日未能足额缴存票款时，承兑银行除凭票向持票人无条件付款外，对出票人尚未支付的汇票金额按每天万分之五计收罚息。商业承兑汇票是由银行以外的付款人承兑。商业承兑汇票按交易双方的约定，由销货企业或购货企业签发，但由购货企业承兑。承兑时，购货企业应在汇票正面记载"承兑"字样和承兑日期并签章。

商业汇票按照是否计息可分为带息商业汇票和不带息商业汇票。带息商业汇票是指在商业汇票到期时，承兑人必须按票面金额加上应计利息向收款人或被背书人支付票款的票据。不带息商业汇票是指商业汇票到期时，承兑人只按票面金额（面值）向收款人或被背书人支付票款的票据。

二、应收票据的计价

应收票据应当按票据的面值计价，即企业收到应收票据时，应按照票据的面值入账。

三、应收票据的核算

为了反映和监督应收票据取得、收回及票据贴现等业务，企业应设置"应收票据"账户。该账户的借方登记取得的应收票据的面值和计提的票据利息，贷方登记到期收回票款或到期前向银行贴现的应收票据的票面余额；期末余额在借方，反映企业尚未收回且未申请贴现的应收票据的面值和应计利息。本账户应按照商业汇票的种类设置明细账，进行明细核算。

在此仅介绍不带息商业汇票的核算，不带息应收票据的到期值等于其面值。企业销售商品、产品或提供劳务收到开出并承兑的商业汇票时，按应收票据的面值，借记"应收票据"科目，按实现的营业收入，贷记"主营业务收入"科目，按专用发票上注明的增值税，贷记"应交税费——应交增值税（销项税额）"科目。应收票据到期收回时，按票面金额，借记"银行存款"科目，贷记"应收票据"科目。如果到期不能收回的是不带息的商业承兑汇票则按票面金额，借记"应收账款"科目，贷记"应收票据"科目。

【处理流程】

会计主管审核原始凭证后交制单人员编制记账凭证，记账人员根据审核无误的记账凭证登记相应明细账。

记 账 凭 证

2013 年 12 月 23 日　　　　　　　　　　　　　　记字第 40 号

摘 要	会计科目		借方金额									贷方金额									记账 √
	总账科目	明细科目	百	十	万	千	百	十	元	角	分	百	十	万	千	百	十	元	角	分	
销售产品	应收票据	佛山昌隆百货公司			3	2	1	7	5	0	0										
	主营业务收入	朱古力豆												2	2	5	0	0	0	0	
		奶糖													5	0	0	0	0	0	

续表

摘 要	会计科目		借方金额									贷方金额									记账√
	总账科目	明细科目	百	十	万	千	百	十	元	角	分	百	十	万	千	百	十	元	角	分	
	应交税费	应交增值税（销项税额）												4	6	7	5	0	0	0	
附件2张	合 计		¥	3	2	1	7	5	0	0		¥	3	2	1	7	5	0	0		

会计主管：陆小敏　　记账：吴宇　　出纳：　　　审核：何琴　　制证：王秋华

记　账　凭　证

2013 年 12 月 23 日　　　　　　　　　　　记字第 41 号

摘 要	会计科目		借方金额									贷方金额									记账√
	总账科目	明细科目	百	十	万	千	百	十	元	角	分	百	十	万	千	百	十	元	角	分	
结转销售产品成本	主营业务成本	朱古力豆			1	2	7	5	0	0	0										
		奶糖			3	0	0	0	0	0											
	库存商品	朱古力豆												1	2	7	5	0	0	0	
		奶糖												3	0	0	0	0	0		
附件2张	合 计		¥	1	5	7	5	0	0	0		¥	1	5	7	5	0	0	0		

会计主管：陆小敏　　记账：吴宇　　出纳：　　　审核：何琴　　制证：王秋华

【知识延伸】

（一）带息应收票据的核算

对于收到的带息应收票据，期末（通常是指 6 月 30 日与 12 月 31 日）按应收票据的票面价值和确定的利率计算票据的利息，借记"应收票据"科目，贷记"财务费用"科目。带息应收票据到期时，收到承兑人兑付的到期票款后，按实际收到的款项，借记"银行存款"科目；按票据面值贷记"应收票据"科目，两者差额贷记"财务费用"科目。到期不能收回的带息应收票据，应将票据面值与应计未收利息之和一并转为应收账款，借记"应收账款"科目，贷记"应收票据"和"财务费用"科目。

票据利息的计算公式为：

应收利息 = 票面金额 × 票面利率 × 期限

其中，"票面利率"一般指年利率；票据的期限，有按日表示和按月表示两种。

票据期限按月表示时，应以到期月份中与出票日相同的那一天为到期日。如 3 月 10

日签发的 3 个月票据，到期日应为 6 月 10 日。月末签发的票据，不论月份大小，以到期月份的月末那一天为到期日。如 4 月 30 日签发的 4 个月票据，到期日应为 8 月 31 日。票据期限按月表示时，计算利息使用的利率要换算成月利率（年利率÷12）。

票据期限按日表示时，应从出票日起按实际经历天数计算。通常出票日和到期日，只能计算其中的一天，即"算头不算尾"或"算尾不算头"。例如，3 月 10 日签发的 90 天票据，其到期日应为 6 月 8 日。同时，计算利息使用的利率要换算成日利率（年利率÷360）。

带息应收票据到期收回款项时，应按收到的本息，借记"银行存款"科目，按账面余额，贷记"应收票据"科目，按其差额（未计提利息部分），贷记"财务费用"科目。

（二）应收票据转让的核算

企业可以将自己持有的商业汇票背书转让。背书是指持票据人在票据背面签字，签字人称为背书人，背书人对票据的到期付款负连带责任。

企业将持有的应收票据背书转让以取得所需物资时，按应计入取得物资成本的价值借记"材料采购"或"原材料"、"库存商品"等科目，按专用发票上注明的增值税借记"应交税费——应交增值税（进项税额）"科目，按应收票据的账面余额贷记"应收票据"科目，如有差额，借记或贷记"银行存款"等科目。

如为带息应收票据，企业将其转让以取得所需物资时，按应计入取得物资成本的价值借记"材料采购"或"原材料"、"库存商品"等科目，按专用发票上注明的增值税借记"应交税费——应交增值税（进项税额）"科目，按应收票据的账面余额贷记"应收票据"科目，按尚未计提的利息贷记"财务费用"科目，按应收或应付的金额，借记或贷记"银行存款"等科目。

（三）应收票据的贴现

1. 应收票据贴现的概念

应收票据贴现是指持票人因急需资金，将未到期的商业汇票背书后转让给银行，银行受理后，从票面金额中扣除按贴现率计算的贴现利息后，将余额付给贴现企业的业务活动。

应收票据贴现实质上是一种企业融资的形式。在贴现中，企业付给银行的利息称为贴现利息，银行计算贴现利息的利率为贴现率，企业从银行获得的票据到期扣除贴现利息后的货币收入称为贴现所得，即贴现净额。

2. 票据贴现的计算及账务处理

应收票据的贴现要计算贴现期、贴现利息和贴现净额。其中，贴现期是指自贴现日起至到期日为止的实际天数，也采用"算头不算尾"或"算尾不算头"的方法计算确定。贴现的计算公式如下：

票据到期值 = 面值 + 利息

贴现利息 = 票据到期值 × 贴现率 × 贴现期

贴现净额 = 票据到期值 - 贴现利息

不带息应收票据的到期值就是其面值；带息应收票据的到期值是其面值加上按票面载明的利率计算的票据全部期间的利息。

企业持未到期的应收票据向银行贴现，应按实际收到的金额（即减去贴现息后的净额），借记"银行存款"科目，按贴现息部分，借记或贷记"财务费用"等科目，按商业汇票的票面金额，贷记"应收票据"科目（适用满足金融资产转移准则规定的金融资产终止确认条件的情形）或"短期借款"科目（适用不满足金融资产转移准则规定的金融资产终止确认条件的情形）。贴现的商业承兑汇票到期，因承兑人的银行存款账户不足支付，申请贴现的企业收到银行退回的商业承兑汇票时（限适用于贴现企业没有终止确认原票据的情形），按商业汇票的票面金额，借记"短期借款"科目，贷记"银行存款"科目。申请贴现企业的银行存款账户余额不足，应按商业汇票的票面金额，借记"应收账款"科目，贷记"应收票据"科目；银行作逾期贷款处理。

任务五　租金收入

【业务描述】

2013 年 12 月 24 日，出租产成品仓库，取得租金收入 8400 元，押金 16800 元。

【业务资料】

1. 租赁合同

固定资产租赁合同

2013 年 12 月 24 日　　　　　　　　　　　　　　　第 1 号

出租单位名称	广州林一食品加工厂		租入单位名称	广州好日子饼干厂
固定资产名称	产成品仓库		原始价值	116500.00
租金	每月 8400 元	租赁期限	两年	备注	

设备科长：陆军　　　　　　财务主管：陆小敏　　　　　　经办人：李华明

2. 来账凭证

```
中国农业银行　支付系统专用凭证　NO. 00650982
                  来账凭证
交易日期：2013 年 12 月 24 日
业务类型：00100
付款人账号：6668900012345
付款人名称：广州好日子饼干厂
付款行号：10224
付款行行名：中国银行股份有限公司广州分行太和支行
收款人账号：037401040000256
收款人名称：广州林一食品加工厂
收款行号：033
收款行行名：中国农业银行股份有限公司广州分行创新支行
交易金额（大写）：人民币贰万伍仟贰佰元整
交易金额（小写）：CNY25200.00
附言：租金　转农行创新支行
入账机构
业务流水号：1389087379　　业务编号：0293093365044
打印时间：2013 年 12 月 24 日
```

中国农业银行广州
创新支行
2013.12. 24
转
讫

【知识链接】

一、其他业务收入的核算

其他业务收入是指企业为完成其经营目标所从事的与经营性活动相关的活动所实现的收入。其他业务收入属于企业日常活动中次要交易实现的收入，一般占企业总收入的比重较小。企业应开设"其他业务收入"科目和"其他业务成本"科目等对业务进行核算。

"其他业务收入"账户，核算企业除主营业务活动以外的其他经营业务活动所实现的收入。包括材料销售、包装物出租、出租固定资产、出租无形资产等业务实现的收入。对于企业实现的其他业务收入，按实际价款，借记"库存现金"、"银行存款"、"应收账款"、"应收票据"等账户，按实现的营业收入，贷记"其他业务收入"科目，按专用发票上注明的增值税额，贷记"应交税费——应交增值税（销项税额）"科目。月末将"其他业务收入"账户的余额转入"本年利润"账户，结转后无余额。该账户应按其他业务种类设置明细账，进行明细分类核算。

"其他业务成本"账户，核算企业除主营业务活动以外的其他经营业务活动所发生的支出，包括销售材料的成本、出租固定资产的折旧额、出租包装物的成本、出租无形资产的摊销额等。企业按发生的其他业务成本，借记"其他业务成本"账户，贷记"原材料"、"包装物"、"累计摊销"、"累计折旧"等有关账户。期末，应将本账户的余额转入"本年利润"账户，结转后本账户无余额。本账户应按其他业务种类设置明细账，进行明细分类核算。

出租固定资产、无形资产等所取得的收入属于企业让渡资产使用权的使用费收入，一般通过"其他业务收入"科目核算。在实际发生时，按所确定的收入金额借记"银行存款"、"其他应收账款"等科目，贷记"其他业务收入"科目。企业对所让渡资产计提摊销以及所发生的与让渡资产有关的支出等，借记"其他业务成本"科目，贷记"累计折旧"、"累计摊销"、"应交税费"等科目。

二、其他应付款的核算

其他应付款指企业除应付账款、应付票据、应交税费、短期借款、预收账款、应付职工薪酬、应付利息、应付股利以外的其他各项应付或暂收其他单位或个人的款项，如应付租入固定资产的租金，收取出租的包装物押金，应付或暂收其他单位、个人的款项等。企业应设置"其他应付款"科目，并按照其他应付款的项目和对方单位（或个人）设置明细科目进行明细核算。"其他应付款"科目的借方登记偿还或转销的各种应付、暂收款项，贷方登记发生的各种应付、暂收款项。期末余额在贷方，反映企业尚未支付的其他应付款项。

（1）企业发生其他各种应付、暂收款项时，借记"银行存款"、"管理费用"等科目，贷记"其他应付款"科目。

（2）支付其他各种应付、暂收款项时，借记"其他应付款"科目，贷记"银行存款"等科目。

【处理流程】

会计主管审核原始凭证后交制单人员编制记账凭证，记账人员根据审核无误的记账凭证登记相应明细账，出纳员登记银行存款日记账。

记 账 凭 证

2013 年 12 月 24 日　　　　　　　　　　　　　　　记字第 42 号

摘　要	会计科目		借方金额									贷方金额									记账√
	总账科目	明细科目	百	十	万	千	百	十	元	角	分	百	十	万	千	百	十	元	角	分	
出租仓库收到租金和押金	银行存款			2	5	2	0	0	0	0											
	其他应付款												1	6	8	0	0	0	0	
	其他业务收入													8	4	0	0	0	0	
附件 1 张	合　计		¥	2	5	2	0	0	0	0		¥	2	5	2	0	0	0	0	

会计主管：陆小敏　　　记账：吴宇　　　出纳：　　　　审核：何琴　　　制证：王秋华

任务六　捐　款

【业务描述】

2013 年 12 月 26 日，向贫困山区希望小学捐款 5000 元。

【业务资料】

1. 收款收据

收 款 收 据

2013 年 12 月 26　　　　　　　　　　　　日　　NO. 05688

付款单位（人）	广州林一食品加工厂	付款方式	转账	银行付讫
交款事由	捐款			
人民币（大写）	伍仟元整		（小写）¥5000.00	
备　注				

2. 银行转账凭证

中国农业银行转账凭证

币种：CNY　　　　　　　　2013 年 12 月 26 日　　　　　　　流水号：002347

收款人	全　称	阳光希望小学	付款人	全　称	广州林冠希望小学
	账　号	354987022991		账　号	0374910400002560
	开户行	农行瑶族自治区支行		开户行	农行创新支行

金额：人民币（大写）伍仟元整　　　人民币（小写）¥5000.00

用途：希望小学捐款

（银行盖章）

中国农业银行广州创新支行
2013.12.26
转讫

【知识链接】

一、营业外支出核算的内容

营业外支出是指企业发生的与其日常活动无直接关系的各项损失，主要包括非流动资产处置损失、盘亏损失、罚款支出、公益性捐赠支出、非常损失、非货币性资产交换损失、债务重组损失等。

（1）非流动资产处置损失，包括固定资产处置损失和无形资产出售损失。固定资产处置损失是指企业出售固定资产所取得的价款或报废固定资产的材料价值和变价收入等，不足以抵补处置固定资本的账面价值、清理费用、处置相关税费所发生的净损失；无形资产出售损失是指企业出售无形资产所取得价款，不足以抵补出售无形资产的账面价值、出售相关税费所发生的净损失。

（2）盘亏损失主要是指对固定资产清查盘点中盘亏的固定资产，在查明原因处理时按确定的损失计入营业外支出的金额。

（3）罚款支出是指企业由于违反税收法规、经济合同等而支付的各种滞纳金和罚款。

（4）公益性捐赠支出是指企业对外进行公益性捐赠发生的支出。

（5）非常损失是指企业对于客观因素（如自然灾害）造成的损失，在扣除保险公司赔偿后应计入营业外支出的净损失。

二、营业外支出的核算

企业通过"营业外支出"科目，核算营业外支出的发生及结转情况。该科目借方登记企业发生的各项营业外支出，贷方登记期末结转本年利润的营业外支出，结转后该科目应无余额。该科目按照营业外支出的项目进行明细核算。

企业发生营业外支出时，借记"营业外支出"科目，贷记"固定资产清理"、"待处理财产损溢"、"库存现金"、"银行存款"等科目。期末，应将"营业外支出"科目余额转入"本年利润"科目，借记"本年利润"科目，贷记"营业外支出"科目。

【处理流程】

会计主管审核原始凭证后交制单人员编制记账凭证，记账人员根据审核无误的记账凭证登记相应明细账，出纳员登记银行存款日记账。

记 账 凭 证

2013 年 12 月 26 日 记字第 43 号

摘　要	会计科目		借方金额									贷方金额									记账√
	总账科目	明细科目	百	十	万	千	百	十	元	角	分	百	十	万	千	百	十	元	角	分	
给希望小学捐款	营业外支出					5	0	0	0	0	0										
	银行存款														5	0	0	0	0	0	
附件 2 张	合　　计				¥	5	0	0	0	0	0			¥	5	0	0	0	0	0	

会计主管：陆小敏　　记账：吴宇　　出纳：　　审核：何琴　　制证：王秋华

任务七　领用包装物

【业务描述】

2013 年 12 月 26 日，领用包装用包装袋 2000 个，价值 1000 元，用于奶糖的包装；包装盒 500 个，价值 1500 元，用于朱古力豆的包装。

【业务资料】

领 料 单

领料部门：朱古力生产线　　　　2013 年 12 月 26 日

材　料		单位	数　量		单价	金额	过账
名称	规格		请领	实发			
包装盒	中	个	500	500	3.00	1500.00	√
工作单号		用途	包装 0.5 千克装朱古力豆				
工作项目							

会计：　　　记账：　　　发料：吴军　　　领料：王辉

领 料 单

领料部门：奶糖生产线　　　　　2013 年 12 月 26 日

材　料		单位	数　量		单价	金额	过账
名称	规格		请领	实发			
包装袋	小	个	2000	2000	0.50	1000.00	√
工作单号		用途	包装小袋装奶糖				
工作项目							

会计：　　　　记账：　　　　发料：吴军　　　　领料：王辉

【知识链接】

一、包装物的概念

包装物是指生产工艺经营过程中为包装本企业产品而储备的各种包装容器，如桶、箱、瓶、坛、袋等。其核算内容包括：

（1）生产过程中用于包装产品并作为产品组成部分的包装物。

（2）随同商品出售而不单独计价的包装物。

（3）随同商品出售而单独计价的包装物。

（4）出租或出借给购买单位使用的包装物。

二、包装物的核算

为了反映各种包装物的收、发、存情况，应设置"周转材料——包装物"科目，并按包装物的各类设置明细账户。取得包装物时记借方，发出包装物时记贷方，余额在借方，反映期末包装物的成本和在用包装物的摊余价值。包装物的核算既可按实际成本进行又可按计划成本进行。

1. 包装物取得的核算

企业购入、自制、委托外单位加工完成验收入库的包装物，通过"周转材料——包装物"科目核算，核算方法比照原材料的核算。借记"周转材料——包装物"、"应交税费——应交增值税（进项税额）"等科目，贷记"银行存款"、"生产成本"、"委托加工物资"等科目。

各种包装材料，如纸、绳、铁丝、铁皮等，应在"原材料"科目核算；用于储存和保管产品、材料而不对外出售的包装物，应按价值大小和使用年限长短分别在"固定资产"或"低值易耗品"科目核算。

2. 包装物发出的核算

（1）生产领用的包装物。对于生产领用的用于包装本企业产品并构成产品组成部分的包装物，应根据领用包装物的实际成本，借记"生产成本"等科目，贷记"周转材料——包装物"科目。

（2）随同商品出售单独计价的包装物。随同商品出售且单独计价的包装物，实际上在销售商品的同时也在销售包装物，为了单独核算包装物的销售利润，应借记"银行存款"、"应收账款"等科目，贷记"其他业务收入"、"应交税费——应交增值税（销项税额）"等科目。同时，按包装物的成本借记"其他业务成本"科目，贷记"周转材料——包装物"科目。

（3）随同商品出售但不单独计价的包装物。随同商品出售但不单独计价的包装物，其不计价收费的实质是为了推销或扩大其商品的销售，因此，包装物的成本作为包装费计入"销售费用"科目，即结转发出包装物的成本时，借记"销售费用"科目，贷记"周转材料——包装物"科目。

（4）出租、出借包装物。出租包装物是企业为了促进销售向客户提供的一种有偿服务，其租金收入应计入"其他业务收入"科目，出租包装物的实际成本应计入"其他业务成本"科目。

出借包装物给购货单位免费使用，其出借包装物的实际成本应视为企业在销售过程中的耗费，计入"销售费用"科目。出租、出借的包装物不能使用而报废时，其残料价值应冲减"其他业务成本"、"销售费用"科目。

3. 包装物的摊销

包装物的摊销方法主要有一次摊销法、五五摊销法和分次摊销法。一次摊销法是指包装物在领用时就将其全部价值计入相关成本费用；五五摊销法是指包装物在领用时先摊销价值的一半，在报废时再摊销其价值的另一半；分次摊销法是指根据周转材料可供使用的估计次数，将其成本分期计入有关本费用的摊销方法。分次摊销法的核算原理与五五摊销法相同，只是周转材料的价值是分别计算摊销的，而不是在领用和报废时各摊销一半。

出租、出借包装物频繁且数量多、金额大的企业，出租、出借包装物的成本，也可以采用五五摊销法进行核算。在这种情况下，"周转材料——包装物"科目应设置在库、在用"出租包装物"、"出借包装物"、"摊销"等明细科目。

本模拟企业采用一次摊销法核算。

【处理流程】

会计主管审核原始凭证后交制单人员编制记账凭证，记账人员根据审核无误的记账凭证登记相应明细账。

记 账 凭 证

2013 年 12 月 26 日   记字第 44 号

摘 要	会计科目		借方金额									贷方金额									记账√
	总账科目	明细科目	百	十	万	千	百	十	元	角	分	百	十	万	千	百	十	元	角	分	
领用包装物	生产成本	朱古力豆				1	5	0	0	0	0										
		奶糖				1	0	0	0	0	0										
	周转材料	包装盒													1	5	0	0	0	0	
		包装袋													1	0	0	0	0	0	

续表

摘 要	会计科目		借方金额									贷方金额									记账√
	总账科目	明细科目	百	十	万	千	百	十	元	角	分	百	十	万	千	百	十	元	角	分	
附件2张	合 计			¥	2	5	0	0	0	0			¥	2	5	0	0	0	0	0	

会计主管：陆小敏　　记账：吴宇　　出纳：　　审核：何琴　　制证：王秋华

任务八　计算分配工资费用

【业务描述】

2013 年 12 月 30 日，计算分配本月工资费用（暂不考虑"五险一金"）。

【业务资料】

工资结算汇总表

2013 年 12 月

人 员	标准工资	奖金	加班津贴	应发工资	代扣款	实发工资
朱古力豆生产线工人	13200.00	2475.00	825.00	16500.00	（略）	16500.00
奶糖生产线工人	6800.00	1275.00	425.00	8500.00		8500.00
车间管理人员	4000.00	750.00	250.00	5000.00		5000.00
行政管理人员	7200.00	1350.00	450.00	9000.00		9000.00
企业销售人员	4800.00	2900.00	800.00	8500.00		8500.00
合 计	36000.00	8750.00	2750.00	47500.00		47500.00

【知识链接】

一、应付职工薪酬的范围

职工薪酬是指企业为获得职工提供的服务或解除劳动关系而给予的各种形式的报酬或补偿。职工薪酬包括短期薪酬、离职后福利、辞退福利和其他长期职工福利。企业提供给职工配偶、子女、受赡养人、已故员工遗属及其他受益人等的福利，也属于职工薪酬。

短期薪酬是指企业在职工提供相关服务的年度报告期间结束后 12 个月内需要全部予以支付的职工薪酬，因解除与职工的劳动关系给予的补偿除外。短期薪酬包括职工工资、奖金、津贴和补贴，职工福利费，医疗保险费、工伤保险费和生育保险费等社会保险费，住房公积金，工会经费和职工教育经费，短期带薪缺勤，短期利润分享计划，非货币性福利以及其他短期薪酬。

带薪缺勤是指企业支付工资或提供补偿的职工缺勤，包括年休假、病假、短期伤残、婚假、产假、丧假、探亲假等。利润分享计划是指因职工提供服务而与职工达成的基于利润或其他经营成果提供薪酬的协议。

离职后福利是指企业为获得职工提供的服务而在职工退休或与企业解除劳动关系后，提供的各种形式的报酬和福利（如养老保险、失业保险等），短期薪酬和辞退福利除外。

辞退福利是指企业在职工劳动合同到期之前解除与职工的劳动关系，或者为鼓励职工自愿接受裁减而给予职工的补偿。

其他长期职工福利是指除短期薪酬、离职后福利、辞退福利之外所有的职工薪酬，包括长期带薪缺勤（如内退）、长期残疾福利、长期利润分享计划等。

注意：这里的职工是指与企业订立劳动合同的所有人员，含全职、兼职和临时职工，也包括虽未与企业订立劳动合同但由企业正式任命的人员。未与企业订立劳动合同或未由其正式任命，但向企业所提供服务与职工所提供服务类似的人员，也属于职工的范畴，包括通过企业与劳务中介公司签订用工合同而向企业提供服务的人员。

二、应付职工薪酬的确认和计量

（一）应付职工薪酬的确认

《企业会计准则》规定，在职工为企业提供服务的会计期间，企业应根据职工提供服务的受益对象，将应确认的职工薪酬计入相关资产成本或当期损益。主要包括以下几种情况：

（1）如果支付给职工的薪酬能够明确是为生产产品或提供某项劳务而支出的，应将其计入产品成本或劳务成本，如生产车间工人的工资薪金，应计入生产成本，并确认应付职工薪酬。

（2）如果支付给职工的薪酬是为建设某项固定资产或无形资产的，应将其计入在建工程或者无形资产成本，并确认应付职工薪酬。

（3）如果企业以自产产品或外购的商品发放给职工作为福利的，应根据受益对象，按照产品的公允价值和相关税费，计入相应的成本费用，并确认应付职工薪酬。

（4）在职工劳动合同到期前，企业解除与职工的劳动关系而给予的辞退福利应当计入当期管理费用，并确认应付职工薪酬。

（5）将企业拥有的住房等资产无偿提供给职工使用的，应当根据受益对象，将该住房每期应计提的折旧计入相关资产成本或费用，同时确认应付职工薪酬。租赁住房等资产提供职工无偿使用的，应当根据受益对象，将每期应付的租金计入相关资产成本或费用，并确认应付职工薪酬。

（6）如果无法分清职工薪酬的受益对象，则计入当期损益，并确认应付职工薪酬。

（二）应付职工薪酬的计量

《企业会计准则》规定，计量应付职工薪酬时，应根据具体情况分析：

（1）国家规定了计提基础和计提比例的，应当按照国家规定的标准计提。如应缴纳的养老保险费按工资总额的 12% 计提、失业保险费按 2% 计提、职工教育经费按 1.5% 计提（经济效益好的企业，可按 2.5% 计提）、工会经费按 2% 计提等。

（2）国家没有规定计提基础和计提比例的，企业应当根据历史经验数据和实际情况，合理预计当期应付职工薪酬。若当期实际发生金额大于预计金额的，应当补提应付职工薪酬；若当期实际发生金额小于预计金额的，应当冲回多提的应付职工薪酬。如职工福利费等。

三、应付职工薪酬的会计核算

《企业会计准则》规定，企业应设置"应付职工薪酬"科目核算应付给职工的各种薪酬，并在"应付职工薪酬"下设置相关明细科目进行明细核算。

在核算时，应根据职工提供服务的受益对象，对发生的职工薪酬进行费用分配：

（1）管理部门人员的职工薪酬，借记"管理费用"科目，贷记"应付职工薪酬"科目。

（2）生产部门人员的职工薪酬，借记"生产成本"、"制造费用"、"劳务成本"科目，贷记"应付职工薪酬"科目。

（3）销售人员的职工薪酬，借记"销售费用"科目，贷记"应付职工薪酬"科目。

（4）应由在建工程、研发支出负担的职工薪酬，借记"在建工程"、"研发支出"科目，贷记"应付职工薪酬"科目。

（5）因解除与职工的劳动关系给予的补偿，借记"管理费用"科目，贷记"应付职工薪酬"科目。

（6）企业替职工支付的各种代垫款项，从应付职工薪酬中扣还时借记"应付职工薪酬"科目，贷记"其他应收款"、"应交税费——应交个人所得税"等科目。

（7）实际支付职工薪酬时，借记"应付职工薪酬"科目，贷记"银行存款"、"库存现金"科目。

【处理流程】

会计主管审核原始凭证后交制单人员编制记账凭证，记账人员根据审核无误的记账凭证登记相应明细账。

记 账 凭 证

2013 年 12 月 30 日 　　　　　　　　　记字第 45 号

摘　要	会计科目		借方金额									贷方金额									记账√
	总账科目	明细科目	百	十	万	千	百	十	元	角	分	百	十	万	千	百	十	元	角	分	
计算分配本月工资	生产成本	朱古力豆			1	6	5	0	0	0	0										
		奶糖				8	5	0	0	0	0										
	制造费用					5	0	0	0	0	0										
	管理费用					9	0	0	0	0	0										

续表

摘　要	会计科目		借方金额									贷方金额									记账√
	总账科目	明细科目	百	十	万	千	百	十	元	角	分	百	十	万	千	百	十	元	角	分	
	销售费用					8	5	0	0	0	0										
	应付职工薪酬	工资											4	7	5	0	0	0	0	0	
附件1张	合　　计		¥	4	7	5	0	0	0	0	0	¥	4	7	5	0	0	0	0	0	

会计主管：陆小敏　　记账：吴宇　　出纳：　　审核：何琴　　制证：王秋华

任务九　存货清查

【业务描述】

2013年12月30日，公司清查存货，盘盈B材料20千克，价值800元。盘亏A材料48.50千克，价值1260元。已将情况向上级部门报告。

【业务资料】

存货实存账存对比表

2013年12月30日

存货类别	名称	计量单位	实存		转存		盘盈		盘亏		备注
			数量	金额	数量	金额	数量	金额	数量	金额	
	A材料	千克	301.50	7840.00	350	9100.00			48.50	1260.00	③记账
	B材料	千克	250.00	10000.00	230	9200.00	20	800.00			
合　　计							20	800.00	48.50	1260.00	
处理意见		清查小组				审批部门					

【知识链接】

一、存货清查概述

存货的品种、规格繁多。在收、发、存过程中，由于种种原因，如计量或计算上的差错、自然损耗、丢失、被盗或毁损等现象，往往造成账实不符。因此，必须建立健全各种规章制度，对存货进行清查盘点，如实反映企业存货的实有数额，保证存货核算的真实性，监督存货的安全完整。

存货清查的内容一般包括核对存货的账存数和实存数，查明盘盈、盘亏存货的品种、规格和数量，查明变质、毁损、积压呆滞存货的品种、规格和数量。

企业在年终编制会计报表以前，必须进行一次全面清查，以确保年度决算报告的真实性。年度内应进行定期或不定期清查、全面或局部清查。年终清查应由有关的领导干部、会计人员和供应保管部门的有关职工组成清查负责进行；平时清查则可由会计人员会同仓库管理人员进行。

二、存货清查核算

企业会计制度规定，经股东大会或董事会或经理（厂长）会议或类似机构批准后，对盘盈、盘亏和毁损的存货，应在期末结账前处理完毕。如在期末结账前未经批准的，应在对外提供财务报告时先进行处理，并在会计报表附注中作出说明，如果其后批准处理的金额与已处理的金额不一致，应按其差额调整会计报表相关项目的年初数。

为反映存货清查盘盈、盘亏的发生和财产盘盈、盘亏发生和账务处理，应设置"待处理财产损溢"账户。该账户核算企业在清查财产过程中查明的各种财产盘盈、盘亏和毁损的价值。贷方登记材料、产品等的盘盈数（不包括固定资产）以及批准处理各项资产的盘亏、毁损的价值。借方登记材料、产品等的盘亏、毁损数以及批准处理各项资产的盘盈数（不包括固定资产）。企业的财产损益应查明原因，在期末结账前处理完毕，处理后本科目应无余额。

发生盘盈时的业务处理，借记"原材料"、"周转材料"等科目，贷记"待处理财产损溢——待处理流动资产损溢"科目。发生盘亏时的业务处理，借记"待处理财产损溢——待处理流动资产损溢"科目，贷记"原材料"、"周转材料"等科目。

另外，需注意企业购进的物资改变用途或者发生非正常损失时，其进项税额不得从销项税额中抵扣，应做转出处理，即贷记"应交税费——应交增值税（进项税额转出）"科目。

【处理流程】

会计主管审核原始凭证后交制单人员编制记账凭证，记账人员根据审核无误的记账凭证登记相应明细账。

记 账 凭 证

2013 年 12 月 30 日　　　　　　　　　　　　　记字第 46 号

摘　　要	会计科目		借方金额								贷方金额									记账√
	总账科目	明细科目	百	十	万	千	百	十	元	角	分	百	十	万	千	百	十	元	角	分	
盘盈 B 材料	原材料	B 材料					8	0	0	0	0										
	待处理财产损溢	待处理流动资产损溢														8	0	0	0	0	

续表

摘　　要	会计科目		借方金额									贷方金额									记账√
	总账科目	明细科目	百	十	万	千	百	十	元	角	分	百	十	万	千	百	十	元	角	分	
附件1张	合　　计				¥	8	0	0	0	0				¥	8	0	0	0	0		

会计主管：陆小敏　　　记账：吴宇　　　出纳：　　　　审核：何琴　　　制证：王秋华

记 账 凭 证

2013 年 12 月 30 日　　　　　　　　　　　　　　　　　记字第 47 号

摘　　要	会计科目		借方金额									贷方金额									记账√
	总账科目	明细科目	百	十	万	千	百	十	元	角	分	百	十	万	千	百	十	元	角	分	
盘亏A材料	待处理财产损溢	待处理流动资产损溢				1	4	7	4	2	0										
	原材料	A材料													1	2	6	0	0	0	
	应交税费	应交增值税（进项税额转出）														2	1	4	2	0	
附件1张	合　　计				¥	1	4	7	4	2	0			¥	1	4	7	4	2	0	

会计主管：陆小敏　　　记账：吴宇　　　出纳：　　　　审核：何琴　　　制证：王秋华

任务十　计提固定资产折旧

【业务描述】

2013 年 12 月 31 日，计提本月固定资产折旧共计 5800 元。其中，生产车间计提 3300 元，行政管理部门计提 1500 元，出租固定资产计提 1000 元。

【业务资料】

折旧费计提表

2013 年 12 月 31 日

使用部门	固定资产			折旧额
	建筑物	机器设备	电子设备	
生产车间		朱古力生产线		1800.00
		奶糖生产线		1000.00
			数控设备	500.00
行政管理部门			电脑	300.00
		办公设备		1200.00
出租固定资产	仓库			1000.00
合　　计				5800.00

【知识链接】

固定资产折旧是指在固定资产使用寿命内，按照确定的方法对应计折旧额进行系统分摊。企业应当根据与固定资产有关的经济利益的预期实现方式，合理选择固定资产折旧方法。可选用的折旧方法包括年限平均法、工作量法、年数总和法和双倍余额递减法等。固定资产折旧方法一经确定，不得随意变更，但符合规定的除外。

企业应当按月计提的固定资产折旧，应按具体受益对象计入相关资产的成本或者当期损益，即借记"制造费用"、"在建工程"、"管理费用"、"销售费用"、"其他业务成本"等科目，贷记"累计折旧"科目。

【处理流程】

会计主管审核原始凭证后交制单人员编制记账凭证，记账人员根据审核无误的记账凭证登记相应明细账。

记账凭证

2013 年 12 月 31 日　　　　　　　　　记字第 48 号

摘要	会计科目		借方金额									贷方金额									记账√
	总账科目	明细科目	百	十	万	千	百	十	元	角	分	百	十	万	千	百	十	元	角	分	
计提固定资产折旧	制造费用					3	3	0	0	0	0										
	管理费用	折旧费				1	5	0	0	0	0										
	其他业务成本					1	0	0	0	0	0										
	累计折旧													5	8	0	0	0	0		

续表

摘　要	会计科目		借方金额									贷方金额									记账√
	总账科目	明细科目	百	十	万	千	百	十	元	角	分	百	十	万	千	百	十	元	角	分	
附件1张	合　　计				¥	5	8	0	0	0	0			¥	5	8	0	0	0	0	

会计主管：陆小敏　　　记账：吴宇　　　出纳：　　　　　审核：何琴　　　制证：王秋华

任务十一　结转分配制造费用

【业务描述】

2013年12月31日，按标准工时结转分配本月制造费用。其中，朱古力豆占用280个工时，奶糖占用120个工时。

【业务资料】

制造费用分配表

单位：元

产品名称	分配标准（工时）	分配率	分配金额
合　　计			

【知识链接】

制造费用是指企业生产车间为生产产品和提供劳务而发生的各项间接费用。包括车间管理人员的薪酬、车间固定资产的折旧费、车间办公费、水电费、机物料消耗、劳动保护费、季节性和修理期间的停工损失等。

企业应开设"制造费用"账户进行核算。该账户借方登记实际发生的各项间接费用，贷方登记分配、转入生产成本的制造费用，期末结转后一般无余额。

所发生的各项间接费用在"制造费用"账户归集后，应在各受益对象之间采用适当的方法进行分配。制造费用的分配方法主要有生产工时比例法、生产工人工资比例法、机器生产工时比例法、按年度计划分配率分配法。企业应根据自身生产情况选择合适的分配方法。按工时比例分配方法的计算公式如下：

制造费用分配率＝制造费用总额÷生产工时总额

某种产品应分配的制造费用 = 该产品的生产工时 × 制造费用分配率

注意：如果分配率除不尽时，用制造费用减去已分配的制造费用等于剩下最后一种产品应分摊的制造费用。

制造费用的分配结转应借记"生产成本"科目，贷记"制造费用"科目。

【处理流程】

（1）归集制造费用。首先检查是否将所有凭证已记账完毕，然后查看制造费用明细账本月制造费用的合计金额。

（2）计算编制制造费用分配表。

制造费用分配表

单位：元

产品名称	分配标准（工时）	分配率	分配金额
朱古力豆	280	22.364	6261.92
奶糖	120		2683.68
合　计	400		8945.60

（3）会计主管审核原始凭证后交制单人员编制记账凭证，记账人员根据审核无误的记账凭证登记相应明细账。

记　账　凭　证

2013 年 12 月 31 日 　　　　记字第 49 号

摘　要	会计科目		借方金额									贷方金额									记账√
	总账科目	明细科目	百	十	万	千	百	十	元	角	分	百	十	万	千	百	十	元	角	分	
结转分配制造费用	生产成本	朱古力豆				6	2	6	1	9	2										
		奶糖				2	6	8	3	6	8										
		制造费用													8	9	4	5	6	0	
附件 1 张	合　计				¥	8	9	4	5	6	0			¥	8	9	4	5	6	0	

会计主管：陆小敏　　记账：吴宇　　出纳：　　审核：何琴　　制证：王秋华

任务十二　处理盘亏、盘盈存货

【业务描述】

2013 年 12 月 31 日，经上级部门批准，盘盈原材料冲减"管理费用"。盘亏原材料损失的 80% 由保险公司赔付，其余作为管理费用处理。

【业务资料】

存货实存账存对比表

2013 年 12 月 30 日

存货类别	名称	计量单位	实存		账存		盘盈		盘亏		备注
			数量	金额	数量	金额	数量	金额	数量	金额	
	A 材料	千克	301.50	7840.00	350	9100.00			48.50	1260.00	②审批处理
	B 材料	千克	250.00	10000.00	230	9200.00	20	800.00			
											原材料有中保财产保险
合　计							20	800.00	48.50	1260.00	
处理意见	清查小组				审批部门						
	仓库管理疏忽				"管理费用"中列支						

【知识链接】

为反映存货清查盘盈、盘亏的发生和财产盘盈、盘亏发生和账务处理，应设置"待处理财产损溢"账户。企业的财产损益必须查明原因，在期末结账前处理完毕，处理后本科目应无余额。

1. 存货盘盈的核算

对存货盘盈的金额一般作冲减管理费用处理。

2. 存货盘亏的核算

对盘亏、毁损等的损失要分别按不同性质的原因进行处理：由于自然损耗造成的定额以内的短缺，应在相关成本费用中核销；由于各种原因造成的超定额损耗，应该明确责任后，由有关单位或个人赔偿，实在无法确定责任单位或个人的扣除残料价值，在管理费用中核销；由于自然灾害等不可抗拒原因发生的严重损失，应在扣除保险公司赔偿后及扣除处置收入、过失人赔偿后，在营业外支出中列支。

【处理流程】

会计主管审核原始凭证后交制单人员编制记账凭证，记账人员根据审核无误的记账凭证登记相应明细账。

记 账 凭 证

2013 年 12 月 31 日 　　　　　　　　　　　　记字第 50 号

摘　要	会计科目		借方金额									贷方金额									记账√
	总账科目	明细科目	百	十	万	千	百	十	元	角	分	百	十	万	千	百	十	元	角	分	
盘盈 B 材料的处理	待处理财产损溢	待处理流动资产损溢					8	0	0	0	0										
	管理费用															8	0	0	0	0	
附件 1 张	合　计					¥	8	0	0	0	0				¥	8	0	0	0	0	

会计主管：陆小敏　　记账：吴宇　　出纳：　　审核：何琴　　制证：王秋华

记 账 凭 证

2013 年 12 月 31 日 　　　　　　　　　　　　记字第 51 号

摘　要	会计科目		借方金额									贷方金额									记账√
	总账科目	明细科目	百	十	万	千	百	十	元	角	分	百	十	万	千	百	十	元	角	分	
盘亏 A 材料的处理	其他应收款	保险公司				1	1	7	9	3	6										
	管理费用						2	9	4	8	4										
	待处理财产损溢	待处理流动资产损溢													1	4	7	4	2	0	
附件 1 张	合　计					¥	1	4	7	4	2	0			¥	1	4	7	4	2	0

会计主管：陆小敏　　记账：吴宇　　出纳：　　审核：何琴　　制证：王秋华

任务十三　结转完工产品成本

【业务描述】

2013 年 12 月 31 日，本月产品完工并验收入库，计算并结转朱古力豆 500 千克、奶糖 400 千克的制造成本。

【业务资料】

1. 完工产品成本计算单

完工产品成本计算单

年　月　日　　　　　　　　　　　　　　　　单位：元

产品名称	期初在产品成本	成本项目			合　计
		直接材料	直接人工	制造费用	
合　计					

2. 产成品入库单

产成品入库单

年　月　日　　　　　　　　　　　　　　　　NO. 023

产品名称	数　量	单　位	单价（元）	金额（元）
合　计				

【知识链接】

工业企业的基本经济活动就是生产产品，满足社会的需要。产品生产过程同时也是耗费的过程。在生产产品的同时，要发生各种活劳动和物化劳动的耗费，包括各种材料的耗费、固定资产的磨损、支付职工工资和其他费用等。产品生产过程的一切费用支出，称为生产费用。发生的所有生产费用，最终都要归集分配到各种产品成本中去。期末，产品生产有两种情况：一是全部产品完工，没有在产品；二是期末既有完工产品又有在产品。

期末全部产品完工，没有在产品的情况下，产品生产完工后的结转，主要是完成由生产成本到库存商品成本的转换。包括期初在产品成本和本期发生的材料费用、人工费用及制造费用等生产费用，归集到某一产品上的生产费用合计数，即为该产品的本月完工产品制造成本额。

计算公式如下：

本月完工产品成本＝期初在产品成本＋本月发生成本费用

期末既有完工产品又有在产品的情况下，需要采用一定方法将归集到某一产品上的生产费用合计数，在完工产品与在产品之间进行分配。常见的方法有不计算在产品成本法、在产品按年初数固定计算法、在产品按原材料费用计价法、约当产量比例法、在产品按完工产品计算法、在产品按定额成本计价法及定额比例法等。

本业务属于期末产品全部完工，没有在产品的情况。

【处理流程】

（1）归集生产费用。首先检查是否已将所有凭证记账完毕，然后查看生产成本明细账本月各种产品生产费用的合计金额。

（2）计算编制产品入库表和成本计算表。

完工产品成本计算单

2013 年 12 月 31 日　　　　　　　　　　　单位：元

产品名称	期初在产品成本	成本项目			合　计
		直接材料	直接人工	制造费用	
朱古力豆	413.68	13300	16500	12861.92	43075.60
奶糖	1298.72	4160	8500	8803.68	22762.40
合　计	1712.40	17460	25000	21665.60	65838.00

产成品入库单

2013 年 12 月 31 日　　　　　　　　　　　NO.023

产品名称	数　量	单　位	单价（元）	金额（元）
朱古力豆	千克	500	86.15	43075.60
奶糖	千克	400	56.91	22762.40
合　计				65838.00

（3）会计主管审核原始凭证后交制单人员编制记账凭证，记账人员根据审核无误的记账凭证登记相应明细账。

记　账　凭　证

2013 年 12 月 31 日　　　　　　　　　　　记字第 52 号

摘　要	会计科目		借方金额									贷方金额									记账√
	总账科目	明细科目	百	十	万	千	百	十	元	角	分	百	十	万	千	百	十	元	角	分	
结转完工产品成本	库存商品	朱古力豆			4	3	0	7	5	6	0										
		奶糖			2	2	7	6	2	4	0										
	生产成本	朱古力豆												4	3	0	7	5	6	0	
		奶糖												2	2	7	6	2	4	0	
附件2张	合　计		¥	6	5	8	3	8	0	0		¥	6	5	8	3	8	0	0		

会计主管：陆小敏　　记账：吴宇　　出纳：　　审核：何琴　　制证：王秋华

任务十四　计算并结转本月应交增值税

【业务描述】

2013 年 12 月 31 日，计算并结转本月应交增值税。

【业务资料】

应交增值税计算表

年　　月　　日

单位：元

项　目	上月留抵	销项税额	进项税额	进项转出	转出未交	转出多交	留抵下月
应交增值税							
合　计							

【知识链接】

为了核算企业应交增值税的发生、抵扣、进项转出、计提、缴纳、退还等情况，应在"应交税金"科目下设置"应交增值税"和"未交增值税"两个明细科目。

一般纳税人在"应交税金——应交增值税"明细账的借、贷方设置明细项目，在借方分析栏内设"进项税额"、"已交税金"、"转出未交增值税"等项目；在贷方分析栏内设"销项税额"、"出口退税"、"进项税额转出"、"转出多交增值税"等项目。

"进项税额"专栏，记录企业购入货物或接受应税劳务而支付的、准予从销项税额中抵扣的增值税额。企业购入货物或接受应税劳务支付的进项税额，用蓝字登记；退回所购货物应冲销的进项税额，用红字登记。

"已交税金"专栏，记录企业已缴纳的增值税额。企业已缴纳的增值税额用蓝字登记；退回多交的增值税额用红字登记。

"销项税额"专栏，记录企业销售货物或提供应税劳务应收取的增值税额。企业销售货物或提供应税劳务应收取的销项税额，用蓝字登记；退回销售货物应冲销销项税额，用红字登记。

"出口退税"专栏，记录企业出口适用零税率的货物，向海关办理报关出口手续后，凭出口报关单等有关凭证，向税务机关申报办理出口退税而收到退回的税款。出口货物退回的增值税额，用蓝字登记；出口货物办理退税后发生退货或者退关而补交已退的税款，用红字登记。

"进项税额转出"专栏，记录企业的购进货物、在产品、产成品等发生非正常损失以及其他原因而不应从销项税额中抵扣，按规定转出的进项税额。

在"应交税金——应交增值税"科目下还需设"转出未交增值税"和"转出多交增值税"专栏，分别记录一般纳税企业月终转出未交或多交的增值税。

应交增值税的计算公式：

应交增值税＝销项税额－（进项税额－进项税额转出）－出口抵减内销产品应纳税

额－减免税款＋出口退税

企业没有出口业务的：

应交增值税＝销项税额－（进项税额－进项税额转出）

此外，一般纳税人在应交税金下设置"未交增值税"明细账，将多缴税金从"应交增值税"的借方余额中分离出来，解决了多缴税额和未抵扣进项税额混为一谈的问题，使增值税的多缴、未缴、应纳、欠税、留抵等项目一目了然，为申报表的正确编制提供条件。

月份终了，企业应将当月发生的应交未交增值税额，借记"应交税费——应交增值税（转出未交增值税）"科目，贷记"应交税费——未交增值税"科目；或将当月多缴的增值税额，借记"应交税费——未交增值税"科目，贷记"应交税费——应交增值税（转出多交增值税）"科目。

未交增值税在以后月份上缴时，借记"应交税费——未交增值税"科目，贷记"银行存款"科目。多缴的增值税在以后月份退回或抵交当月应交增值税时，借记"银行存款"或"应交税费——应交增值税（已交税金）"科目，贷记"应交税费——未交增值税"科目。

【处理流程】

（1）首先检查是否已将所有凭证记账完毕，然后根据应交增值税明细账所有项目的合计数编制应交增值税计算表。

应交增值税计算表

2013 年 12 月 31 日 单位：元

项　目	上月留抵	销项税额	进项税额	进项转出	转出未交	转出多交	留抵下月
应交增值税	0	19502.00	10547.20	214.20	9169.00	0	0
合　计	0	19502.00	10547.20	214.20	9169.00	0	0

（2）会计主管审核原始凭证后交制单人员编制记账凭证，记账人员根据审核无误的记账凭证登记相应明细账。

记　账　凭　证

2013 年 12 月 31 日 记字第 53 号

摘　要	会计科目		借方金额									贷方金额									记账√
	总账科目	明细科目	百	十	万	千	百	十	元	角	分	百	十	万	千	百	十	元	角	分	
计算并结转本月应交增值税	应交税费	应交增值税（转出未交增值税）			9	1	6	9	0	0											
.	应交税费	未交增值税												9	1	6	9	0	0		

续表

摘　　要	会计科目		借方金额									贷方金额									记账√
	总账科目	明细科目	百	十	万	千	百	十	元	角	分	百	十	万	千	百	十	元	角	分	
附件1张	合　　计			￥	9	1	6	9	0	0			￥	9	1	6	9	0	0		

会计主管：陆小敏　　记账：吴宇　　出纳：　　　审核：何琴　　制证：王秋华

任务十五　计算应交营业税

【业务描述】

2013年12月31日，计算本月应负担的营业税（租赁营业税税率5%）。

【业务资料】

应交营业税计算表

年　月　日　　　　　　　　　　　　　　　　单位：元

项　　目	营业额	适用税率	税　　额
合　　计			

【知识链接】

营业税是对在我国境内提供应税劳务、转让无形资产或销售不动产的单位和个人征收的一种流转税。其中，应税劳务是指属于交通运输业、建筑业、金融保险业、邮电通信业、文化体育业、娱乐业、服务业税目征收范围的劳务，不包括加工、修理修配等劳务。营业税以营业额作为计税依据。计算公式为：

应纳税额＝营业额×税率

其中，营业额是指纳税人提供应税劳务、转让无形资产和销售不动产而向对方收取的全部价款和价外费用。价外费用包括向对方收取的手续费、代收款项及其他各种性质的价外收费。

对营业税的会计核算，企业需要设置"应交税费——应交营业税"账户，该账户借方登记已缴纳的营业税，贷方登记应缴纳的营业税。企业计算营业税时，借记"营业税金及附加"、"固定资产清理"等科目，贷记"应交税费——应交营业税"科目；实际上缴营业税时，借记"应交税费——应交营业税"科目，贷记"银行存款"科目。

【处理流程】

（1）根据本月出租业务编制应交营业税计算表。

应交营业税计算表

2013 年 12 月 31 日　　　　　　　　　　　　　　　　　　　单位：元

项　目	营业额	适用税率（%）	税　额
出租固定资产	8400.00	5	420.00
合　计	8400.00	5	420.00

（2）会计主管审核原始凭证后交制单人员编制记账凭证，记账人员根据审核无误的记账凭证登记相应明细账。

记　账　凭　证

2013 年 12 月 31 日　　　　　　　　　　　　　　　　记字第 54 号

摘　要	会计科目		借方金额									贷方金额									记账√
	总账科目	明细科目	百	十	万	千	百	十	元	角	分	百	十	万	千	百	十	元	角	分	
计算应交营业税	其他业务成本						4	2	0	0	0										
	应交税费	应交营业税														4	2	0	0	0	
附件 1 张	合　　计					¥	4	2	0	0	0				¥	4	2	0	0	0	

会计主管：陆小敏　　记账：吴宇　　出纳：　　审核：何琴　　制证：王秋华

任务十六　计算应交城建税和教育费附加

【业务描述】

2013 年 12 月 31 日，计算并结转本月应负担的城市维护建设税（税率7%）和教育费附加（征收率3%）。

【业务资料】

城建税和教育费附加计算表

2013 年 12 月 31 日   单位：元

项　目	城市维护建设税			教育费附加			合　计
	计税依据	适用税率（%）	税额	计税依据	征收率（%）	税　额	
合　计							

【知识链接】

城市维护建设税简称城建税，是我国为了加强城市的维护建设，扩大和稳定城市维护建设资金的来源，对有经营收入的单位和个人征收的一个税种。城市维护建设税是以增值税、消费税、营业税为计税依据征收的一种税，其纳税人为缴纳增值税、营业税、消费税的单位和个人，因纳税人所在地不同税率为 1% ~ 7%。企业应设置"应交税费——应交城市维护建设税"明细科目，核算企业城建税计提与缴纳情况。

应交城市维护建设税 =（增值税 + 营业税 + 消费税）×适用税率

教育费附加是国家为了发展地方教育事业而随同"三税"同时征收的一种附加费，严格来说不属于税收的范畴，但由于同城建税类似，因此，也可以视同税款进行核算。教育费附加征收对象、计费依据、计算方法和征收管理与城建税相同。教育费附加也是企业按应交流转税的一定比例计算缴纳。企业对教育费附加通过"应交税费——应交教育费附加"明细科目核算。

应交教育费附加 =（增值税 + 营业税 + 消费税）×征收率

只要缴纳增值税、消费税、营业税中任一税种的纳税人都要缴纳城市维护建设税和教育费附加。企业应交的城市维护建设税、教育费附加应借记"营业税金及附加"等科目，贷记"应交税费——应交城市维护建设税"、"应交税费——应交教育费附加"科目。

【处理流程】

（1）根据本月企业应交增值税和应交营业税编制城建税和教育费附加计算表。

城建税和教育费附加计算表

2013 年 12 月 31 日   单位：元

项　目	城市维护建设税			教育费附加			合计
	计税依据	适用税率（%）	税额	计税依据	征收率（%）	税额	
销售商品	9169.00	7	641.83	9169.00	3	275.07	916.90
出租固定资产	8400.00	7	588.00	8400.00	3	252.00	840.00
合　计	16084.00		1229.83	16084.00		527.07	1756.90

（2）会计主管审核原始凭证后交制单人员编制记账凭证，记账人员根据审核无误的记账凭证登记相应明细账。

记 账 凭 证

2013 年 12 月 31 日　　　　　　　　　　　　　　　　　　　记字第 55 号

摘　要	会计科目		借方金额									贷方金额										记账√
	总账科目	明细科目	百	十	万	千	百	十	元	角	分	百	十	万	千	百	十	元	角	分	
计算应交城建税和教育费附加	营业税金及附加					9	1	6	9	0											
	其他业务成本					8	4	0	0	0											
	应交税费	应交城市维护建设税													1	2	2	9	8	3	
		应交教育费附加														5	2	7	0	7	
附件 1 张	合　　　计			￥	1	7	5	6	9	0			￥	1	7	5	6	9	0		

会计主管：陆小敏　　记账：吴宇　　出纳：　　审核：何琴　　制证：王秋华

任务十七　结转损益类账户

【业务描述】

2013 年 12 月 31 日，结转本期损益类账户。

【业务资料】

1. 收入类账户发生额汇总表

收入类账户发生额汇总表

年　　月　　日　　　　　　　　　　　　　　　　　　　单位：元

收入账户	发生额	备　注
合　计		

2. 支出类账户发生额汇总表

支出类账户发生额汇总表

年　　月　　日

单位：元

支出账户	发生额	备　注
合　计		

【知识链接】

结转本期损益主要是将本月的收入和支出分别结转入"本年利润"的贷方和借方，结转后这些收入及支出类账户无余额。

企业应设置"本年利润"科目，核算企业本年度实现的净利润（或发生的净亏损）。会计期末，企业应将"主营业务收入"、"其他业务收入"、"营业外收入"等科目的余额分别转入"本年利润"科目的贷方，将"主营业务成本"、"其他业务成本"、"营业外支出"、"营业税金及附加"、"管理费用"、"财务费用"、"销售费用"、"资产减值损失"、"所得税费用"等科目的余额分别转入"本年利润"科目的借方。企业还应将"公允价值变动损益"、"投资收益"科目的净收益转入"本年利润"科目的贷方，"公允价值变动损益"、"投资收益"科目的净损失转入"本年利润"科目的借方。结转后"本年利润"科目如为贷方余额，表示当年实现的净利润；如为借方余额，表示当年发生的净损失。

会计期末结转本年利润的方法有表结法和账结法两种。

（1）表结法。表结法下，各损益类科目每月末只需结计出本月发生额和月末累计余额，不结转到"本年利润"科目，只有在年末时才将全年累计余额结转入"本年利润"科目。但每月末要将损益类科目的本月发生额合计数填入利润表的本月栏内，同时将本月末累计余额填入利润表的本年累计数栏，通过利润表计算反映各期的利润（或亏损）。表结法下，年中损益类科目无须结转入"本年利润"科目，从而减少了转账环节和工作量，同时并不影响利润表的编制及有关损益指标的利用。

（2）账结法。账结法下，每月末均需编制转账凭证，将在账上结计出的各损益类科目的余额转入"本年利润"科目。结转后"本年利润"科目的本月余额反映当月实现的利润或发生的亏损，"本年利润"科目的本年余额反映本年累计实现的利润或发生亏损。账结法在各月均可通过"本年利润"科目提供当月及本年累计的利润（或亏损）额，但增加了转账环节和工作量。

本模拟企业是采用账结法结转本年利润。

【处理流程】

（1）首先检查是否将所有凭证已记账完毕，然后根据计算各损益类账户明细账发生额合计数编制收入类账户发生额汇总表和支出类账户发生额汇总表。

收入类账户发生额汇总表

2013 年 12 月 31 日　　　　　　　　　　　　　　　　　单位：元

收入账户	发生额	备　注
主营业务收入	116500.00	朱古力豆收入：82500.00 元 奶糖收入：34000.00 元
其他业务收入	8400.00	
营业外收入	780.00	
合　计	125680.00	

支出类账户发生额汇总表

2013 年 12 月 31 日　　　　　　　　　　　　　　　　　单位：元

支出账户	发生额	备　注
主营业务成本	67150.00	朱古力豆成本：46750.00 元 奶糖成本：20400.00 元
其他业务成本	2260.00	
营业外支出	5000.00	
营业税金及附加	916.90	
销售费用	16500.00	
管理费用	22804.24	
财务费用	843.72	
合　计	115474.86	

（2）会计主管审核原始凭证后交制单人员编制记账凭证，记账人员根据审核无误的记账凭证登记相应明细账。

记　账　凭　证

2013 年 12 月 31 日　　　　　　　　　　　　　　　　　记字第 56 号

摘　要	会计科目		借方金额									贷方金额									记账√
	总账科目	明细科目	百	十	万	千	百	十	元	角	分	百	十	万	千	百	十	元	角	分	
结转损益类（收入类）账户	主营业务收入			1	1	6	5	0	0	0	0										
	其他业务收入					8	4	0	0	0	0										
	营业外收入						7	8	0	0	0										
	本年利润												1	2	5	6	8	0	0	0	
附件 1 张	合　　计		¥	1	2	5	6	8	0	0	0	¥	1	2	5	6	8	0	0	0	
附件 1 张	合　　计																				

会计主管：陆小敏　　　记账：吴宇　　　出纳：　　　审核：何琴　　　制证：王秋华

记 账 凭 证

2013 年 12 月 31 日　　　　　　　　　　　　　记字第 57（2/2）号

摘要	会计科目		借方金额									贷方金额									记账√
	总账科目	明细科目	百	十	万	千	百	十	元	角	分	百	十	万	千	百	十	元	角	分	
结转损益类（支出类）账户	本年利润			1	1	5	4	7	4	8	6										
		主营业务成本												6	7	1	5	0	0	0	
		其他业务成本													2	2	6	0	0	0	
		营业外支出													5	0	0	0	0	0	
		营业税金及附加														9	1	6	9	0	
		销售费用												1	6	5	0	0	0	0	
附件 1 张　合　计		管理费用												2	2	8	0	4	2	4	
		财务费用														8	4	3	7	2	
附件 1 张　　合　　计			¥	1	1	5	4	7	4	8	6	¥	1	1	5	4	7	4	8	6	

会计主管：陆小敏　　记账：吴宇　　出纳：　　审核：何琴　　制证：王秋华

任务十八　计算并结转所得税费用

【业务描述】

2013 年 12 月 31 日，计算应交所得税（该模拟企业经济业务不涉及递延所得税，公益性捐赠支出没有超过税法规定扣除标准的金额），并结转至"本年利润"账户。

【业务资料】

应交所得税计算表
年　月　日
单位：元

项　目	应纳税所得额	适用税率	税　额

【知识链接】

所得税费用的核算

企业所得税是指对中华人民共和国境内的企业（居民企业及非居民企业）和其他取得收入的组织以其生产经营所得为课税对象所征收的一种所得税。作为企业所得税纳税人，应依照《中华人民共和国企业所得税法》缴纳企业所得税，但个人独资企业及合伙企业除外。

企业的会计核算和税收处理分别遵循不同的原则，服务于不同的目的。在我国，会计的确认、计量和报告应当遵循《企业会计准则》的规定，其目的在于真实、完整地反映企业的财务状况和经营成果和现金流量等，为相关的会计信息使用者提供有用的信息。税法则是以课税为目的，根据国家有关税收法律、法规的规定，确定一定时期纳税人应缴纳的税额，从所得税的角度，主要是确定企业的应纳税所得额，以对企业的经营所得征税。所得税会计是会计与税收规定之间的差异在所得税会计核算中的具体体现。

《企业会计准则》规定，企业采用资产负债表债务法核算所得税。资产负债表债务法是从资产负债表出发，通过比较资产负债表上列示的资产、负债，按照《企业会计准则》确定的账面价值和按照税法规定确定的计税基础，对于两者之间的差额分别可抵扣暂时性差异和应纳税暂时性差异，确认相关的递延所得税资产和递延所得税负债，并在此基础上确定每一会计期间利润表中的所得税费用。

按照资产负债表债务法核算所得税，利润表中的所得税费用由两个部分组成：当期所得税和递延所得税。即：

所得税费用 = 当期所得税 + 递延所得税

（一）当期所得税

当期所得税是指企业按照税法规定，计算确定的针对当期发生的交易和事项应缴纳的所得税金额，即应交所得税，应以适用的税收法规为基础计算确定。

企业在确定当期所得税时，对于当期发生的交易或事项，会计处理与税收处理不同的，应在会计利润的基础上，按照适用税收法规的要求进行调整，计算出当期应纳税所得额，按照应纳税所得额与适用所得税税率计算确定当期应交所得税。即：

当期所得税 = 当期应交所得税

　　　　　　 = 应纳税所得额 × 所得税税率

　　　　　　 = （税前会计利润 + 纳税调整增加额 − 纳税调整减少额）× 所得税税率

纳税调整增加额主要包括税法规定允许扣除项目中，企业计入当期费用但超过税法规定扣除标准的金额（如超过税法规定标准的工资支出、职工福利费、工会经费、职工教育经费、业务招待费支出、公益性捐赠支出、广告费和业务宣传费等），以及企业计入当期损失但税法规定不允许扣除项目的金额（如税收滞纳金额、罚款、罚金）。

纳税调整减少额主要包括税法按规定允许弥补的亏损和准予免税的项目，如前 5 年内的未弥补亏损和国债利息收入等。

（二）递延所得税

递延所得税是指按照《企业会计准则》规定，应予确认的递延所得税资产和递延所得税负债在期末应有的金额相对于原已确认金额之间的差额，即递延所得税资产及递延所得税负债的当期发生额，但不包括直接计入所有者权益的交易或事项及企业合并产生的所得税影响。即：

递延所得税＝（期末递延所得税负债－期初递延所得税负债）－（期末递延所得税资产－期初递延所得税资产）

企业应通过"所得税费用"科目，核算企业所得税费用的确认及其结转情况。期末，应将"所得税费用"科目的余额转入"本年利润"科目，借记"本年利润"科目，贷记"所得税费用"科目。结转后"所得税费用"科目应无余额。

【处理流程】

（1）根据第四十八笔业务计算利润总额（即税前利润），编制应交所得税计算表。

税前会计利润＝利润总额＝125680.00－115474.86＝10205.14（元）

应交所得税计算表

2013 年 12 月 31 日   单位：元

项　目	应纳税所得额	适用税率	税　额
企业所得税	10205.14	25%	2551.29

（2）会计主管审核原始凭证后交制单人员编制记账凭证，记账人员根据审核无误的记账凭证登记相应明细账。

记　账　凭　证

2013 年 12 月 31 日   记字第 58 号

摘　要	会计科目		借方金额									贷方金额									记账√
	总账科目	明细科目	百	十	万	千	百	十	元	角	分	百	十	万	千	百	十	元	角	分	
计算应交所得税	所得税费用					2	5	5	1	2	9										
	应交税费	应交所得税													2	5	5	1	2	9	
附件 1 张	合　　计		¥	2	5	5	1	2	9			¥	2	5	5	1	2	9			

会计主管 陆小敏　　记账 吴宇　　出纳　　审核 何琴　　制证 王秋华

记 账 凭 证

2013 年 12 月 31 日   记字第 59 号

摘 要	会计科目		借方金额									贷方金额									记账 ∨
	总账科目	明细科目	百	十	万	千	百	十	元	角	分	百	十	万	千	百	十	元	角	分	
结转所得税费用	本年利润					2	5	5	1	2	9										
		所得税费用														2	5	5	1	2	9	
附件 见凭证 56 号张	合 计				¥	2	5	5	1	2	9			¥	2	5	5	1	2	9	

会计主管：陆小敏   记账：吴宇   出纳：   审核：何琴   制证：王秋华

任务十九 结转本年利润

【业务描述】

2013 年 12 月 31 日，结转本年利润。

【知识链接】

企业应设置"本年利润"科目，核算企业本年度实现的净利润（或发生的净亏损）。会计期末结转本年利润的方法有表结法和账结法两种。这两种方法在年度终了时，企业都应将"本年利润"科目的本年累计余额转入"利润分配——未分配利润"科目，结转后"本年利润"科目应无余额。

【处理流程】

（1）首先检查是否将所有凭证已记账完毕，然后查看账簿中所计算的"本年利润"账户本年累计余额。

"本年利润"账户余额 = 10205.14 − 2551.29 = 7653.89（元）

（2）制单人员根据上述金额编制记账凭证（本业务无原始凭证），记账人员根据审核无误的记账凭证登记相应明细账。

记 账 凭 证

2013 年 12 月 31 日　　　　　　　　　　　　　　记字第 60 号

摘　　要	会计科目		借方金额									贷方金额									记账√
	总账科目	明细科目	百	十	万	千	百	十	元	角	分	百	十	万	千	百	十	元	角	分	
结转本年利润	本年利润				7	6	5	3	8	5											
	利润分配	未分配利润												7	6	5	3	8	5		
附件 0 张	合　　计		¥	7	6	5	3	8	5			¥	7	6	5	3	8	5			

会计主管：陆小敏　　记账：吴宇　　出纳：　　　审核：何琴　　制证：王秋华

任务二十　提取法定盈余公积

【业务描述】

2013 年 12 月 31 日，提取法定盈余公积。

【业务资料】

提取法定盈余公积计算表

年　　月　　日　　　　　　　　　　单位：元

项　目	计税依据（本月税后总额）	提取率	提取额

【知识链接】

一、盈余公积概述

留存收益是指企业从历史实现的利润中提取或形成的留存于企业的内部积累。它来源于企业的生产经营活动所实现的净利润，而实收资本和资本公积来源于企业的资本投入，所以，虽然三者都属于所有者权益，但在各自的来源上是有区别的。留存收益包括盈余公积和未分配利润两部分。

盈余公积是指企业按照规定从净利润中提取的各种积累资金。企业的盈余公积分为两类：一是法定盈余公积。公司制企业的法定盈余公积按照税后利润的 10% 提取（非公司制企业也可按照超过 10% 的比例提取），法定盈余公积累计已达到注册资本 50% 时可以不再提取。值得注意的是，在计算提取法定盈余公积的基数时，不包括企业年初未分配利润。二是任意盈余公积。任意盈余公积主要是由公司企业按照股东大会的决议提取（非公司制企业经类似权力机构批准，也可提取任意盈余公积）。法定盈余公积与任意盈余公积的主要区别在于其各自提取的依据不同。前者以国家的法律或行政法规为依据提取，后者则由企业自行决定提取。

二、盈余公积的核算

为反映盈余公积的提取和使用等增减变动情况，应设置"盈余公积"账户。"盈余公积"账户为所有者权益类账户，企业提取盈余公积时，记入该账户贷方，使用盈余公积时记入该账户借方，贷方余额为企业盈余公积的实有数额。在"盈余公积"账户下还应设置"法定盈余公积"和"任意盈余公积"等明细账户。提取盈余公积的账务处理如下。

提取盈余公积时，借记"利润分配——提取法定盈余公积（或提取任意盈余公积)"科目，贷记"盈余公积——法定盈余公积（或任意盈余公积)"科目。

【处理流程】

（1）根据任务五十所结转的金额（税后利润）编制提取法定盈余公积计算表。

提取法定盈余公积计算表

2013 年 12 月 31 日　　　　　　　　　　　　　　　　单位：元

项　目	计税依据（本月税后利润）	提取率	提取额
法定盈余公积	7653.85	10%	765.39

（2）会计主管审核原始凭证后交制单人员编制记账凭证，记账人员根据审核无误的记账凭证登记相应明细账。

记　账　凭　证

2013 年 12 月 31 日　　　　　　　　　　　　　　　　记字第 61 号

摘　要	会计科目		借方金额									贷方金额									记账√
	总账科目	明细科目	百	十	万	千	百	十	元	角	分	百	十	万	千	百	十	元	角	分	
提取法定盈余公积	利润分配	提取法定盈余公积					7	6	5	3	9										
	盈余公积														7	6	5	3	9		
附件1张	合　　计					¥	7	6	5	3	9					¥	7	6	5	3	9	

会计主管：陆小敏　　　记账：吴宇　　　出纳：　　　审核：何琴　　　制证：王秋华

【知识延伸】

（一）盈余公积的用途

企业提取的盈余公积主要可以用于以下几个方面：

（1）用于弥补亏损。企业弥补亏损的渠道主要有三个：①用以后年度税前利润弥补。按照现行会计准则规定，企业发生亏损时，可以用以后5年内实现的税前利润弥补，即税前利润弥补亏损的期间为5年。②用以后年度税后利润弥补。企业发生的亏损经过5年期间未弥补完的，尚未弥补的亏损用税后利润弥补。③用盈余公积弥补亏损。企业以盈余公积弥补亏损，应由公司董事会提议，经股东大会批准。

（2）转增资本。企业以盈余公积转增资本，必须经股东大会决议批准。在实际以盈余公积转增资本时，要按照股东原有持股比例结转。盈余公积转增资本时，转增后留存的盈余公积的数额不得少于转增前企业注册资本的25%。

（3）分派股利。以盈余公积分派股利，这种情况不常见。主要是企业在累计盈余公积比较多、未分配利润比较少的情况下，为维持其信誉，给投资者以合理的回报而进行的一种行为。

（二）盈余公积使用或减少的账务处理

1. 盈余公积补亏

企业用盈余公积弥补亏损，应按当期弥补亏损的数额，借记"盈余公积"科目，贷记"利润分配——盈余公积补亏"科目。

2. 盈余公积转增资本

《公司法》规定，盈余公积转增资本时，以留存的盈余公积不得少于注册资本的25%为限。企业用盈余公积转增资本，应按批准的转增资本数额，借记"盈余公积"科目，贷记"实收资本"科目。

3. 盈余公积分配股利

股票股利是除现金股利之外最常见的一种股利分配方式。严格地说，在经济性质上，股票股利不是股利，而只是将留存收益转作股本及资本公积而已。这是因为发放股票股利并不影响所有者权益的总额及股东所持股份的比例，而只是将留存收益永久性地资本化，增加了股本总额。

企业经股东大会或类似机构决议，用盈余公积分配现金股利或利润时，应借记"盈余公积"科目，贷记"应付股利"科目；分配股票股利时，应借记"盈余公积"科目，贷记"股本"科目。

任务二十一　结转"利润分配"账户其他明细账

【业务描述】

2013年12月31日，结转"利润分配"账户其他明细账。

【知识链接】

一、利润分配的原则

利润分配是指企业根据国家有关规定和投资者的决议，对企业当年可供分配的利润进行的分配。企业本年实现的净利润加上年初未分配利润（或减去年初未弥补亏损）和其他转入后的余额，为可供分配的利润。利润分配的具体顺序如下：

（1）提取法定盈余公积。法定盈余公积按照净利润（减去弥补以前年度亏损）的10%提取（非公司制企业也可按照超过10%的比例提取），当企业法定盈余公积累计额已达注册资本的50%时可不再提取。

（2）提取任意盈余公积。

（3）向投资者分配利润。

二、利润分配的财务处理

为了核算企业利润的分配（或亏损的弥补）和历年利润分配（或亏损的弥补）后的积存余额，企业应设置"利润分配"账户。该账户一般应设置"提取法定盈余公积"、"应付现金股利（或利润）"、"提取任意盈余公积"、"未分配利润"、"盈余公积补亏"等明细科目进行明细核算。

1. 亏损的弥补

经批准用税前利润弥补亏损或用净利润弥补亏损时，不作账务处理。如果用盈余公积弥补亏损时，应借记"盈余公积"科目，贷记"利润分配——盈余公积补亏"科目。

2. 提取盈余公积

企业按规定提取盈余公积时，借记"利润分配——提取法定盈余公积（或提取任意盈余公积）"科目，贷记"盈余公积——法定盈余公积（或任意盈余公积）"科目。

3. 向投资者分配现金股利或利润

企业年度现实的净利润，在提取盈余公积后，才能向投资者分配利润。

向投资者分配现金股利或利润时，借记"利润分配——应付现金股利（或利润）"科目，贷记"应付股利"科目。

4. 利润分配的年终结转

在年终时，将"利润分配"账户下的其他所有明细账户（包括"提取法定盈余公积"、"提取任意盈余公积"、"盈余公积补亏"、"应付现金股利"等）的余额全部转入"未分配利润"明细账户；结转后，只有"未分配利润"明细账户有期末余额。

三、未分配利润

未分配利润是企业留待以后年度进行分配的累计结存利润。相对于所有者权益的其他部分来说，未分配利润的使用和分配更具有自主性。它有两层含义：一是留待以后年度处理的利润；二是未指定特定用途的利润。

为了核算未分配利润，应在"利润分配"科目下设置"未分配利润"明细科目。"未分配利润"账户期末贷方余额，表示累计未分配的利润数额，如为借方余额，则表示累计未弥补的亏损数额。

【处理流程】

（1）首先检查是否将所有凭证已记账完毕，然后查看"利润分配"账户明细账中除了"未分配利润"账户外的所有明细账余额。

（2）制单人员根据上述金额编制记账凭证（本业务无原始凭证），记账人员根据审核无误的记账凭证登记相应明细账。

记 账 凭 证

2013 年 12 月 31 日 记字第 62 号

摘　要	会计科目		借方金额									贷方金额									记账√
	总账科目	明细科目	百	十	万	千	百	十	元	角	分	百	十	万	千	百	十	元	角	分	
结转"利润分配"账户	利润分配	未分配利润					7	6	5	3	9										
	利润分配	提取法定盈余公积														7	6	5	3	9	
附件1张	合　计					¥	7	6	5	3	9				¥	7	6	5	3	9	

会计主管：陆小敏　　记账：吴宇　　出纳：　　审核：何琴　　制证：王秋华

下旬业务强化训练

任务二十二　编制下旬科目汇总表

【业务描述】

2013 年 12 月 21 日，根据 2014 年 12 月 21～31 日发生的所有经济业务编制下旬科目汇总表。

【业务资料】

科目汇总表

年　月　日至　日　　　　　　　　　　　　　　　　第　号

会计科目	本期发生额		备　注
	借方金额	贷方金额	
合　计			

项目五　编制财务报表

任务一　资产负债表

【业务描述】

根据广州林一食品加工厂2013年12月的经济业务，编制2013年12月资产负债表。

【知识链接】

企业财务报告是指企业对外提供的反映某一特定日期财务状况和某一会计期间经营成果、现金流量等会计信息的文件。它是企业根据日常的会计核算资料进行归集、加工和汇总后编制而成的，是企业会计核算的最终成果，是企业对外提供财务信息的主要形式。企业的财务报告由财务报表和其他应当在财务报告中披露的相关信息和资料构成。企业向外提供的财务报表包括资产负债表、利润表、现金流量表、所有者权益变动表（或股东权益变动表）、附注等。

一、资产负债表概述

（一）资产负债表的概念

资产负债表是指反映企业在某一特定日期所拥有的或所控制的经济资源、所承担的现时义务和所有者对净资产的要求权的财务报表。它是根据资产、负债和所有者权益（或股东权益，下同）之间的相互关系，按照一定的分类标准和顺序，把企业某一日期的资产、负债和所有者权益各项予以适当排列，并对日常工作中形成的大量数据进行高度浓缩整理后编制的。资产负债表是反映企业在某一特定日期财务状况的报表，又称财务状况表，属于静态的财务报表。

（二）资产负债表的作用

资产负债表的作用表现在以下几个方面：

（1）资产负债表可以提供某一日期的资产总额及其构成，表明企业拥有或控制的资源及其分布情况。

（2）资产负债表可以提供某一日期的负债总额及其构成，表明企业未来需要用多少资产或劳务清偿债务以及清偿的时间。

（3）资产负债表可以提供某一日期的所有者权益的构成情况，表明企业所有者所拥有的权益，据以判断资产保值、增值的情况以及对负债的保障程度。

（4）资产负债表可以提供进行财务分析的基本资料，如通过资产负债表可以计算流动比率、速动比率等，以了解企业的短期偿债能力等。

（三）资产负债表的内容和结构

1. 资产负债表的内容

（1）资产。资产应当按照流动资产和非流动资产两大类别在资产负债表中列示，在流动资产和非流动资产类别下再进一步按性质分项列示。

流动资产是指预计在一个正常营业周期中变现、出售或耗用，或者主要为交易目的而持有，或者预计在资产负债表日起一年内（含一年）变现的资产，或者自资产负债表日起一年内交换其他资产或清偿负债的能力不受限制的现金或现金等价物。资产负债表中列示的流动资产项目通常包括货币资金、交易性金融资产、应收票据、应收账款、预付账款、应收利息、应收股利、其他应收款、存货和一年内到期的非流动资产等。

非流动资产是指流动资产以外的资产。资产负债表中列示的非流动资产项目通常包括长期股权投资、固定资产、在建工程、工程物资、固定资产清理、无形资产、开发支出、长期待摊费用以及其他非流动资产等。

（2）负债。负债应当按照流动负债和非流动负债在资产负债表中列示，在流动负债和非流动负债类别下再进一步按性质分项列示。

流动负债是指预计在一个正常营业周期中清偿，或者主要为交易目的而持有，或者自资产负债表日起一年内（含一年）到期应予以清偿，或者企业无权自主地将清偿推迟至资产负债表日后一年以上的负债。资产负债表中列示的流动负债项目通常包括短期借款、应付票据、应付账款、预收账款、应付职工薪酬、应交税费、应付利息、应付股利、其他应付款、一年内到期的非流动负债等。

非流动负债是指流动负债以外的负债。资产负债表中列示的非流动负债项目通常包括长期借款、应付债券和其他流动负债等。

（3）所有者权益。它一般按照实收资本、资本公积、盈余公积和未分配利润分项列示。

2. 资产负债表的结构

我国企业的资产负债表采用账户式结构。账户式资产负债表分左右两方，左方为资产项目，按资产的流动性大小排列，流动性大的资产如"货币资金"、"交易性金融资产"等排在前面，流动性小的资产如"长期股权投资"、"固定资产"等排在后面。右方为负债及所有者权益项目，按要求清偿时间的先后顺序排列。"短期借款"、"应付票据"、"应付账款"等需要在一年以内或者长于一年的一个正常营业周期内偿还的流动负债排在前面，"长期借款"等在一年以上才需偿还的非流动负债排在中间，在企业清算之前不需要偿还的所有者权益项目排在后面。

账户式资产负债表中的资产各项目的合计等于负债和所有者权益各项目的合计，即资产负债表左方和右方平衡。因此，"资产＝负债＋所有者权益"这一个会计恒等式就是资产负债表设计的理论依据，它不仅揭示了资产负债表各项目之间在经济内容上的内在联系和数字上的等量关系，同时也是检查资产负债表正确与否的基本依据。

二、资产负债表的编制

资产负债表各项目均需填列"年初余额"和"期末余额"两栏。其中"年初余额"栏内的各项数字，应根据上年末资产负债表的"期末余额"栏内所列数字填列。"期末余额"栏主要有以下几种填列方法：

（1）直接根据总账科目余额填列。如"交易性金融资产"、"短期借款"、"应付职工薪酬"等项目，根据"交易性金融资产"、"短期借款"、"应付职工薪酬"各总账科目的余额直接填列。

（2）有些项目则需要根据几个总账科目的期末余额计算填列。如"货币资产"项目，需要根据"库存现金"、"银行存款"、"其他货币资金"三个总账科目的期末余额的合计数填列。

（3）根据明细账科目余额计算填列。如"应付账款"项目，需要根据"应付账款"和"预付账款"两个科目所属的相关明细科目的期末贷方余额计算填列；"应收账款"项目，需要根据"应收账款"和"预收账款"两个科目所属的相关明细科目的期末借方余额计算填列。

（4）根据总账科目和明细账科目余额分析计算填列。如"长期借款"项目，需要根据"长期借款"总账科目余额扣除"长期借款"科目所属的明细科目中将在一年内到期且企业不能自主地将清偿义务展期的长期借款后的金额计算填列。

（5）根据有关科目余额减去其备抵科目余额后的净额填列，如资产负债表中的"应收票据"、"应收账款"、"长期股权投资"、"在建工程"等项目，应当根据"应收票据"、"应收账款"、"长期股权投资"、"在建工程"等科目的期末余额减去"坏账准备"、"长期股权投资减值准备"、"在建工程减值准备"等科目余额后的净额填列。"固定资产"项目，应当根据"固定资产"科目的期末余额减去"累计折旧"、"固定资产减值准备"备抵科目余额后的净额填列；"无形资产"项目，应当根据"无形资产"科目的期末余额，减去"累计摊销"、"无形资产减值准备"备抵科目余额后的净额填列。

（6）综合运用上述填列方法分析填列。如资产负债表中的"存货"项目，需要根据"原材料"、"库存商品"、"委托加工物资"、"周转材料"、"材料采购"、"在途物资"、"发出商品"、"材料成本差异"、"生产成本"等总账科目期末余额的分析汇总数，再减去"存货跌价准备"科目余额后的净额填列。

资产负债表是重要的财务报表，有月报表、季报表、半年报表、年度报表。报表上的日期称为资产负债表日，通常是月末、季末、年末最后一天。资产负债表属于时点报表，所以报表表头反映年月日。表体中一些主要的、常用的报表项目具体填列方法如下：

（一）资产项目的填列方法

（1）"货币资金"项目＝"库存现金"账户的期末余额＋"银行存款"账户的期末余额＋"其他货币资金"账户的期末余额。

（2）"应收票据"项目＝"应收票据"账户的期末余额－"坏账准备"账户中有关应收票据计提的坏账准备期末余额。

（3）"应收账款"项目＝"应收账款"和"预收账款"账户所属各明细账户的期末借方余额合计－"坏账准备"账户中有关应收账款计提的坏账准备期末余额。

（4）"预付账款"项目＝"预付账款"和"应付账款"账户所属各明细账户的期末借方余额合计数－"坏账准备"账户中有关预付款项计提的坏账准备期末余额。

（5）"应收利息"项目＝"应收利息"账户的期末余额－"坏账准备"账户中有关应收利息计提的坏账准备期末余额。

（6）"应收股利"项目＝"应收股利"账户的期末余额－"坏账准备"账户中有关应收股利计提的坏账准备期末余额。

（7）"其他应收款"项目＝"其他应收款"账户的期末余额－"坏账准备"账户中有关其他应收款计提的坏账准备期末余额。

（8）"存货"项目＝"材料采购"或"在途物资"账户的期末余额＋"原材料"账户的期末余额＋"库存商品"账户的期末余额＋"周转材料"账户的期末余额＋"委托加工物资"账户的期末余额＋"委托代销商品"账户的期末余额＋"发出商品"账户的期末余额＋"生产成本"账户的期末余额－"受托代销商品款"账户的期末余额－"存货跌价准备"账户的期末余额（注：材料采用计划成本核算的企业，库存商品采用计划成本核算或售价核算的企业，还应将"材料成本差异"、"商品进销差价"等账户进行加减）。

（9）"长期股权投资"＝"长期股权投资"账户的期末余额－"长期股权投资减值

准备"账户的期末余额。

（10）"固定资产"项目 = "固定资产"账户的期末余额 – "累计折旧"账户期末余额 – "固定资产减值准备"账户期末余额。

（11）"在建工程"项目 = "在建工程"账户的期末余额 – "在建工程减值准备"账户的期末余额。

（12）"无形资产"项目 = "无形资产"账户的期末余额 – "累计摊销"账户的期末余额 – "无形资产减值准备"账户的期末余额。

（13）"开发支出"项目 = "研发支出"账户中所属的"资本化支出"明细科目期末余额。

（14）"长期待摊费用"项目 = "长期待摊费用"账户的期末余额 – 将于一年内（含一年）摊销的数额。

（15）持有至到期投资 = "持有至到期投资"账户的期末余额 – 一年内到期的债券投资 × "持有至到期投资减值准备"账户的期末余额。

另外，"交易性金融资产"、"工程物资"和"固定资产清理"等项目应根据自身账户的期末余额填列；"其他流动资产"和"一年内到期的非流动资产"项目应根据有关账户的期末余额填列。

（二）负债项目的填列方法

（1）"应付账款"项目 = "应付账款"和"预付账款"科目所属各明细账户的期末贷方余额合计数。

（2）"预收款项"项目 = "预收账款"和"应收账款"所属各明细账户的期末贷方余额合计数（注："预收账款"账户所属各明细科目期末有借方余额，应在资产负债表"应收账款"项目中填列）。

（3）"应付债券"项目 = "应付债券"账户的期末余额 – 将于一年内（含一年）到期偿还的债券。

（4）"长期借款"项目 = "长期借款"账户的期末余额 – 将于一年内（含一年）到期且企业不能自主地将清偿义务展期的长期借款。

另外"短期借款"、"应付票据"、"应付职工薪酬"、"应交税费"、"应付利息"、"应付股利"、"其他应付款"等项目应根据自身账户的期末余额填列；"一年内到期的非流动负债"项目和"其他非流动负债"项目应根据有关账户的期末余额填列。

（三）所有者权益项目的填列方法

（1）"未分配利润"项目应根据"本年利润"账户和"利润分配"账户的余额填列。

（2）"实收资本"项目、"资本公积"项目和"盈余公积"项目应根据自身账户的期末余额填列。

【处理流程】

（1）根据期初余额和所有科目汇总表，编制"T"形账户。具体账户结构如下：

借	资产类、费用类账户	贷
期初余额		
本期增加发生额	本期减少发生额	
期末余额		

借	负债、所有者权益、收入类账户	贷
	期初余额	
本期减少发生额	本期增加发生额	
期末余额		

以"库存现金"账户为例。

借	库存现金	贷
期初余额：398.10		
1~10 日汇总 6200.00	1~10 日汇总 2395.00	
11~20 日汇总 780.00	11~20 日汇总 1180.00	
21~31 日汇总 1170.00	21~31 日汇总 1170.00	
本期发生额合计：8150.00	本期发生额合计：4745.00	
期末余额 3803.10		

（2）检查所有凭证均已记账，总账和明细账对账无误（登账和对账具体操作流程见项目六）。

（3）编制试算平衡表。

试算平衡表

2013 年 12 月 31 日

会计科目	期初余额		本期发生额		期末余额	
	借方	贷方	借方	贷方	借方	贷方
库存现金	398.10		8150.00	4745.00	3803.10	
……	……	……	……	……	……	……

（4）各种账簿结账。

（5）根据试算平衡表（即总账余额）及具体明细账余额，编制资产负债表。

资产负债表

编制单位：广州林一食品加工厂　　　　2013 年 12 月 31 日　　　　　　　　　　　单位：元

资　产	期末余额	年初余额	负债和所有者权益（或股东权益）	期末余额	年初余额
流动资产：		略	流动负债：		略
货币资金			短期借款		
交易性金融资产			交易性金融资产		
应收票据			应付票据		
应收账款			应付账款		
预付账款			预收账款		
应收利息			应付职工薪酬		
应收股利			应交税费		
其他应收款			应付利息		
存货			应付股利		
一年内到期的非流动资产			其他应付款		
其他流动资产			一年内到期的非流动负债		
流动资产合计			其他流动负债		
非流动资产：			流动负债合计		
可供出售金融资产			非流动负债：		
持有至到期投资			长期借款		
长期应收款			应付债券		
长期股权投资			长期应付款		
投资性房地产			专项应付款		
固定资产			预计负债		
在建工程			递延所得税负债		
工程物资			其他非流动负债		
固定资产清理			非流动负债合计		
生产性生物产			负债合计		
油气资产			所有者权益（或股东权益）		
无形资产			实收资本（或股本）		
开发支出			资本公积		
商誉			减：库存股		
长期待摊费用			盈余公积		
递延所得税资产			未分配利润		
其他非流动资产			所有者权益（或股东权益）合计		
非流动资产合计					
资产总计			负债和所有者权益（或股东权益）合计		

【任务实训】

按上述处理流程，将广州林一食品加工厂2013年12月经济业务全部登记入账，编制试算平衡表，完成对账、结账工作，编制12月的资产负债表。

任务二　利润表

【业务描述】

根据广州林一食品加工厂2013年12月经济业务，编制2013年12月的利润表。

【知识链接】

一、利润表概述

（一）利润表的概念

利润表是反映企业在一定会计期间经营成果的报表。利润表把一定会计期间的收入与同一会计期间相关的费用进行配对，以计算出企业一定时期的净利润（或净亏损）。

（二）利润表的作用

利润表的作用表现在以下几个方面：

（1）利润表可以反映企业一定会计期间的收入实现情况，即实现的营业收入、公允价值变动收益、营业外收入等。

（2）利润表可以反映企业一定会计期间的费用耗用情况，即耗费的营业成本、营业税金及附加、销售费用、管理费用、财务费用、资产减值损失、营业外支出等。

（3）利润表可以反映企业生产经营活动的成果，即净利润的实现情况，据以判断资本保值、增值情况。

（4）利润表可以反映企业不同时期的比较数字（本月数、本年累计数、上年数），便于财务报告使用者分析判断企业未来利润的发展趋势和获利能力，作出正确的经营决策。

二、利润表的内容和结构

（一）利润表的内容

（1）构成营业利润的各项要素。营业收入、营业成本、营业税金及附加、销售费用、管理费用、财务费用、资产减值损失、公允价值变动收益（公允价值变动损失）。

（2）构成利润总额（或亏损总额）的各项要素。营业利润、营业外收入、营业外支出。

（3）构成净利润（或净亏损）的各项要素。利润总额（或亏损总额）、所得税费用。

（4）构成每股收益的各项要素。基本每股收益、稀释每股收益。

（二）利润表的结构

利润表一般由表首、正表和补充资料三部分构成。其中，表首说明报表名称、编制单位、编制日期、报表编号、货币名称、计量单位等；正表是利润表的主体，反映企业形成经营成果的各个项目和计算过程；补充资料反映非经常性项目对利润总额的影响。

利润表正表的结构有单步式利润表和多步式利润表两种。

三、利润表的编制

我国现行的利润表采用多步式，其编制的步骤和内容如下：

第一步，以营业收入为基础，减去营业成本、营业税金及附加、销售费用、管理费用、财务费用、资产减值损失，加上公允价值变动收益（减去公允价值变动损失）和投资收益（减去投资损失），计算出营业利润。

第二步，以营业利润为基础，加上营业外收入，减去营业外支出，计算出利润总额。

第三步，以利润总额为基础，减去所得税费用，计算出净利润（或净亏损）。

普通股或潜在普通股已公开交易的企业，以及正处于公开发行普通股或潜在普通股过程中的企业，还应当在利润表中列示每股收益信息。

利润表各项目均需填列"本期金额"和"上期金额"两栏。其中"上期金额"栏内各项数字，应根据上年该期利润表的"本期金额"栏内所列数字填列。"本期金额"栏内各项数字，除"基本每股收益"和"稀释每股收益"项目外，应当按照相关科目的发生额分析填列：

在利润表的编制中，还需特别注意以下项目的填制。

（1）"基本每股收益"项目。反映企业普通股每股的收益额，应根据"归属于普通股股东的当期净利润÷当期发行在外普通股股数的加权平均数"填列。

（2）"稀释每股权益"项目。反映企业考虑了稀释性潜在普通股后的普通股每股收益额，应根据"归属于普通股股东的当期净利润÷假定稀释性潜在普通股转换为已发行普通股的前提下普通股股数的加权平均数"填列。

（3）"其他综合收益的税后净额"项目。所谓其他综合收益，是指企业根据其他会计准则规定未在当期损益中确认的各项利得和损失，该项目应当根据其他相关会计准则的规定分为下列两类列报：①以后不能重分类进损益的其他综合收益项目，主要包括重新计量设定受益计划净负债或净资产导致的变动、按照权益法核算的在被投资单位以后会计期间不能重分类进损益的其他综合收益中所享有的份额等。②以后会计期间在满足规定条件时将重分类进损益的其他综合收益项目，主要包括按照权益法核算的在被投资单位以后会计期间在满足规定条件时将重分类进损益的其他综合收益中所享有的份额、可供出售金融资产公允价值变动形成的利得或损失、持有至到期投资重分类为可供出售金融资产形成的利得或损失、现金流量套期工具产生的利得或损失中属于有效套期的部分、外币财务报表折算差额等。

（4）"综合收益总额"项目。反映净利润和其他综合收益扣除所得税影响后的净额相加后的合计金额。所谓综合收益，是指企业在某一期间除与所有者以其所有者身份进行的交易之外的其他交易或事项所引起的所有者权益变动。

利润表也是重要的财务报表，也属于月、季、半年、年度表。利润表属于时期报表、动态报表，所以报表表头的时间只反映年月。

【任务实训】

任务一已完成了登账、对账、结账工作，按上述方法查阅有关损益类账户的发生额，编制广州林一食品加工厂2013年12月的利润表。

利润表

会企 02 表

编制单位：广州林一食品加工厂　　　　2013 年度　　　　　　　　　单位：元

项目	本期金额	上期金额
一、营业收入		略
减：营业成本		
营业税金及附加		
销售费用		
管理费用		
财务费用		
资产减值损失		
加：公允价值变动收益（损失以"－"号填列）		
投资收益（损失以"－"号填列）		
其中：对联营企业和合营企业的投资收益		
二、营业利润（亏损以"－"号填列）		
加：营业外收入		
其中：非流动资产处置利得		
减：营业外支出		
其中：非流动资产处置损失		
三、利润总额（亏损总额以"－"号填列）		
减：所得税费用		
四、净利润（净亏损以"－"号填列）		
五、其他综合收益的税后净额		
（一）以后不能重分类进损益的其他综合收益		
1. 重新计量设定受益计划净负债或净资产的变动		
2. 权益法下在被投资单位以后会计期间不能重分类进损益的其他综合收益中所享有的份额		
（二）以后将重分类进损益的其他综合收益		
1. 权益法核算的在被投资单位以后会计期间在满足规定条件时将重分类进损益的其他综合收益中所享有的份额		
2. 可供出售金融资产公允价值变动形成的利得或损失		
3. 持有至到期投资重分类为可供出售金融资产形成的利得或损失		
4. 现金流量套期工具产生的利得或损失中属于有效套期的部分		
5. 外币财务报表折算差额		
六、综合收益总额		
七、每股收益		
（一）基本每股收益		
（二）稀释每股收益		

项目六　新会计年度年初工作

任务一　建　账

【知识链接】

一、账簿的概述

单位发生的各种经济业务，首先由会计凭证作了最初的反映。其中，原始凭证是对证明经济业务已经发生或完成的情况进行记录和证实，记账凭证则是经济业务的信息作了初步的会计确认和初步的分类记录（即是对审核无误的原始凭证进行归类整理后确定会计分录）。

从信息处理的角度来说，会计凭证记录了经济业务发生的全部数据，对会计对象作了全面的、最初的反映和描述。但是，这种反映和描述是非常分散、孤立、零碎的，缺乏科学的分析和加工，不能满足各方面的需要。所以，还需要对会计凭证的信息做进一步的加工处理，这项加工处理工作就是通过账簿来实现和进行的。

账簿是指由具有一定格式而又相互联系的账页组成，用以连续、系统、全面地记录各项经济业务的簿籍。在任何一个单位的会计核算体系中，账簿处于中间环节，对会计凭证和会计报表起到承前启后的作用。会计凭证所记载的经济业务，需要通过账簿加以归类整理；而会计报表所提供的各项指标，需要依据账簿的记录才能填列，会计账簿记录是编制会计报表的直接依据。所以，科学地设置和正确地登记账簿，对于完成会计工作有着重要的作用。

为便于了解和运用各种账簿，应按不同的标准进行分类：①按账簿的外表形式可分为订本式账簿、活页式账簿和卡片式账簿。②按账页的格式可分为三栏式账页、多栏式账页、数量金额式账页、横线登记式账页。③按用途可分为日记账簿（又称序时账）、分类账簿、备查类账簿。分类账又可分为总分类账簿和明细分类账簿。

新企业设立或老企业在新的会计年度开始时，会计人员应根据单位的经营规模、业务特点、机构和人员分工、会计核算手段等综合因素，确定会计账务处理程序，选择会计账簿的种类、外表形式、账页格式等，并登记各账簿的期初余额。期初建账是会计工作的起点。

1. 账簿的基本内容

各种账簿所记录的经济内容不同，账簿的格式又多种多样，不同账簿的格式及所包括的具体内容也是不同的，但各种账簿都应包括以下基本内容：

（1）封面。封面应标明账簿名称，如总账、应收账款明细账等。

（2）扉页。扉页应填列"账簿启用及经管人员一览表"和"账户目录"。

（3）账页。账页是会计账簿的主要内容，一般包括：①账户的名称，即会计科目。②日期栏，是记录登账日期。③凭证号栏，是登记记账凭证的种类和编号。④摘要栏，是登记所发生的经济业务的基本内容。⑤金额栏。⑥页次栏。

2. 启用账簿的规则

为了保证账簿的合规性和账簿资料的完整性，明确记账责任，各种账簿的登记都要有专人负责。

（1）启用账簿时，必须在账簿扉页上填列"账簿启用及经管人员一览表"，详细填写有关项目后加盖单位公章，并由会计主管人员和记账人员签章。同时，按"会计科目表"的科目排列顺序填写"账户目录"。

（2）更换记账人员时，应在会计主管的监督下办理交接手续，并在交接记录内填写有关项目后，由交接双方和会计主管签章。

二、账簿的更换和保管

1. 账簿的更换

每个单位都应根据自身业务的特点和经营管理的需要，遵循满足需求、讲求科学、适当简化的原则来设置一定种类和数量的账簿。为了保持账簿资料的连续性，新的年度开始时都需要重新建账。

（1）总账、日记账和大部分的明细账，每年更换一次。年初，要将旧账各账户年末余额直接转记到新账各账户的第一行中，也就是直接过账，并在"摘要"栏内加盖"上年结转"戳记。上年旧账各账户最后一行"摘要"栏内加盖"结转下年"戳记，并将其下面的空行划一条斜红线注销。旧账余额过入新账时，无须编制记账凭证。

（2）对于数额变动较小、内容格式特殊的明细账，如固定资产明细账，可以连续使用多年，而不必每年更换新账。

2. 账簿的保管

会计凭证、会计账簿和会计报表都是企业的会计档案和历史资料，必须妥善保管，不得丢失。正在使用的账簿，应由经管账簿的会计人员负责保管。年末结账后，会计人员应将活页账簿的空白页抽出，并在填写齐全的"账簿启用及经管人员一览表"、"账户目录"前加上封面，固定后装订成册。经统一编号后，与各种订本账一起归档保管。各种账簿的保管年限和销毁的审批程序，应按会计制度的规定严格执行。

三、总账账簿的设置方法

总分类账一般采用三栏式账页的订本式账簿。总分类账由封面、扉页和账页等构成，总分类账簿的封面一般印有"总账"名称。具体设置步骤如下：

（1）启用账簿。填写扉页上的"账簿启用表"。

（2）开设总分类账户。会计核算涉及的总账账户，应根据具体单位的经济业务，不论期初是否有余额，都需在总账中开设相应的账户如下所示，按业务情况预留张账页。

账簿启用表

单位名称			负责人	职别	姓名	盖章
账簿名称			单位负责人			
账簿编号	第 号		单位主管财会工作负责人			
账簿页数	本账簿共计 页		会计机构负责人			
启用日期	年 月 日		会计主管人员			

经管人员		接管				移交				监交		印花粘贴处
姓名	盖章	年	月	日	盖章	年	月	日	盖章	姓名	盖章	

总　账

总页数：25
本户页数：1

科目名称：库存现金

年		凭证号数	摘　要	借　方									贷　方									借或贷	余　额								
月	日			十	万	千	百	十	元	角	分	十	万	千	百	十	元	角	分		十	万	千	百	十	元	角	分		

（3）登记期初余额。总账如果上年末有余额，要把该余额引入为本年度账户中（如下表所示），具体操作如下：

1）日期栏填写期初日期。

2）摘要栏填写"上年结转"（非年初建账填写"期初余额"）。

3）在余额栏填写"借"或"贷"方向和金额（无余额的账户不需填写）。

总　账

总页数：25
本户页数：1

科目名称：库存现金

2014年		凭证号数	摘　要	借　方									贷　方									借或贷	余　额								
月	日			十	万	千	百	十	元	角	分	十	万	千	百	十	元	角	分		十	万	千	百	十	元	角	分		
1	1		上年结转																		借			3	5	5	3	1	0		

（4）填写账户目录。全部总账账户设置完成后，应在账簿的"账户目录表"中填写各账户的编号、科目名称和页码，以便查找（如下表所示）。

账户目录表

编号	科目	页码	编号	科目	页码	编号	科目	页码
1001	库存现金	1						
1002	银行存款	2						
……	……	……						

四、日记账的设置方法

日记账有普通日记账和特种日记账两类，企业一般只设特种日记账中的库存现金日记账和银行存款日记账。

库存现金日记账和银行存款日记账是用来核算和监督企业每天的收入、支出和结存情况的账簿，其格式有三栏式和多栏式两种。无论采用三栏式还是采用多栏式的日记账，都必须使用订本式账簿，为每一张账页顺序编号，以防止账页散失或被抽换，同时也便于查阅。

日记账账簿的设置操作和总分类账相似，具体步骤为：

（1）启用账簿。

（2）开设日记账账户。

（3）登记期初余额。

（4）填写账户目录。

五、明细分类账的设置方法

从经营管理的需要出发，在总账科目下应设置若干必要的明细账。根据反映经济业务的特点，以及财产物资管理的不同要求，选择、设计明细账账页和账簿，按建账步骤完成明细账账簿的设置。

明细分类账可根据具体需要选用三栏式、多栏式、数量金额式等多种格式。

（1）三栏式明细分类账。三栏式明细分类账账页只设有借方、贷方和余额三个金额栏，不设数量栏。其格式与三栏式总账相同。主要适用于资产、负债、所有者权益等只需要进行金额核算的明细分类账的登记。

三栏式明细分类账

总页数：25
本户页数：25

科目名称：利润分配—未分配利润

2014年		凭证号数	摘要	借方								贷方								借或贷	余额							
月	日			十万	千	百	十	元	角	分		十万	千	百	十	元	角	分			十万	千	百	十	元	角	分
1	1		上年结转																贷	9	6	3	0	0	0	0	0

银行存款日记账

开户银行：农行创新支行

银行账号：0374010040000256

年		凭证编号	摘要	银行凭证		借方金额								√	贷方金额								√	余额								√
月	日			种类	号码	十	万	千	百	十	元	角	分		十	万	千	百	十	元	角	分		十	万	千	百	十	元	角	分	

库存现金日记账

年	凭证编号	摘要	对方科目	借方金额								贷方金额								借或贷	余额							
				十	万	千	百	十	元	角	分	十	万	千	百	十	元	角	分		十	万	千	百	十	元	角	分

（2）多栏式明细分类账。多栏式明细分类账是根据经济业务的特点和经济管理的要求，在一张账页内记录某一科目及其所属的各明细科目的内容，按该总账科目的明细项目设专栏记录。可根据等级的经济业务不同，将账页格式分为借方多栏、贷方多栏和借方贷方均多栏三种格式。主要适用于成本费用、收入、利润等明细账的登记。

（3）数量金额式明细分类账。数量金额式明细分类账是在借方、贷方、余额栏内分别设置有数量、单价和金额三个栏次，适用于既要进行金额核算，又要进行实物数量核算的各种财产物资账户。如存货中的"原材料"、"库存商品"等科目。

周转材料　明细分类账

总 页 码 20

本户页次 8

明细科目：包装盒

类别：　　　　储存处所：　　　　规格：　　　　计量单位：个　　　　计量单价：3.00

2014年		凭证号数	摘　要	收　入											发　出											结　存										
月	日			数量	单价	金额										数量	单价	金额									数量	单价	金额								
						百	十	万	千	百	十	元	角	分			百	十	万	千	百	十	元	角	分			百	十	万	千	百	十	元	角	分
1	1		上年结转																							1000	3.00				3	0	0	0	0	0

明细分类账账簿一般采用活页式。设置明细分类账时，不用给每一明细账预留账页，只需在相关账簿中设置有期初余额的明细账户。对无期初余额的明细账户可以暂不开设，待业务发生时再设置。明细分类账账簿的设置操作和总分类账相似，具体步骤为：

（1）启用账簿。

（2）开设明细账账户。

（3）登记期初余额。

（4）填写账户目录。

【任务实训】

根据企业 2013 年各账户的具体情况开设 2014 年新账簿。

任务二　过　账

【知识链接】

一、过账

过账，即对所发生的经济业务根据审核无误的记账凭证登记在相应的总账、日记账和明细账的操作过程。登记账簿的规则如下：

1. 过账方法

登记账簿时，应将会计凭证日期、编号、业务内容摘要、金额和其他有关资料逐项计入登记入账，同时记账人员应在记账凭证上签名或盖章，并注明已记账（符号"√"），防止漏记、重记和错记情况的发生，也便于查阅、核对。

2. 记账数字

为了使账簿记录清晰并防止篡改，必须用蓝黑或黑色钢笔记账，不得使用圆珠笔（复写账簿除外）或铅笔记账。

红色金额数字在会计工作中表示负数，是蓝色的抵减数字。红色墨水钢笔只限于在下列情况下使用：一是采用红色更正法冲销错账记录；二是使用红线画线注销或画线结账；三是采用红蓝字登记法，在不设借方栏或贷方栏的多栏式明细账中，登记减少发生额；四是在没有注明余额方向的三栏式明细账中，登记负数余额；五是会计制度中规定使用红字登记的其他记录。

3. 基本栏目的填制

"日期"栏。登记记账凭证的填制日期。年栏，可填写两位数字；月栏，只在每页第一行、办理月结和变更月份时填写；日栏，在每页第一行、变更日期和办理月结时填写，日期与上行相同时可以不予填写。

"凭证号"栏。一般登记记账凭证的编号，如"收×、付×、转×"等。如果采用汇总方式登记总账，则可以写"科汇×"或"汇收×、汇付×、汇转×"。

"摘要"栏。摘要栏的文字可以居中书写（也可以使用印章）的有"月初余额"和"本月合计"、"承前页"和"过此页"、"上年结转"和"结转下年"等。每笔经济业务的具体摘要文字可以紧靠左线书写。记账的文字要压住底线书写，字高约占格高的1/2 摘要内容并不是一律照抄记账凭证的摘要，要根据不同的账簿、不同的记账依据，填写简明清楚的业务摘要。

"对方科目"栏。填写该笔会计业务分录中所登记科目的反向科目名称。如借："银行存款"科目，贷："主营业务收入"科目、"应交税费"。"银行存款"的对方科目是"主营业务收入"科目和"应交税费"科目；而"应交税费"的对方科目只是"银行存款"科目。

"金额"栏。其中借贷发生额栏根据规定的记账依据，或登记一方，或两方同时登记。余额栏中的"借或贷"和"余额"应同时登记（没有余额方向栏的账页除外），缺一不可。

凡是需要结出余额的账户，结出余额后，应当在"借或贷"栏目内注明"借"或"贷"字样，以示余额的方向；对于没有余额的账户，应在"借或贷"栏内写"平"字，并在"余额"栏"元"位上用"0"表示。

4. 连续登记

记账必须逐行逐页连续登记，不得跳行隔页登记。否则，应将空行空页画线注销。不得任意撕毁或抽换账页，以防舞弊。

每页登记完毕时，应办理转页手续。即在最后一行的摘要栏注明"过次页"。并在此页第一行的摘要栏注明"承前页"，同时将前页的余额结转到此页。

对需要结计"本月发生额"的账户，本页最后一行发生额合计数，应是自月初起至本页止的累计数。

对需要结计"本年累计发生额"的账户，本页最后一行发生额合计数，应是自年初起至本页止的累计数。

5. 错账更正

会计账簿记录发生错误，应根据错误的性质和发现时间不同，按规定的办法进行更正，不允许涂改、刮擦、药水消除字迹等手段进行更正而只能按规定的方法更正错账。

更正错账的方法有划线更正法、红字更正法和补充登记法。

错账类型及相应的更正步骤总结

错账类型			更正方法	更正步骤	
记账凭证正确，过账发生错误			划线更正法	①划线注销错误记录 ②更正人盖章 ③登记正确记录	
记账凭证错误并已过账	科目等错误		红字更正法	全部冲销	①填制一张红字金额凭证冲销错账 ②填制一张正确记账凭证登记入账
	金额错误	金额多记		部分冲销	填制红字金额凭证冲销多记金额
		金额少记	补充登记法	填制蓝字金额凭证补记少记金额	

二、对账

对账是指通过核对账簿记录，用以检查账簿是否正确的一种方法。账簿记录是否正确无误，并不完全取决于账簿本身，还会涉及记账的依据——会计凭证，以及记账的对象——实际情况。所以，对账包括账簿与凭证的核对、各种账簿之间的核对、账簿与实际情况的核对。

在实际工作中，由于各种原因，难免会发生记账差错或账实不符等情况，归纳起来，一般有两个主要原因：一是自然原因，如因财产物资的本身性质和自然条件变化所引起的溢余或短缺等。二是人为原因，如有关人员业务不熟、工作失职，甚至营私舞弊等。为了保证账簿记录的真实、正确和完整，必须做好对账工作。对账不一定都在期末结账时进行，有些重要的数字或者集中核对工作量太大的业务，也可以在平时进行。但不论平时是否核对账簿记录，在结账时都必须进行一次全面的核对。对账的内容如下：

1. 账证核对

账证核对是指各种账簿记录与有关会计凭证的核对。在实际工作中，由于凭证数量太多，要在结账时全部加以核对是不可能的。一般是在日常编制凭证和记账过程中通过复核来进行的，在期末结账时也可进行重点的抽查核对。账证核对相符是保证账账相符、账实相符的基础。

2. 账账核对

账账核对是指各种账簿之间有关数字的核对。主要内容包括：

（1）总账借方与贷方的核对（全部账户的试算平衡）。总分类账中全部账户的本期借方发生额合计与本期贷方发生额合计，全部账户的期末借方余额合计与期末贷方余额合计应分别核对相符。

（2）总账与日记账的核对。总分类账中现金、银行存款账户的本期发生额合计和期末余额应与现金、银行存款日记账的相应数字核对相符。

（3）总账与明细账的核对（平行登记的结果检查）。总分类账的本期发生额和期末余额应与所属的各明细分类账的本期发生额合计和期末余额合计核对相符。

（4）各部门财产物资明细账的核对。会计部门有关财产物资明细分类账的余额，与财产物资保管部门或使用部门相应的明细分类账的余额核对相符。

以上各种账簿之间的核对，可以直接核对，也可以通过编表核对。

3. 账实核对

账实核对是指各种财产物资和债权债务的账面余额与实存数额进行核对，主要内容包括：

（1）账款核对。现金日记账的账面余额，应与库存现金实存数额核对相符。

（2）账单核对。银行存款日记账的账面余额，应与开户银行的对账单核对相符。

（3）账物核对。各种财产物资明细分类账的账面余额，应与财产物资的实存数额核对相符。

（4）账人核对。各种应收、应付款明细分类账的账面余额，应与有关债务人、债权人核对相符。

以上各种账实核对，一般是通过财产清查的方法进行的。

三、结账

结账是在本期发生的经济业务全部入账的基础上，计算各账户本期发生额和余额，结束本期账簿记录的方法。

会计期末采用划通栏红线的方法进行结账。划结账红线的目的是为了在繁多的账户记录中突出有关数额，并明确划清各期记录的界限。由于各种账户所提供的指标作用不同，月结方法的繁简也不相同：

（1）本月没有发生额的账户，不必进行月结（不划结账红线）。

（2）所有总账以及应收款明细账、应付款明细账、财产物资明细账，只需在本月最后一笔记录下方划一条通栏红单线，表示"本期记录到此结束"。

（3）对于现金日记账和银行存款日记账，应在本月最后一笔记录下面划一条通栏单红线，并在下一行的摘要栏中居中书写"本月合计"，同时在该行结出本月发生额合计及余额，然后在"本月合计"行下面再划一条通栏单红线。

（4）对于应交税费明细账、成本类明细账和损益类明细账，从2月末开始，按月结出本年累计发生额。

（5）季度结账。应在本季度最后一个月的月结下方划一条通栏红线，表示本季结束；然后在下一行的摘要栏中居中书写"本季合计"，同时在该行结出本季发生额合计及余额，然后在"本季合计"行下方再划一条通栏单红线。

（6）年末结账。在各账户的本年最后一笔记录下方划通栏双红线，表示"年末封账"。

第二篇　知识拓展

项目一　货币资金

任务一　银行结算方式

【专业知识】

一、银行支付结算方式

中国人民银行颁发的《支付结算办法》规定，企业可选择使用的结算方式有支票、银行本票、银行汇票、汇兑、托收承付、商业汇票、委托收款、信用卡、信用证等。

（一）银行汇票

1. 定义及适用范围

银行汇票是指汇款人将款项交存当地出票银行，由出票银行签发的，并由其在见票时，按实际结算的金额无条件支付给收款人或持票人的票据。对于单位和个人的各种款项结算，同城或异地均可使用银行汇票。

银行汇票具有以下五个特点：

（1）票随人到，用款及时。银行汇票可由付款人携带至异地办理付款，利于单位和个人的急需用款。

（2）付款有保证。由于银行汇票是以银行信用作保证的，所以在使用银行汇票进行结算时，一般不会出现"空头"和无款支付的情况。

（3）使用灵活。持票人既可一笔转账，也可分次付款，还可根据需要通过银行办理转汇，持票人也可将银行汇票背书转让。

（4）兑现性强。异地付款需支付现金时，只要在汇款时向银行说明用途或以现金交汇，由汇出银行在签发银行汇票"汇款金额"栏大写金额前注明"现金"字样，就可以在兑付银行支取现金，这样，既可以避免长途携带现金的不便，又可以保证现金的安全。

（5）购物方便。持票人可以持票购物，收款人可见票发货，按货收款，余款退回，做到钱货两清。从而避免了不合理的预付款，做到了款项一次结清。

2. 银行汇票结算的基本规定

（1）银行汇票一律记名。汇款人申请办理银行汇票时，应在"银行汇票委托书"上详细填明兑付地点、收款人名称、账号、用途等项内容。能确定收款人的，需详细填明单位、个体经济户名或个人姓名；确定不了的，应填写汇款人指定的人员姓名。

（2）汇款人申请办理银行汇票时，应根据需要确定是否支付现金和允许转汇，如需支取现金，可在填写"银行汇票委托书"大写金额前注明"现金"字样，银行受理后签发带有"现金"字样的银行汇票；如明确不得转汇，可在"银行汇票委托书"备注栏注明"不得转汇"字样，银行将根据要求在签发的银行汇票用途栏注明"不得转汇"字样，这样汇票就不能再办理转汇。

（3）银行汇票金额起点为 500 元。

（4）银行汇票的付款期为一个月（不分大月、小月，统按次月对日计算，到期日遇节假日顺延）；逾期的银行汇票，兑付银行不予受理。

（5）汇款人持银行汇票可以向填明的收款单位或个体经济户直接办理结算，收款人为个人的也可以持转账的银行汇票经背书向兑付地的单位或个体经济户办理结算。

（6）在银行开立账户的收款人或被背书人受理银行汇票后，在汇票背面加盖预留银行印鉴章，连同解讫通知、进账单，送交开户银行办理转账。

（7）收款人受理银行汇票时，要注意审查如下内容：收款人或被背书人是否确为本收款人；银行汇票是否在付款期内，日期、金额等内容的填写是否正确无误；印章是否清晰，是否有用压数机压印的金额；银行汇票与解讫通知是否齐全、相符；汇款人与背书人的证明或证件是否真实，是否与背书相符。

（8）未在银行开立账户的收款人持银行汇票向银行支取款项时，必须交验本人身份证或兑付地有关单位足以证实收款人身份的证明，并在银行汇票背面盖章或签字，注明证件名称、号码及发证机关后，才能办理支取手续。

（9）专业银行参加"全国联行往来"的银行机构办理，跨系统银行签发的转账银行汇票的解付，应通过同城票据交换将银行汇票和解讫通知提交给同城的有关银行审核支付后抵用；省、自治区、直辖市内的跨省、市的经济区域内，按照有关规定办理。在不能签发银行汇票的银行开户的汇款人需要使用银行汇票时，应将款项转交能签发银行汇票的银行办理。

（10）支取现金的规定。收款人如需要在兑付地支取现金的，汇款人在填写"银行汇票委托书"时，须在"汇款金额"大写金额栏先填写"现金"字样，并填写汇款金额。

（11）分次支取的规定。收款人持银行汇票向银行支取款项时，如需分次支取，应以收款人的姓名开立临时存款户办理支付，临时存款户只付不收，付完清户，不计利息。

（12）转汇的规定。银行汇票可以转汇，可委托兑付银行重新签发银行汇票，但转汇的收款人和用途必须是原收款人和用途，兑付银行必须在银行汇票上加盖"转汇"戳记，已转汇的银行汇票，必须全额兑付。

（13）退汇的规定。汇款人因在银行汇票超过付款期或因其他原因要求退款时，可持银行汇票和解讫通知到签发银行办理退汇。

（14）挂失的规定。持票人如果遗失了填明"现金"字样的银行汇票，持票人应当立即向兑付银行或签发银行请求挂失。在银行受理挂失前（包括对方行收到挂失通知前）被冒领，银行概不负责。如果遗失了填明收款单位或个体经济户名称的汇票，银行不予挂失，可通知收款单位或个体经济户、兑付银行、签发银行请求协助防范。遗失的银行汇票在付款期满后1个月内，确未冒领的，可以办理退汇手续。

3. 银行汇票结算的程序

银行汇票结算经过承汇、结算、兑付和结清余额四个步骤，具体结算程序如下：

（1）汇款人委托银行办理汇票。

（2）银行签发汇票。

（3）汇款人使用汇票结算。

（4）持汇票进账或取款。

（5）通知汇票已解付。

（6）结算划拨。

（7）结算汇票退还余额。

4. 核算账户

在会计核算中，使用"其他货币资金——银行汇票"账户。

（二）银行本票

1. 银行本票及其适用范围

银行本票是申请人将款项交存银行，由银行签发给其凭以办理转账结算或支取现金的票据。按金额不同分为定额本票和不定额本票。银行本票适用于单位、个体经济户和个人在同城范围内的商品交易和劳务供应以及其他款项的结算。

银行本票的出票人，为经中国人民银行当地分支批准办理银行本票业务的银行机构，故与支票不同。其中，不定额银行本票由经办银行签发和兑付，定额本票则是由中国人民银行发行，各银行代办签发和兑付。

2. 本票结算的基本规定

（1）银行本票一律记名。

（2）银行本票允许背书转让。

（3）银行本票的付款期为2个月（不分大月、小月，统按次月对日计算，到期日遇节假日顺延）。逾期的银行本票，兑付银行不予受理。

（4）银行本票见票即付，不予挂失。遗失的不定额银行本票在付款期满后2个月确未冒领，可以办理退款手续。

（5）不定额本票的金额起点为100元，定额本票的面额分为1000元、5000元、10000元和50000元四种。

（6）银行本票需支取现金的，付款人应在"银行本票申请书"上填明"现金"字样，银行受理签发本票时，在本票上划去"转账"字样并盖章，收款人凭此本票即可支取现金。

3. 本票结算的程序

银行本票的结算程序，包括签发本票和款项结算两个阶段。具体程序如下：

（1）申请人办理银行本票，应向银行填写"银行本票申请书"，详细填明收款人名称、金额、日期等内容，并加盖预留银行印鉴，如个体经济户和个人需要支取现金的，还应填明"现金"字样，然后送本单位开户银行（未在银行开户的个人办理银行本票时，应先将现金交银行出纳部门，办理领取银行本票手续）。

（2）银行受理银行本票申请书，在收妥款项后，据以签发银行本票。需支取现金的，在银行本票上划去"转账"字样，加盖印章，不定额银行本票用压数机压印金额，将银行本票交给申请人。

（3）申请人持银行本票可以向填明的收款单位或个体经济户办理结算。

（4）收款人收到付款人交来的银行本票，经审查后，填写一式两联进账单连同收到的银行本票，交本单位开户银行办理收款人账手续。收款人为个人的也可以持转账的银行本票经背书向被背书人的单位或个体经济户办理结算，具有"现金"字样的银行本票可以向银行支取现金。

（5）收款开户行收妥入账，并通知收款人。

（6）银行间办理划拨。

4. 核算账户

在会计核算中，使用"其他货币资金——银行本票"账户。

（三）托收承付

1. 托收承付的含义及其适用范围

托收承付结算是指根据购销合同由收款人发货后委托银行向异地购货单位收取货款，购货单位根据合同核对单证或验货后，向银行承认付款的一种结算方式。

使用托收承付结算方式，必须是国有企业、供销合作社以及经营管理良好并经开户银行审查同意的城乡集体所有制工业企业。办理托收承付结算的款项必须是商品交易以及因商品交易而产生的劳务供应款项。代销、寄销、赊销商品的款项不得办理托收承付结算。

2. 托收承付结算的基本规定

托收承付业务具有使用范围较小、监督严格且信用度较高的特点，根据《支付结算办法》的规定，单位办理托收承付业务时，必须符合以下条件：

（1）使用托收承付结算方式的收款单位和付款单位，必须是国有企业、供销合作社以及经营管理较好，并经开户银行审查同意的城乡集体所有制工业企业。

（2）办理托收承付结算的款项，必须是商品交易，以及因商品交易而产生的劳务供应的款项。

（3）收付双方使用托收承付结算必须签有符合《经济合同法》的购销合同，并在合同上注明使用托收承付结算方式。

（4）收付双方办理托收承付结算，必须重合同、守信用。收款人对同一付款人发货托收累计3次收不回货款的，收款人开户银行应暂停收款人向该付款人办理托收；付款人累计3次提出无理由拒付的，付款人开户银行应暂停其向外办理托收。

（5）收款人办理托收，必须具有商品确已发运的证件（包括铁路、航运、公路等运输部门签发运单、运单副本和邮局包裹回执）。

（6）没有发运证件，属于下列情况的，可凭其他有关证件办理托收：

1）内贸、外贸部门系统内商品调拨，自备运输工具发送或自提的；易燃、易爆、剧毒、腐蚀性强的商品，以及电、石油、天然气等必须使用专用工具或线路、管道运输的，可凭付款人确已收到商品的证明（粮食部门凭提货单及发货明细表）。

2）铁路部门的材料厂向铁道系统供应专用器材，可供其签发注明车辆号码和发运日期的证明。

3）收款人承造或大修理船舶、锅炉和大型机器等工程进度分次结算的，可凭工程进度完工证明书。

4）付款人购进的商品，在收款人所在地转厂加工、配套的，可凭付款人和承担加工、配套单位的书面证明。

5）合同规定商品收款人暂时代为保管的，可凭寄存证明及付款人委托保管商品的证明。

6）使用"铁路集装箱"或将零担凑整车发运商品的，由于铁路只签发一张运单，可凭持有发运凭证单位出具的证明。

7）外贸部门进口商品，可凭国外发来的账单、进口公司开具的结算账单。

3. 托收承付结算的程序

（1）收款人发出商品。

（2）收款人委托银行收款。

（3）收款人开户行将托收凭证传递给付款人开户行。

（4）付款人开户行通知付款人承付。

（5）付款人承认付款。

（6）银行间划拨款项。

（7）通知收款人货款收妥入账。

4. 托收承付结算应注意的问题

托收承付结算方式分托收与承付两个阶段。

托收是指销货单位（即收款单位）委托其开户银行收取款项的行为。办理托收时，必须具有符合《合同法》规定的经济合同，并在合同上注明使用托收承付结算方式和遵守"发货结算"的原则。所谓"发货结算"是指收款方按照合同发货，并取得货物发运证明后，方可向开户银行办理托收手续。托收金额的起点为10000元。新华书店系统每笔金额起点为1000元。款项划转方式有邮划和电划两种，电划比邮划速度快，托收方可以根据缓急程度选用。

承付是指购货单位（即付款单位）在承付期限内，向银行承认付款的行为。承付方式有两种，即验单承付和验货承付。验单承付是指付款方接到其开户银行转来的承付通知和相关凭证并与合同核对相符后，就必须承认付款的结算方式。验单承付的承付期为3天，从付款人开户银行发出承付通知的次日算起，节假日顺延。验货承付是指付款单位除了验单外，还要等商品全部运达并验收入库后才承付货款的结算方式。验货承付的承付期为10天，从承运单位发出提货通知的次日算起，节假日顺延。

付款方若在验单或验货时发现货物品种、规格、数量、质量、价格等与合同规定不符，可在承付期内提出全部或部分拒付的意见。拒付款项要填写"拒绝承付理由书"送交其开户银行审查并办理拒付手续。应注意，拒付货款的商品是对方所有，必须为其妥善保管。付款人在承付期内未向开户银行提出异议，银行作默认承付处理，在承付期满的次日上午将款项主动从付款方账户划转到收款方账户。

付款方在承付期满后，如果其银行账内没有足够的资金承付货款，其不足部分作延期付款处理。延期付款部分要按一定比例支付给收款方赔偿金。待付款方账内有款支付时，由付款方开户银行将欠款及赔偿金一并划转给收款人。

5. 会计核算

在会计核算中，对债权方，使用"应收账款"账户；对债务方，使用"应付账款"账户。

二、银行存款的清查

企业银行存款日记账应定期与银行对账单核对，至少每月核对一次。核对时，将企业银行存款日记账与银行对账单逐笔核对，双方余额如果不一致，其原因可能是记账差错，也可能是存在未达账项。如果是记账差错，应立即更正；如果存在未达账项，应按月编制"银行存款余额调节表"调节相符。

所谓未达账项，是指企业与银行之间，由于结算凭证传递的时间差，而造成一方已经入账，而另一方因未收到结算凭证尚未入账的款项。未达账项有以下四种情况：

（1）企业已收款入账，银行尚未收款入账。

（2）企业已付款入账，银行尚未付款入账。

（3）银行已收款入账，企业尚未收款入账。

（4）银行已付款入账，企业尚未收款入账。

银行存款余额调节表的编制方法有多种。在会计实务中，多采用以双方的账面余额为起点，加减各自的未达账项，使双方的余额达到平衡。应该指出的是：银行存款余额调节表只是为了核对账目，并不能作为调整银行存款账面余额的原始凭证。

银行存款余额调节表

年　　月　　日　　　　　　　　　　　　　　　单位：元

项　目	金额	项　目	金　额
银行存款日记账余额		银行对账单余额	
加：银行已收，企业未收		加：企业已收，银行未收	
减：银行已付，企业未付		减：企业已付，银行未付	
调整后余额		调整后余额	

【相关案例】

案例1：6月5日，某公司销售产品一批，计价款30000元，增值税为5100元，货已发出，办理了托收手续。会计处理如下：

借：应收账款　　　　　　　　　　　　　　　　　　　　　35100

　　贷：主营业务收入　　　　　　　　　　　　　　　　　30000

　　　　应交税费——应交增值税（销项税额）　　　　　　5100

案例2：6月16日，前往银行办理面额为80000元的银行汇票用于归还前欠货款。会计处理如下：

借：其他货币资金——银行汇票　　　　　　　　　　　　　80000

```
        贷：银行存款                                    80000
    借：应付账款                    ·                   80000
        贷：其他货币资金——银行汇票                      80000
```

案例3：6月18日，公司收到明治公司前欠货款15000元。根据银行转来信汇凭证收账通知单，会计处理如下：

```
    借：银行存款                                        15000
        贷：应收账款——明治公司                          15000
```

案例4：12月19日，由君飞公司签发的期限为5个月、金额是40000元的商业汇票到期，君飞公司如期兑现。会计处理如下：

```
    借：银行存款                                        40000
        贷：应收票据——君飞公司                          40000
```

任务二　其他货币资金

【专业知识】

其他货币资金是指企业除库存现金、银行存款以外的其他各种货币资金，包括外埠存款、银行汇票存款、银行本票存款、信用卡存款、信用证保证金和存出投资款等。

一、外埠存款

外埠存款是指企业到外地进行临时或零星采购时，汇往采购地银行开立采购专户的款项。企业将款项委托当地银行汇往采购地开立专户时，根据汇出款项凭证编制付款凭证，借记"其他货币资金——外埠存款"科目，贷记"银行存款"科目；企业收到采购人员交来的供货单位发货票、账单等报销凭证时，据以编制转账凭证，借记"材料采购"或"原材料"、"库存商品"、"应交税费——应交增值税（进项税额）"等科目，贷记"其他货币资金——外埠存款"科目；用外埠存款采购结束将多余资金转回时，根据银行的收账通知编制收款凭证，借记"银行存款"科目，贷记"其他货币资金——外埠存款"科目。

二、银行汇票存款

银行汇票存款是指企业为取得银行汇票按照规定存入银行的款项。企业在填写银行汇票申请书并将款项交存银行，取得银行汇票后，根据银行签章退回的申请书存根联编制付款凭证，借记"其他货币资金——银行汇票"科目，贷记"银行存款"科目；企业使用银行汇票后，根据发票账单等有关凭证编制转账凭证，借记"材料采购"或"原材料"、"库存商品"、"应交税费——应交增值税（进项税额）"等科目，贷记"其他货币资金——银行汇票"科目；如有多余款或因汇票超过付款期限等原因而退回款项，企业应根据银行转来的银行汇票第四联（多余款收账通知），借记"银行存款"科目，贷记"其他货币资金——银行汇票"科目。

三、银行本票存款

银行本票存款是指企业为取得银行本票按照规定存入银行的款项。企业向银行提交银行本票申请书并将款项交给银行，取得银行签发的银行本票后，应根据银行签章退回的银行本票申请书存根联编制付款凭证，借记"其他货币资金——银行本票"科目，贷记"银行存款"科目；企业使用银行本票后，应根据发票账单等有关单据编制转账凭证，借记"材料采购"或"原材料"、"库存商品"、"应交税费——应交增值税（进项税额）"等科目，贷记"其他货币资金——银行本票"科目。若本票因超过付款期等原因要求退款时，应填写进账单一式两联，连同本票一并送交银行，根据银行盖章退回的进账单第一联编制收款凭证，借记"银行存款"科目，贷记"其他货币资金——银行本票"科目。

四、信用卡存款

信用卡存款是指企业为取得信用卡按照规定存入银行的款项。按使用对象不同，信用卡可分为单位卡和个人卡。单位卡账户资金一律从基本存款账户转入，不得交存现金，不得用于 10 万元以上的商品交易、劳务供应等，不得支取现金。企业应按规定填制申请表，连同支票和有关资料一并送交发卡银行，根据银行盖章退回的进账单第一联，借记"其他货币资金——信用卡存款"科目，贷记"银行存款"科目；企业用信用卡购物或支付有关费用，借记有关科目，贷记"其他货币资金——信用卡存款"科目；企业信用卡在使用过程中，需要向其账户续存资金的，借记"其他货币资金——信用卡存款"科目，贷记"银行存款"科目。

五、信用证保证金存款

信用证保证金存款是指企业为取得信用证而按规定存入银行的保证金。企业向银行申请开立信用证，应按规定向银行提交开证申请书、信用证申请人承诺书和购销合同。企业向银行交纳保证金，根据银行退回的进账单第一联编制付款凭证，借记"其他货币资金——信用证保证金"科目，贷记"银行存款"科目；根据开证行交来的信用证通知书及有关单据列明的金额，借记"材料采购"或"原材料"、"库存商品"、"应交税费——应交增值税（进项税额）"等科目，贷记"其他货币资金——信用证保证金"科目；企业未用完的信用证保证金余额转回开户银行时，根据收款通知编制收款凭证，借记"银行存款"，贷记"其他货币资金——信用证存款"科目。

六、存出投资款

存出投资款是指企业已存入证券公司但尚未进行短期投资的现金。企业向证券公司划出资金时，应按实际划出的金额，借记"其他货币资金——存出投资款"科目；购买股票、债券等时，按实际发生的金额，借记"交易性金融资产"科目，贷记"其他货币资金——存出投资款"科目。

企业应当加强对其他货币资金的管理，定期对其他货币资金进行检查，对于已经部分不能收回或者全部不能收回的其他货币资金，应当查明原因进行处理，有确凿证据表明无法收回的，应当根据企业管理权限报经批准后，借记"营业外支出"科目，贷记"其他货币资金"科目。

【相关案例】

案例1：2月19日，公司向开户银行申请办理银行汇票，公司开出汇票委托书并将款项10360元交存银行取得银行汇票。会计处理如下：

借：其他货币资金——银行汇票存款　　　　　　　　　　　　　10360
　　贷：银行存款　　　　　　　　　　　　　　　　　　　　　　　10360

2月20日，采用上述银行汇票办理采购货款的结算，其中货款8000元，增值税1360元，材料已验收入库。会计处理如下：

借：原材料　　　　　　　　　　　　　　　　　　　　　　　　8000
　　应交税费——应交增值税（进项税额）　　　　　　　　　　　1360
　　　贷：其他货币资金——银行汇票存款　　　　　　　　　　　　9360

2月20日，结算完毕，公司收到开户银行的收账通知，收到汇票余款1000元。会计处理如下：

借：银行存款　　　　　　　　　　　　　　　　　　　　　　　1000
　　贷：其他货币资金——银行汇票存款　　　　　　　　　　　　1000

案例2：2月21日，某公司到外地采购材料，开出汇款委托书，委托当地开户银行将采购款8000元汇往采购地银行开立采购专户。会计处理如下：

借：其他货币资金——外埠存款　　　　　　　　　　　　　　　8000
　　贷：银行存款　　　　　　　　　　　　　　　　　　　　　　8000

2月22日，收到采购人员交来报销凭证，其中货款6000元，增值税1020元，材料已验收入库。会计处理如下：

借：原材料　　　　　　　　　　　　　　　　　　　　　　　　6000
　　应交税费——应交增值税（进项税额）　　　　　　　　　　　1020
　　　贷：其他货币资金——外埠存款　　　　　　　　　　　　　7020

接当地银行通知，汇出的采购专户存款余额已汇回，存入公司的银行存款账户。会计处理如下：

借：银行存款　　　　　　　　　　　　　　　　　　　　　　　880
　　贷：其他货币资金——外埠存款　　　　　　　　　　　　　　880

案例3：某企业向证券公司划出款项800000元，拟进行短期投资。会计处理如下：

借：其他货币资金——存出投资款　　　　　　　　　　　　　800000
　　贷：银行存款　　　　　　　　　　　　　　　　　　　　　800000

案例4：A公司到B公司采购原材料，2月23日，填制银行汇票申请书36000元，根据银行汇票申请书存根联，会计处理如下：

借：其他货币资金——银行汇票　　　　　　　　　　　　　　36000
　　贷：银行存款　　　　　　　　　　　　　　　　　　　　　36000

2月24日，材料入库，货款30000元，增值税5100元，以面值36000元的银行汇票付讫，余款尚未收回。会计处理如下：

借：原材料　　　　　　　　　　　　　　　　　　　30000
　　应交税费——应交增值税（进项税额）　　　　　5100
　　贷：其他货币资金——银行汇票　　　　　　　　　　　35100

2月25日，收到银行转来多余款收账通知，金额为900元，系24日签发的银行汇票使用后的余额，会计处理如下：

借：银行存款　　　　　　　　　　　　　　　　　　900
　　贷：其他货币资金——银行汇票　　　　　　　　　　　900

项目二　金融资产

任务一　交易性金融资产

【专业知识】

一、交易性金融资产概述

交易性金融资产主要是指企业为了近期内出售而购入和持有的金融资产，例如企业以赚取差价为目的从二级市场购入的股票、债券、基金等。

满足下列条件之一的金融资产，应当划分为交易性金融资产：

（1）取得该金融资产的目的，主要是为了近期内出售。例如企业以赚取差价为目的从二级市场购入的股票、债券、基金等。

（2）属于进行集中管理的可辨认金融工具组合的一部分，且有客观证据表明企业近期采用短期获利方式对该组合进行管理。在这种情况下，即使组合中有某个组成项目持有的期限稍长也不受影响。这里的"金融工具组合"是指金融资产组合。

（3）属于衍生工具。但是，被指定为有效套期工具的衍生工具、属于财务担保合同的衍生工具、与在活跃市场中没有报价且其公允价值不能可靠计量的权益工具投资挂钩并须通过交付该权益工具结算的衍生工具除外。其中，财务担保合同是指保证人和债权人约定，当债务人不履行债务时，保证人按照约定履行债务或者承担责任的合同。

二、交易性金融资产的计量与核算

交易性金融资产无论是在初始确认还是在资产负债表日均按公允价值计量。为了核算交易性金融资产的取得、收取现金股利或债券利息、处置等业务，企业应当设置如下主要科目：

（1）"交易性金融资产"科目。该科目核算企业为交易目的所持有的债券投资、股票投资、基金投资等交易性金融资产的公允价值。企业持有的直接指定为以公允价值计量且其变动计入当期损益的金融资产也在"交易性金融资产"科目核算。企业应当按照交易性金融资产的类别和品种，分别设置"成本"、"公允价值变动"等明细科目进行核算。

借方	交易性金融资产	贷方
登记交易性金融资产的取得成本、资产负债表日其公允价值高于账面余额的差额等	登记资产负债表日其公允价值低于账面余额的差额，以及企业出售交易性金融资产时结转的成本和公允价值变动损益	

（2）"公允价值变动损益"科目。该科目核算企业交易性金融资产等公允价值变动而形成的应计入当期损益的利得或损失。"公允价值变动损益"作为损益项目列入利润表。

借方	公允价值变动损益	贷方
登记资产负债表日企业持有的交易性金融资产等公允价值低于账面余额的差额	资产负债表日企业持有的交易性金融资产等公允价值高于账面余额的差额	

（3）"投资收益"科目。该科目核算企业持有交易性金融资产等期间取得的投资收益以及处置交易性金融资产等实现的投资收益或投资损失。

借方	投资收益	贷方
登记企业为取得交易性金融资产所发生的相关交易费用及企业出售交易性金融资产等发生的投资损失	登记企业出售交易性金融资产等实现的投资收益	

交易性金融资产投资的目的是在保证资金流动性的前提下以能够承担的风险为代价获取证券的短期买卖价差收益，而不是将其长期持有，故这类投资处于时刻交易状态，在报表中将其归类于流动资产。与交易性金融资产相关的业务处理如下：

（一）交易性金融资产的取得

企业取得交易性金融资产时，应当按照该金融资产取得时的公允价值作为其初始确认金额，相关的交易费用计入当期损益。如果取得交易性金融资产所支付的价款中包含了已宣告但尚未发放的现金股利或已到付息期但尚未领取的债券利息的，应当单独确认为应收项目。账务处理如下：

借：交易性金融资产——成本（公允价值）
　　投资收益（发生的相关交易费用）
　　应收股利/应收利息（已宣告但尚未发放的现金股利或已到付息期但尚未领取的债券利息）
　　贷：银行存款/其他货币资金（实际支付的金额）

注意：交易费用是指可直接归属于购买、发行或处置金融工具新增的外部费用，包括支付给代理机构、咨询公司、券商等的手续费和佣金及其他必要支出，但不包括债券溢折价、融资费用、内部管理成本及其他与交易不直接相关的费用。企业取得交易性金融资产时所发生的相关交易费用不记入"财务费用"科目的借方，而是记入"投资收益"科目的借方。

实际收到购买日支付所含的已宣告但尚未发放的现金股利或已到付息期但尚未领取的

债券利息时的账务处理如下：

借：银行存款

　　贷：应收股利/应收利息

（二）持有期间的股利或利息

企业在持有交易性金融资产的期间里，对于被投资单位宣告发放的现金股利或企业在资产负债表日按分期付息、一次还本债券投资的票面利率计算的利息收入，应当确认为投资收益，同时也应确认为应收项目。账务处理如下：

借：应收股利/应收利息

　　贷：投资收益

实际收到股利或利息时，账务处理如下：

借：银行存款

　　贷：应收股利/应收利息

（三）资产负债表日公允价值变动

在资产负债表日，交易性金融资产应当按照公允价值计量，公允价值与账面余额之间的差额计入当期损益。如果交易性金融资产公允价值高于其账面余额时，账务处理如下：

借：交易性金融资产——公允价值变动（公允价值高于账面余额的差额）

　　贷：公允价值变动损益

如果是交易性金融资产公允价值低于其账面余额则做相反的会计分录。

（四）出售交易性金融资产

企业出售交易性金融资产的账务处理关键就是确定出售损益。交易性金融资产的出售损益应按实际收到的金额扣除交易性金融资产原账面价值及出售环节所发生的费用后的差额确认。如果出售时存在已宣告但尚未领取的现金股利或尚未收到的应收利息，也应该从收入中扣除。账务处理如下：

借：银行存款（实际收到的金额）

　　贷：交易性金融资产——成本（交易性金融资产初始成本）

　　　　　　　　　　——公允价值变动（该金融资产累计的公允价值变动金额，
　　　　　　　　　　　或在借方）

　　　应收股利/应收利息（已宣告但尚未发放的现金股利或已到付息期但尚未领
　　　　取的应收利息）

　　　投资收益（差额，或在借方）

同时，要将该交易性金融资产持有期间已累计的公允价值变动净损益转入"投资收益"账户。账务处理如下：

借：公允价值变动损益

　　贷：投资收益

或者

借：投资收益

　　贷：公允价值变动损益

注意：上述关于企业出售交易性金融资产的账务处理共分两笔分录进行业务处理。但实际上可以合为一笔分录。

【相关案例】

案例1： 2014年1月5日，A公司存入证券公司1000万元备用。1月9日，A公司委托证券公司从上海证券交易所购入B上市公司股票50万股，并将其划分为交易性金融资产。该笔股票投资在购买日的公允价值为900万元。另支付相关交易费用金额为2.5万元。要求：编制A公司的账务处理。

（1）2014年1月5日，存入证券公司1000万元时：

借：其他货币资金——存出投资款	10000000
贷：银行存款	10000000

（2）2014年1月9日，购入B上市公司股票时：

借：交易性金融资产——成本	9000000
投资收益	25000
贷：其他货币资金——存出投资款	9025000

案例2： 2014年1月8日，A公司购入B公司发行的公司债券，该笔债券于2013年7月1日发行，面值为2000万元，票面利率为4%，债券每年末付息一次，次年的2月份收到。A公司将其划分为交易性金融资产，以银行存款支付价款为2100万元（其中包括已到付息期尚未领取的债券利息40万元）和交易费用30万元。2014年2月5日，A公司收到该笔债券利息40万元。2015年2月5日，A公司收到债券利息80万元。要求：编制A公司的账务处理。

（1）2014年1月8日，购入B公司债券时：

借：交易性金融资产——成本	20600000
应收利息	400000
投资收益	300000
贷：银行存款	21300000

（2）2014年2月5日，收到购买价款中所包含的已到付息期尚未领取的债券利息时：

借：银行存款	400000
贷：应收利息	400000

（3）2014年12月31日，确认B公司的公司债券利息收入时：

借：应收利息	800000
贷：投资收益	800000

（4）2015年2月5日，收到B公司的公司债券利息时：

借：银行存款	800000
贷：应收利息	800000

案例3： 承案例2，2014年12月31日，A公司购买的该笔债券的市价为2080万元。要求：编制A公司的账务处理。

2014年12月31日，该笔债券的公允价值为2080万元，账面余额为2060万元，公允价值大于账面余额20万元，应计入"公允价值变动损益"科目的贷方。A公司应做如下账务处理：

借：交易性金融资产——公允价值变动	200000

　　　贷：公允价值变动损益　　　　　　　　　　　　　　　　　　200000

　　案例 4：承案例 2 和案例 3，假定 2015 年 2 月 25 日，A 公司出售了所持有的 B 公司发行的公司债券，售价为 2085 万元。A 公司的账务处理为：

　　　借：银行存款　　　　　　　　　　　　　　　　　　　　　20850000
　　　　贷：交易性金融资产——成本　　　　　　　　　　　　　　20600000
　　　　　　　　　　　　　　——公允价值变动　　　　　　　　　200000
　　　　　　投资收益　　　　　　　　　　　　　　　　　　　　　50000

　　同时：

　　　借：公允价值变动损益　　　　　　　　　　　　　　　　　　200000
　　　　贷：投资收益　　　　　　　　　　　　　　　　　　　　　200000

任务二　持有至到期投资

【专业知识】

一、持有至到期投资概述

　　持有至到期投资是指到期日固定、回收金额固定或可确定，且企业有明确意图和能力持有至到期的非衍生金融资产。因为股权投资没有固定到期日，所以，从性质上看，持有至到期投资属于债券性投资，其具体特征如下：

　　（一）到期日固定、回收金额固定或可确定

　　到期日固定、回收金额固定或可确定，是指相关合同明确了投资者在确定期间内获得或应收取现金流量（例如投资利息和本金等）的金额和时间。

　　（二）有明确意图持有至到期

　　有明确意图持有至到期是指投资者在取得投资时意图就是明确的，除非遇到一些企业所不能控制、预期不会重复发生且难以合理预计的独立事件，否则将持有至到期。存在下列情况之一的，表明企业没有明确意图将金融资产投资持有至到期：

　　（1）持有该金融资产的期限不确定。

　　（2）发生市场利率变化、流动性需要变化、替代投资机会及其投资收益率变化、融资来源和条件变化及外汇风险变化等情况时，将出售该金融资产。但是，无法控制、预期不会重复发生且难以合理预计的独立事项引起的金融资产出售除外。

　　（3）该金融资产的发行方可以按照明显低于其摊余成本的金额清偿。

　　（4）其他表明企业没有明确意图将该金融资产持有至到期的情况。

　　（三）有能力持有至到期

　　有能力持有至到期是指企业有足够的财务资源，并不受外部因素影响将投资持有至到期。

　　存在下列情况之一的，表明企业没有能力将具有固定期限的金融投资持有至到期：

　　（1）没有可利用的财务资源持续地为该金融资产投资提供资金支持，以使该金融资产投资持有至到期。

（2）受法律、行政法规的限制，使企业难以将该金融资产投资持有至到期。

（3）其他表明企业没有能力将具有固定期限的金融资产投资持有至到期的情况。

企业应当于每个资产负债表日对持有至到期投资的意图和能力进行评价。发生变化的，应当将其重分类为可供出售金融资产进行处理。

（四）到期前处置或重分类对所持有剩余非衍生金融资产的影响

企业将持有至到期投资在到期前处置或重分类，通常表明其违背了将投资持有至到期的最初意图。如果处置或重分类前的金额较大，则企业在处置或重分类后应立即将其剩余的持有至到期投资（即全部持有至到期投资扣除已处置或重分类的部分）重分类为可供出售金融资产，且在本会计年度及以后两个完整的会计年度内不得再将该金融资产划分为持有至到期投资。

例如，某企业在 2013 年将某项持有至到期投资重分类为可供出售金融资产或出售了一部分，且重分类或出售部分的金额相对于该企业没有重分类或出售之前全部持有至到期投资总额比例较大，那么该企业应当将剩余的其他持有至到期投资划分为可供出售金融资产，而且在 2013 年和 2014 年两个完整的会计年度内不能将该金融资产划分为持有至到期投资。

二、持有至到期投资的计量与核算

取得持有至到期投资时按公允价值计量，其后续计量采用摊余成本。所谓持有至到期投资的摊余成本是指持有至到期投资的初始确认金额经下列调整后的结果：①扣除已偿还的本金；②加上或减去采用实际利率法将该初始确认金额与到期日的差额进行摊销形成的累积摊销额；③扣除已发生的减值损失。

企业对持有至到期投资应设置"持有至到期投资"账户进行核算。该账户属于非流动资产类账户，按照持有至到期投资的类别和品种，分别设置"成本"、"利息调整"、"应计利息"等明细科目进行核算。

借方	持有至到期投资	贷方
登记企业取得债券的面值、债券溢价、债券折价摊销、债券应计利息	登记债券折价、债券溢价摊销	

与持有至到期投资相关的账务处理如下：

（一）持有至到期投资的取得

借：持有至到期投资——成本（债券的面值）

应收利息（已到付息期但尚未领取的利息）

持有至到期投资——利息调整（差额，或在贷记）

贷：银行存款（实际支付的金额）

（二）资产负债表日计算利息

在平价购入债券的情况下，债券按票面面值和票面利率计算的应收利息与债券的实际利息收入（即投资收益）是一致的。但在溢价或折价购入债券的情况下，则是不一致的。实际利息收入是按实际利率和持有至到期投资的摊余成本计算确定的。实际利率是指将金融资产在预期存续期间或适用的更短期间内的未来现金流量，折现为该金融资产当前账面价值所使用的利率。有关计算如下：

每期应收债券利息 = 债券面值 × 票面利率 × 期限

每期实际利息收入 = 债券期初摊余成本 × 实际利率 × 期限

每期分摊溢价金额 = 各期应收债券利息 − 当期实际利息收入

每期分摊折价金额 = 当期实际利息收入 − 各期应收债券利息

债券到期，溢价或折价的金额应分摊完毕。此时，持有至到期投资的摊余成本与债券的面值相等。

（1）如果持有至到期投资是分期付息、一次还本的债券投资，账务处理如下：

借：应收利息（按票面利率计算确定的应收未收利息）

　　贷：投资收益（实际利息收入）

　　　　持有至到期投资——利息调整（差额，或在借记）

（2）如果持有至到期投资是一次还本付息的债券投资，账务处理如下：

借：持有至到期投资——应计利息（按票面利率计算确定的应收未收利息）

　　贷：投资收益（实际利息收入）

　　　　持有至到期投资——利息调整（差额，或在借记）

（三）持有至到期投资减值损失的核算

在资产负债表日，企业应对持有至到期投资进行减值测试。持有至到期投资以摊余成本进行后续计量，如果持有至到期投资的预计未来现金流量现值小于其账面价值，则表明该项持有至到期投资发生了减值。发生减值时，账务处理如下：

借：资产减值损失

　　贷：持有至到期投资减值准备

已计提减值准备的持有至到期投资的价值若在以后又得以恢复，应在原已计提的减值准备金额内，按恢复增加的金额作账务处理如下：

借：持有至到期投资减值准备

　　贷：资产减值损失

（四）将持有至到期投资进行重分类

企业应当于每个资产负债表日对持有至到期投资的意图和能力进行评价。发生变化的，应当将其重分类为可供出售金融资产进行处理。在重分类日，业务处理如下：

借：可供出售金融资产（该金融资产的公允价值）

　　贷：持有至到期投资——成本

　　　　　　　　　　　——应计利息（累计应收而未收的利息）

　　　　　　　　　　　——利息调整（或在借方）

　　　　资本公积——其他资本公积（差额，或在借方）

如果已计提减值准备的，还应同时结转减值准备。

（五）出售持有至到期投资

借：银行存款（实际收到的金额）

贷：持有至到期投资——成本

　　　　　　——应计利息（累计应收而未收的利息）

　　　　　　——利息调整（或在借方）

　　投资收益（差额，或在借方）

如果已计提减值准备的，还应同时结转减值准备。

【相关案例】

案例：甲公司 2013 年 1 月 1 日购入 A 公司同日发行的 3 年期公司债券作为持有至到期投资，公允价值为 5275 万元，同时支付相关费用 5 万元，债券面值 5000 万元，每年付息一次，到期还本，该债券票面利率 6%，实际利率 4%。

（1）2013 年 1 月 1 日购入时：

借：持有至到期投资——成本　　　　　　　　　　　　　　50000000

　　　　　　　——利息调整　　　　　　　　　　　　　　　2800000

　　贷：银行存款　　　　　　　　　　　　　　　　　　　　52800000

（2）2013 年 12 月 31 日，确认债券的投资收益及溢价摊销时：

应收利息 $= 5000 \times 6\% = 300$（万元）

实际利息收入 $= 5280 \times 4\% = 211.2$（万元）

债券溢价摊销 $= 300 - 211.2 = 88.8$（万元）

借：应收利息　　　　　　　　　　　　　　　　　　　　　3000000

　　贷：投资收益　　　　　　　　　　　　　　　　　　　　2112000

　　　　持有至到期投资——利息调整　　　　　　　　　　　　888000

（3）2014 年 12 月 31 日，确认债券的投资收益及溢价摊销时：

应收利息 $= 5000 \times 6\% = 300$（万元）

实际利息收入 $= (5280 - 88.8) \times 4\% = 207.648$（万元）

债券溢价摊销 $= 300 - 207.648 = 92.352$（万元）

借：应收利息　　　　　　　　　　　　　　　　　　　　　3000000

　　贷：投资收益　　　　　　　　　　　　　　　　　　　　2076480

　　　　持有至到期投资——利息调整　　　　　　　　　　　　923520

（4）2015 年 12 月 31 日，确认债券的投资收益及溢价摊销时：

应收利息 $= 5000 \times 6\% = 300$（万元）

债券溢价摊销 $= 280 - 88.8 - 92.352 = 98.848$（万元）

实际利息收入 $= 300 - 98.848 = 201.152$（万元）

借：应收利息　　　　　　　　　　　　　　　　　　　　　3000000

　　贷：投资收益　　　　　　　　　　　　　　　　　　　　2011520

　　　　持有至到期投资——利息调整　　　　　　　　　　　　988480

（5）每年收到利息时：

借：银行存款　　　　　　　　　　　　　　　　　　　　　3000000

　　贷：应收利息　　　　　　　　　　　　　　　　　　　　3000000

（6）到期收回本金时：

借：银行存款   50000000
    贷：持有至到期投资——成本   50000000

任务三 可供出售金融资产

【专业知识】

一、可供出售金融资产的概述

可供出售金融资产，是指初始确认时即被指定为可供出售的非衍生金融资产以及下列各类资产以外的金融资产：①贷款和应收款项。②持有至到期投资。③以公允价值计量且其变动计入当期损益的金融资产。例如，企业购入的在活跃市场上有报价的股票、债券和基金等，没有划分为以公允价值计量且其变动计入当期损益的金融资产或持有至到期投资等金融资产的，可归为此类。相对于交易性金融资产而言，可供出售金融资产的持有意图不明确。

注意：按照2014年最新企业会计准则的相关规定，投资企业对被投资单位不具有共同控制或重大影响，并且在活跃市场中没有报价、公允价值不能可靠计量的股权投资，作为按成本计量的可供出售金融资产进行核算。

二、可供出售金融资产的计量与核算

为反映企业可供出售金融资产的购入、持有、出售以及持有期内的公允价值变动情况，会计上设置"可供出售金融资产"账户进行核算。该账户属非流动资产类账户，按照可供出售金融资产类别和品种，分别设置"成本"、"利息调整"、"应计利息"、"公允价值变动"等明细账户进行明细核算。具体账务处理如下：

（一）可供出售金融资产的取得

（1）企业取得可供出售金融资产为股票投资时：

借：可供出售金融资产——成本（公允价值与交易费用之和）
    应收股利（已宣告但尚未发放的现金股利）
    贷：银行存款（实际支付的金额）

（2）企业取得的可供出售金融资产为债券投资时：

借：可供出售金融资产——成本（债券的面值）
    应收利息（已到付息期但尚未领取的利息）
    贷：银行存款（实际支付的金额）
        可供出售金融资产——利息调整（差额，或在借方）

（二）资产负债表日计算利息

1. 企业取得可供出售金融资产为股票投资

如果被投资方宣告发放现金股利时，账务处理如下（未宣告则不做账务处理）：

借：应收股利
    贷：投资收益

2. 企业取得的可供出售金融资产为债券投资

如果企业取得的可供出售金融资产为债券投资，债券利息的计算与持有至到期投资计算方法一样。

（1）可供出售金融资产为分期付息，一次还本的债券投资：

借：应收利息（按票面利率计算确定的应收未收利息）

　　贷：投资收益（实际利息收入）

　　　　可供出售金融资产——利息调整（差额，或在借记）

（2）可供出售金融资产为一次还本付息的债券投资：

借：可供出售金融资产——应计利息（按票面利率计算确定的应收未收利息）

　　贷：投资收益（实际利息收入）

　　　　可供出售金融资产——利息调整（差额，或在借记）

（三）资产负债表日公允价值变动

资产负债表日，如果可供出售金融资产的公允价值高于其账面余额，则将按其差额做如下账务处理：

借：可供出售金融资产——公允价值变动

　　贷：资本公积——其他资本公积

如果是可供出售金融资产公允价值低于其账面余额，则做相反的会计分录。

（四）可供出售金融资产减值损失的核算

如果可供出售金融资产的公允价值发生较大幅度或持续下降，可以认定该金融资产发生了减值，应当确认资产减值损失。在确定可供出售金融资产发生减值时，账务处理如下：

借：资产减值损失

　　贷：资本公积——其他资本公积

　　　　可供出售金融资产——公允价值变动

对于已确认减值损失的可供出售债务工具，在随后会计期间内公允价值已上升且客观上与确认原减值损失后发生的事项有关的，应按原确认的减值损失范围内按已恢复的金额予以转回，账务处理如下：

借：可供出售金融资产——公允价值变动

　　贷：资产减值损失

对于已确认减值损失的可供出售权益工具投资，在该权益工具价值回升时，应通过权益转回，不得通过损益转回。账务处理如下：

借：可供出售金融资产——公允价值变动

　　贷：资本公积——其他资本公积

但是，在活跃市场上没有报价且公允价值不能可靠计量的权益工具投资，或与该权益工具挂钩并须通过交付该权益工具结算的衍生金融资产发生的减值损失，不得转回。

注意： 投资企业对被投资单位不具有共同控制或重大影响，并且在活跃市场中没有报价、公允价值不能可靠计量的长期股权投资发生减值时，应当将不具有重大影响或共同控制、且该投资不存在活跃的交易市场的该项投资账面价值，与按照类似金融资产当时市场收益率对未来现金流量折现确定的现值之间的差额，确认为减值损失，计入当期损益。借记"资产减值损失"科目，贷记"可供出售金融资产——减值准备"科目。

（五）出售可供出售金融资产

借：银行存款

　　贷：可供出售金融资产——成本

　　　　　　　　　　　——公允价值变动（或在借方）

　　　　　　　　　　　——应计利息

　　　　　　　　　　　——利息调整（或在借方）

　　　　投资收益（或在借方）

同时，还应按其从所有者权益中转出的公允价值累计变动额转入"投资收益"账户。
账务处理如下：

借：资本公积——其他资本公积

　　贷：投资收益

或者：

借：投资收益

　　贷：资本公积——其他资本公积

【相关案例】

案例1：2014年5月20日，甲公司从深圳证券交易所购入乙公司股票1000000股，支付价款合计5080000元，其中，证券交易税等交易费用8000元，已宣告但尚未发放现金股利72000元。甲公司将其划分为可供出售金融资产。2014年6月20日，收到乙公司发放的现金股利72000元。2014年12月31日，乙公司股票收盘价为每股4.90元。2015年1月15日，以每股5元的价格将股票全部出售，同时支付证券交易税等交易费用7000元。要求：编制甲公司有关的账务处理。

（1）2014年5月20日购入乙公司股票时：

借：可供出售金融资产——成本	5008000
应收股利	72000
贷：银行存款	5080000

（2）2014年6月20日收到乙公司发放的现金股利时：

借：银行存款	72000
贷：应收股利	72000

（3）2014年12月31日公允价值发生变动时：

借：资本公积——其他资本公积	108000
贷：可供出售金融资产——公允价值变动	108000

（4）2015年1月15日出售股票时：

借：银行存款	4993000
可供出售金融资产——公允价值变动	108000
贷：可供出售金融资产——成本	5008000
投资收益	93000
借：投资收益	108000
贷：资本公积——其他资本公积	108000

案例 2：甲企业 2014 年 1 月 1 日购入乙公司同日发行的两年期债券，该债券面值为 100 万元，票面利率为 4%，实际利率为 5%，实际支付价款 981406 元，每年付息一次，划分为可供出售金融资产。要求：编制甲公司 2014 年的账务处理。

（1）2014 年 1 月 1 日购入债券时：

借：可供出售金融资产——成本　　　　　　　　　　　　　　　1000000
　　贷：银行存款　　　　　　　　　　　　　　　　　　　　　　　　981406
　　　　可供出售金融资产——利息调整　　　　　　　　　　　　　　18594

（2）2014 年 12 月 31 日计算利息：

实际利息收入 = 期初摊余成本 × 实际利率 = 981406 × 5% = 49070（元）

应收利息 = 债券面值 × 票面利率 = 1000000 × 4% = 40000（元）

利息调整 = 49070 − 40000 = 9070（元）

借：应收利息　　　　　　　　　　　　　　　　　　　　　　　40000
　　可供出售金融资产——利息调整　　　　　　　　　　　　　　　9070
　　　　贷：投资收益　　　　　　　　　　　　　　　　　　　　　49070

实际收到利息时：

借：银行存款　　　　　　　　　　　　　　　　　　　　　　　40000
　　　　贷：应收利息　　　　　　　　　　　　　　　　　　　　　40000

案例 3：甲公司 2013 年 7 月，取得对乙公司 5% 的股权，成本为 800 万元。2014 年 2 月，甲公司又以 1200 万元取得乙公司 6% 的股权。假定甲公司对乙公司的生产经营决策不具有重大影响或共同控制，且该投资不存在活跃的交易市场，公允价值无法取得。2014 年 3 月，乙公司宣告分派现金股利，甲公司按其持股比例可取得 10 万元。假设 2014 年 12 月 31 日确认以上投资发生减值 5000 元。要求：编制年公司有关的账务处理。

（1）2013 年 7 月取得股权时：

借：可供出售金融资产——成本　　　　　　　　　　　　　　　8000000
　　　　贷：银行存款　　　　　　　　　　　　　　　　　　　　8000000

（2）2014 年 2 月追加投资时：

借：可供出售金融资产——成本　　　　　　　　　　　　　　　12000000
　　　　贷：银行存款　　　　　　　　　　　　　　　　　　　　12000000

（3）2014 年 3 月乙公司宣告分派现金股利时：

借：应收股利　　　　　　　　　　　　　　　　　　　　　　　100000
　　　　贷：投资收益　　　　　　　　　　　　　　　　　　　　　100000

（4）2014 年 12 月确认发生减值时：

借：资产减值损失　　　　　　　　　　　　　　　　　　　　　5000
　　　　贷：可供出售金融资产——减值准备　　　　　　　　　　　　5000

案例 4：2013 年 7 月 1 日，丙公司从股票二级市场以每股 30 元（含已宣告发放但尚未领取的现金股利 0.4 元）的价格购入丁公司发行的股票 100 万股，占丁公司有表决权股份的 5%，对丁公司无重大影响，丙公司将该股票划分为可供出售金融资产。其他资料如下：

（1）2013 年 7 月 10 日，丙公司收到丁公司发放的 2012 年现金股利 400 万元。

（2）2013 年 12 月 31 日，该股票的市场价格为每股 26 元。丙公司预计该股票的价格下跌是暂时的。

（3）2014 年，丁公司因违反相关证券法规，受到证券监管部门查处。受此影响，丁公司股票的价格发生下跌。2015 年 12 月 31 日，该股票的市场价格下跌到每股 12 元。

（4）2015 年，丁公司整改完成，加之市场宏观面好转，股票价格有所回升，至 12 月 31 日，该股票的市场价格上升到每股 20 元。

要求：假定 2014 年和 2015 年均未分派现金股利，不考虑其他因素的影响，请编制丙公司有关的账务处理。

（1）2013 年 7 月 1 日购入股票时：

借：可供出售金融资产——成本　　　　　　　　　　　29600000
　　应收股利　　　　　　　　　　　　　　　　　　　 400000
　　　贷：银行存款　　　　　　　　　　　　　　　　　　 30000000

（2）2013 年 7 月确认现金股利时：

借：银行存款　　　　　　　　　　　　　　　　　　　 400000
　　　贷：应收股利　　　　　　　　　　　　　　　　　　　 400000

（3）2013 年 12 月 31 日确认股票公允价值变动时：

借：资本公积——其他资本公积　　　　　　　　　　　 3600000
　　　贷：可供出售金融资产——公允价值变动　　　　　　 3600000

（4）2014 年 12 月 31 日，确认股票投资的减值损失时：

借：资产减值损失　　　　　　　　　　　　　　　　 17600000
　　　贷：资本公积——其他资本公积　　　　　　　　　　 3600000
　　　　　可供出售金融资产——公允价值变动　　　　　 14000000

（5）2015 年 12 月 31 日确认股票价格上涨

借：可供出售金融资产——公允价值变动　　　　　　　 8000000
　　　贷：资本公积——其他资本公积　　　　　　　　　　 8000000

任务四　坏账损失

【专业知识】

一、坏账损失概述

（一）坏账损失的概念

坏账是指企业无法收回或收回的可能性极小的应收款项，包括应收账款和其他应收款等。由于发生坏账而产生的损失，称为坏账损失。

（二）坏账损失的确认

企业确认坏账时，应遵循财务报告的目标和会计核算的基本原则，具体分析各应收账款的特性、金额的大小、信用期限、债务人的信誉和当时的经营情况等因素。一般来讲，企业的应收账款符合下列条件之一的，应确认为坏账：.

（1）债务人破产或死亡，以其破产财产或遗产清偿后仍然无法收回。

（2）债务人较长时期内未履行其偿债义务，并有足够的证据表明无法收回或收回的可能性极小。

企业应当在期末对应收账款进行检查，并预计可能产生的坏账损失。对预计可能发生的坏账损失，计提坏账准备。企业计提坏账准备的方法由企业自行确定。企业应当制定计提坏账准备的政策，明确计提的范围、方法、账龄的划分和提取比例，按照管理权限，经股东大会或董事会，或经理（厂长）会议或类似机构批准，按照法律、行政法规的规定报有关各方备案，并备置于企业所在地，以供投资查阅。坏账准备计提方法一经确定，不得随意变更，如需变更，仍需按上述程序，经批准后报送有关各方备案，并在会计报表附注中予以说明。

在计提坏账准备时，应注意以下几个问题：

第一，除有确凿证据表明该项应收款项不能收回或收回的可能性不大外（如债务单位已撤销、破产、资不抵债、现金流量严重不足、发生严重的自然灾害等导致停产而在短时间内无法偿付债务等以及3年以上的应收款项），下列情况不能全额计提坏账准备：

（1）当年发生的应收款项。

（2）计划对应收款项进行重组。

（3）与关联方发生的应收款项。

（4）其他已逾期，但无确凿证据表明不能收回的应收款项。

第二，对于企业的预付账款，如有确凿证据表明其不符合预付账款性质，或者因供货单位破产、撤销等原因已无望再收到所购货物时，应当将原计入预付账款的金额转入其他应收款，并按规定计提坏账准备。

第三，企业不应对应收票据计提坏账准备，而应等应收票据到期不能收回转入应收账款后，再按规定计提坏账准备。

二、坏账损失的核算

坏账损失的核算方法一般有两种：直接转销法和备抵法。我国《企业会计准则》规定，企业应采用备抵法核算坏账损失。

（一）备抵法的概念

备抵法是指采用一定的方法按期估计坏账损失，计入当期费用，同时建立"坏账准备"账户，当实际发生坏账损失时，应根据其金额冲减已计提的坏账准备，同时转销相应的应收款项的一种方法。

采用这种方法，坏账损失计入同一期间损益，体现了权责发生制和配比原则的要求；避免了企业虚盈实亏，体现了谨慎原则的要求；在报表上列示应收款项净额，使报表使用者能了解企业应收款项的可变现金额。

企业采用备抵法进行坏账损失的核算时，首先应按期估计坏账损失。估计坏账损失的方法有应收款项余额百分比法、账龄分析法和销货百分比法等。

1. 应收款项余额百分比法

余额百分比法是根据会计期末应收款项的余额乘以估计坏账率即为当期应估计的估计坏账损失，据此提取坏账准备。估计坏账率可以按照以往的数据资料加以确定，也可以根据规定的百分率计算。企业发生的坏账多，比例相应就高些；反之则低些。

2. 账龄分析法

账龄分析法是指根据应收账款入账时间的长短来估计坏账损失一种方法。虽然应收账款能否收回以及能收回多少不一定完全取决于入账时间的长短，但一般来说，账款拖欠的时间越长，发生坏账的可能性就越大。

3. 销货百分比法

销货百分比法是指根据赊销金额的一定百分比估计坏账损失的一种方法。在采用此方法时，估计坏账损失百分比可能由于企业生产经营情况的不断变化而不相适应。因此，必须经常检查百分比是否能反映企业坏账损失的实际情况，倘若发现过高或过低的情况，应及时调整百分比。采用该种方法计提坏账准备时，不用考虑上年"坏账准备"科目的余额。

在备抵法下，企业应设置"坏账准备"账户，该账户期末余额一般在贷方，反映企业已经提取但尚未转销的坏账准备数额。

借方	坏账准备	贷方
登记企业实际发生的坏账损失数额以及多提的坏账准备		登记每期提取的坏账准备数额以及收回已转销的坏账

（二）坏账损失的核算

采用备抵法，坏账准备可按下列公式计算：

当期按应收款项计算应提坏账准备金额 = 本期"应收款项"科目的期末余额 × 坏账准备计提比例

当期实际提取的坏账准备 = 当期按应收款项计算的应提坏账准备金额 - 计提前"坏账准备"科目的贷方余额（或 + 计提前"坏账准备"科目的借方余额）

如果当期按应收款项计算的应提坏账准备金额大于计提前"坏账准备"科目的贷方余额，应按其差额提取坏账准备。提取坏账准备的账务处理如下：

借：资产减值损失

　　贷：坏账准备

如果当期按应收款项计算的应提坏账准备金额小于计提前"坏账准备"科目的贷方余额，应按其差额冲减已计提的坏账准备；如果当期按应收款项计算的应提"坏账准备"金额为零，应将"坏账准备"科目余额全部冲回。冲减坏账准备账务处理如下：

借：坏账准备

　　贷：资产减值损失

企业实际发生坏账时，具体账务处理如下：

借：坏账准备

　　贷：应收账款或其他应收款

如果已确认并转销的坏账以后又收回，其账务处理如下：

借：应收账款或其他应收款

　　贷：坏账准备

同时，

借：银行存款

贷：应收账款或其他应收款

【相关案例】

案例1：某企业年末应收账款的余额为1000000元，提取坏账准备的比例为5‰，第二年发生了坏账损失6000元，年末应收账款的余额为1100000元，第三年，已冲销的应收账款又收回1900元，期末应收账款的余额为1200000元。要求：编制相关的会计分录。

（1）第一年提取坏账准备为 $1000000 \times 5‰ = 5000$（元）

借：资产减值损失   5000

  贷：坏账准备   5000

（2）第二年转销坏账时：

借：坏账准备   6000

  贷：应收账款   6000

（3）第二年年末按应收账款的余额计提坏账准备为 $1100000 \times 5‰ = 5500$（元）

年末计提坏账准备前，"坏账准备"科目的借方余额为1000元，则本年度实际应提坏账准备为6500（5500 + 1000）元。

借：资产减值损失   6500

  贷：坏账准备   6500

（4）第三年，已冲销的应收账款又收回1900元：

借：应收账款   1900

  贷：坏账准备   1900

同时，

借：银行存款   1900

  贷：应收账款   1900

（5）第三年年末按应收账款的余额计算提取坏账准备为 $1200000 \times 5‰ = 6000$（元）。

至年末，计提坏账准备前的"坏账准备"科目的贷方余额为7400元，本年度应冲销多提的坏账准备金额为1400（7400 - 6000）元。

借：坏账准备   1400

  贷：资产减值损失   1400

案例2：某企业2014年12月31日应收账款账龄及估计坏账损失的情况见下表：

2014 年 12 月 31 日应收账款账龄及估计坏账损失情况

应收账款账龄	应收账款金额	估计损失（%）	估计损失金额
未到期	60000	0.5	300
过期2个月	50000	1	500
过期4个月	40000	2	800
过期6个月	30000	3	900
过期6个月以上	20000	4	800
合 计	200000		3300

要求：（1）假设在估计坏账损失前，"坏账准备"科目有贷方余额300元，计算本期

"坏账准备"科目应入账的金额，并编制会计分录。

（2）假设在估计坏账损失前，"坏账准备"科目有贷方余额4000元，计算本期"坏账准备"科目应入账的金额，并编制会计分录。

（3）假设在估计坏账损失前，"坏账准备"科目有借方余额300元，计算本期"坏账准备"科目应入账的金额，并编制会计分录。

解析如下：

（1）从表中看出，该企业2014年12月31日"坏账准备"科目的账面金额应为3300元，而在估计坏账损失前，"坏账准备"科目有贷方余额300元，则该企业本期还应计提3000（3300－300）元的坏账准备。编制的会计分录如下：

借：资产减值损失 3000
　贷：坏账准备 3000

（2）假设在估计坏账损失前，"坏账准备"科目有贷方余额4000元，则该企业本期应冲减1000（3000－4000）元，编制的会计分录如下：

借：坏账准备 1000
　贷：资产减值损失 1000

（3）假设在估计坏账损失前，"坏账准备"科目有借方余额300元，则该企业本期还应计提3600（3300＋300）元，编制的会计分录如下：

借：资产减值损失 3600
　贷：坏账准备 3600

案例3： 某公司2014年全年赊销金额为500000元，根据以往资料和经验，估计坏账损失率为3%。要求：根据销货百分比法计算2014年年末应计提的坏账准备金额并编制会计分录。

2014年年末估计坏账损失为＝500000×3%＝15000（元）

借：资产减值损失 15000
　贷：坏账准备 15000

项目三　存　货

任务一　存货计价方法

【专业知识】

存货的计价方法是指对发出存货和每次发出后的存货价值的计算确定方法。由于采购时间、采购地点等不同，企业购进同样的存货，其单位成本往往各异。当发出存货时，会出现按什么单价计价的问题，这就必须采用合理的计算方法予以确定。财政部规定，企业对存货的计价可以选择使用先进先出法、加权平均法、个别计价法等。计价方法一经确定，不得随意变更。

1. 加权平均法

加权平均法包括月末一次加权平均法和移动加权平均法。

（1）月末一次加权平均法是指在期末计算存货的平均单位成本时，用期初存货数量和本期各批收入的数量作为权数来确定存货的平均单位成本，从而计算出期末存货和已销存货成本的一种计价方法。计算公式如下：

加权平均单位成本 ＝（期初存货成本 + 本期收入存货成本）÷（期初存货数量 + 本期
收入存货数量）

本期销售或耗用存货成本 ＝ 本期销售或耗用存货数量 × 加权平均单位成本

期末结存存货成本 ＝ 期末结存存货数量 × 加权平均单位成本

考虑到计算出的加权平均单位成本不一定是整数，往往是要在小数点之后四舍五入，为了保证账面数字之间的平衡关系，一般采用倒挤成本法计算发出存货的成本，即：

本期销售或耗用存货成本 ＝ 月初结存存货成本 + 本期收入存货成本 − 期末结存存货
成本

采用月末一次加权平均法，只需在期末计算一次加权平均单价，比较简单。但平时从账上无法提供存货的收、发、存情况，不利于存货的管理。

（2）移动加权平均法是指在每次收到存货以后，以各批收入数量与各批收入前的结存数量为权数，为存货计算出新的加权平均单位成本的一种方法。每次进货后，都要重新计算一次加权平均单位成本。计算公式如下：

移动加权平均单位成本 ＝（结存存货成本 + 本批进货成本）÷（结存存货数量 + 本批
进货数量）

本批销售或耗用存货成本 ＝ 本批销售或耗用存货数量 × 本批存货移动加权平均单位成本

移动加权平均法的优点是便于管理人员及时了解存货的结存情况，并且每当购入新的存货，就要重新计算加权平均单位成本，使得存货的单价比较接近于市场价格。缺点是计算量较大。

2. 个别计价法

个别计价法又称分批计价法，是指认定每一件或每一批的实际单价，计算发出该件或该批存货成本的方法。其计算公式如下：

发出存货成本 ＝ 发出存货数量 × 该件（批）存货单价

采用个别计价法，对每件或每批购进的存货应分别存放，并分别登记存货明细分类账。对每次领用的存货，应在存货领用单上注明购进的件别或批次，便于按照该件或该批存货的实际单价计算其耗用金额。

个别认定法适用于房屋、船舶、飞机、汽车、珠宝、名画等数量品种较少、单位价值高的存货。

【相关案例】

案例：2014 年 3 月，H 公司存货的收、发、存如下表所示。

2014 年 3 月 H 公司存货的收、发、存 （单位：略）

摘 要	收入		发出		结存		
	数量	单价	数量	单价	数量	单价	金额
3.1 期初余额					6	5	
3.5 购进	8	4					
3.10 购进	6	3					
3.18 发出			17				
3.25 购进	20	2					
3.28 发出			14				
3.31 本月合计	34		31		9		

要求：分别按先进先出法、月末一次加权平均法和移动加权平均法，求出 3 月份发出存货的成本和月末结存存货的成本（如有小数位，四舍五入保留两位小数）。

（1）采用先进先出法。

本月发出存货的成本为：$(6 \times 5 + 8 \times 4 + 3 \times 3) + (3 \times 3 + 11 \times 2) = 102$（元）

月末结存存货的成本为：$9 \times 2 = 18$（元）

（2）采用月末一次加权平均法。

加权平均单位成本：$(6 \times 5 + 8 \times 4 + 6 \times 3 + 20 \times 2) \div (6 + 8 + 6 + 20) = 3$（元）

本月发出存货的成本：$(17 + 14) \times 3 = 93$（元）

月末结存存货的成本：$9 \times 3 = 27$（元）

（3）采用移动加权平均法。

①3 月 5 日。

加权平均单位成本：$(6 \times 5 + 8 \times 4) \div (6 + 8) = 62 \div 14 = 4.43$（元）

结存存货的成本：$(6 + 8) \times 4.43 = 62.02$（元）

②3 月 10 日。

加权平均单位成本：$(62.02 + 6 \times 3) \div (14 + 6) = 80.02 \div 20 = 4$（元）

结存存货的成本：$(6 + 8 + 6) \times 4 = 80$（元）

③3 月 18 日。

发出存货的成本：$17 \times 4 = 68$（元）

结存存货的成本：$80 - 68 = 12$（元）

④3 月 25 日。

加权平均单位成本：$(12 + 20 \times 2) \div (3 + 20) = 52 \div 23 = 2.26$（元）

结存存货的成本：$(3 + 20) \times 2.26 = 52$（元）

⑤3 月 28 日。

发出存货的成本为：$14 \times 2.26 = 31.64$（元）

结存存货的成本：$52 - 31.64 = 20.36$（元）

⑥本月发出存货的总成本：$68 + 31.64 = 99.64$（元）

月末结存存货的成本为：$6 \times 5 + (8 \times 4 + 6 \times 3 + 20 \times 2) - 99.64 = 20.36$（元）

任务二　计划成本法下原材料的核算

【专业知识】

计划成本法是指企业存货的收入、发出和结余均按预先制订的计划成本计价，实际成本与计划成本之间的差额单独进行核算。存货按计划成本核算，要求存货的总分类核算和明细分类核算均按计划成本计价。单位计划成本一旦确定，在一定时期内应相对固定不变，以收、发、存的数量乘相应的单位计划成本就可计算出收发成本，核算比较简单、迅速。

计划成本法一般适用于存货品种繁多、收发频繁的企业。

一、计划成本法下原材料核算的账户设置

原材料按计划成本核算时，应设置"原材料"、"材料采购"和"材料成本差异"等账户。

"原材料"账户属资产类账户。在计划成本法下，该账户用来核算企业库存的各种原材料的计划成本，期末余额在借方，表示库存原材料的计划成本。

借方	原材料	贷方
登记验收入库材料的计划成本		登记发出原材料的计划成本

"材料采购"账户核算企业采用计划成本法进行材料日常核算时购入材料的实际采购成本。月末借方余额表示尚未验收入库的在途材料的实际成本。

借方	材料采购	贷方
登记外购材料的实际成本；借方大于贷方表示超支，从本科目贷方转入"材料成本差异"科目的借方		登记已验收入库的材料的计划成本；借方小于贷方表示节约，从本科目借方转入"材料成本差异"科目的贷方

注意： 实际成本法下，"原材料"账户核算企业库存各种原材料的实际成本；而计划成本法下，"原材料"账户核算企业库存各种原材料的计划成本。"材料采购"和"在途物资"两个账户均反映已采购但尚未验收入库的物资的实际成本。区别在于，"材料采购"账户是在计划成本法下使用，而"在途物资"账户是在实际成本法下使用。

"材料成本差异"账户是资产类账户，是计划成本法下"原材料"账户的调整账户，用来核算材料实际成本与计划成本的差异。期末余额若在借方，表示库存各种材料实际成本大于计划成本的超支差异；若在贷方，表示库存各种材料实际成本小于计划成本的节约差异。

借方	材料成本差异	贷方
登记验收入库材料的实际成本大于计划成本的超支差异以及发出材料应承担的节约差异		登记验收入库材料的实际成本小于计划成本的节约差异以及发出材料应承担的超支差异

二、计划成本法下原材料取得的核算

（一）外购材料的核算

企业采购材料，发生采购材料的实际成本时，计入"材料采购"账户。具体账务处理如下：

借：材料采购（实际采购成本）

　　应交税费——应交增值税（进项税额）

　　　贷：银行存款或应付账款等科目

材料验收入库时，具体账务处理如下：

借：原材料（计划成本）

　　　贷：材料采购（实际成本）

　　　　　材料成本差异（差额，或在借方）

（二）自制材料的核算

对于自制并已验收入库的原材料，具体账务处理如下：

借：原材料（计划成本）

　　　贷：生产成本（实际成本）

　　　　　材料成本差异（差额，或在借方）

三、计划成本法下原材料发出的核算

企业发出材料时，一律采用计划成本计价，根据不同的用途，借记相应科目，具体账务处理如下：

借：生产成本

　　制造费用

　　管理费用

　　　贷：原材料

期末，根据"原材料"和"材料成本差异"科目的记录，计算出材料成本差异分配率和本期发出材料应承担的材料成本差异，应该将发出材料的计划成本调整为实际成本。发出材料应负担的成本差异应当按月分摊，不得在季末或年末一次计算。有关计算公式如下：

材料成本差异分配率 =（期初结存材料成本差异 + 本期收入材料成本差异）÷（期初结存材料计划成本 + 本期收入材料计划成本）× 100%

发出材料应负担的材料成本差异 = 本期发出材料计划成本 × 材料成本差异率

期末，结转发出材料应负担的超支差异，具体账务处理如下：

借：生产成本

　　制造费用

　　管理费用

　　　贷：材料成本差异

如果期末结转发出材料应负担的节约差异，则编制与上述相反的会计分录或者编制上述分录的红字凭证。

注意：上述公式中，材料成本差异如果是节约差异，用负号表示。

发出材料的实际成本＝发出材料的计划成本±发出材料应负担的材料成本差异

在计划成本法下，对于包装物和低值易耗品等存货的核算，通过"周转材料——包装物"、"周转材料——低值易耗品"、"材料成本差异"科目核算，核算方法比照原材料的核算。领用、出售以及出租、出借包装物时，应分摊其成本差异。领用、出售以及摊销低值易耗品时，也应同时分摊其成本差异。

【相关案例】

案例1：F企业向甲企业采购A材料40000千克。3月4日，银行转来托收凭证，金额为97600元，内附专用发票一张，开列A材料40000千克，每千克2元，货款计80000元；增值税额13600元；运杂费凭证一张，金额4000元。要求：F企业账务处理。

（1）3月4日账务处理如下：

借：材料采购——A材料　　　　　　　　　　　　　　　　　　84000
　　应交税费——应交增值税（进项税额）　　　　　　　　　　13600
　　　贷：银行存款　　　　　　　　　　　　　　　　　　　　　　97600

（2）假设3月10日，仓库转来收料单，40000千克A材料已验收入库，其计划单价为2.20元/千克，予以转账。账务处理如下：

借：原材料——原料及主要材料　　　　　　　　　　　　　　　88000
　　　贷：材料采购——A材料　　　　　　　　　　　　　　　　　88000

同时，结转采购A材料成本差异。账务处理如下：

借：材料采购——A材料　　　　　　　　　　　　　　　　　　4000
　　　贷：材料成本差异　　　　　　　　　　　　　　　　　　　　4000

案例2：H企业采用计划成本法，2014年6月份A材料收、发、存情况如下：

（1）原材料期初余额为5800元，"材料成本差异"账户期初贷方余额为212元，原材料计划单位成本为5.20元。

（2）6月5日和6月19日购入材料的数量分别为1500千克和2000千克，实际购货成本分别为7600元和10332元。

（3）本月发出材料1600千克用于生产产品。

要求：根据以上资料，做H企业的账务。

（1）发出材料的账务处理如下：

借：生产成本　　　　　　　　　　　　　　　　　　　　　　　8320
　　　贷：原材料——A材料　　　　　　　　　　　　　　　　　　8320

（2）材料成本差异分配率＝[－212＋（7600－1500×5.20）＋（10332－2000×5.20）]÷（5800＋1500×5.20＋2000×5.20）＝（－480）÷24000＝－2%

本月发出材料应承担的材料成本差异＝（－2%）×8320＝－166.40（元）

借：材料成本差异　　　　　　　　　　　　　　　　　　　　166.40
　　　贷：生产成本　　　　　　　　　　　　　　　　　　　　　166.40

案例3：J企业原材料采用计划成本核算，本月生产车间一般耗料12000元，行政管理部门用料5000元，销售工业性材料3000元。若材料成本差异率为超支3%。要求：做出企业的账务处理。

（1）领料时：

借：制造费用   12000

      管理费用   5000

      其他业务成本   3000

        贷：原材料   20000

（2）结转差异时：

借：制造费用   360

      管理费用   150

      其他业务成本   90

        贷：材料成本差异   600

任务三   其他存货的核算

【专业知识】

一、库存商品的核算

（一）库存商品概述

库存商品是指库存的外购商品、自制商品等产品、存放在门市部准备出售的商品、发出展览的商品以及寄存在外或存放在仓库的商品等。

工业企业的库存商品主要指产成品。产成品是指企业已经完成全部生产过程并已验收入库，合乎标准规格和技术条件，可以按照合同的规定的条件送交订货单位，或者可以作为商品对外销售的产品。企业接受外来原材料加工制造的代制品和为外单位加工修理的代修品，制造和修理完成验收入库后，视同企业的产成品。商品流通企业的库存商品主要指外购或委托加工完成验收入库用于销售的各种商品。

企业应设置"库存商品"科目，核算各种库存商品的实际成本（或进价）或计划成本（或售价）。库存商品增加记借方，库存商品减少记贷方，余额在借方，反映期末各种库存商品的成本（计划成本或实际成本），此外，工业企业接受外来原材料加工制造的代制品和为外单位加工修理的代修品，在制造费用完成验收入库后，视同企业的产品，在"库存商品"科目核算；可以降价出售的不合格品，也在"库存商品"科目核算，但应当与合格商品分开记账。

（二）库存商品的核算

1. 产成品的核算

（1）生产完成验收入库的产成品：

借：库存商品

     贷：生产成本

（2）销售库存商品结转成本：

借：主营业务成本

贷：库存商品

产成品既可以按计划成本核算，又可以按实际成本核算。按计划成本核算时，需增设"产品成本差异"科目。

产成品发出的计价可参照原材料进行。

2. 商品的核算

商品流通业的库存商品核算方法主要有：数量进价金额核算法和售价金额核算法两种。数量进价金额核算法一般适用于商品批发企业，其商品收发的核算可参照原材料按实际成本计价的核算；售价金额核算法一般适用于商品零售企业，其商品核算应增设"商品进销差价"账户，以反映库存商品进价与售价之间的差额。商品批发企业还可以采用毛利率法计算发出商品和期末库存商品的成本。

（1）售价金额核算法。

①购买商品入库时：

借：库存商品（售价）

　　贷：银行存款（或在途物资）等科目（进价）

　　　　商品进销差价（售价－进价）

②商品销售结转成本时：

借：主营业务成本（售价）

　　贷：库存商品（售价）

③期末结转进销差价：

借：商品进销差价

　　贷：主营业务成本

（2）毛利率法。毛利率法是根据本期销售净额乘以上期实际（或本月计划）毛利率匡算本期销售毛利，并计算发出存货成本和期末存货成本的一种方法。计算公式如下：

毛利率＝（销售毛利/销售净额）×100%

销售净额＝商品销售收入－销售折让和销售退回

销售毛利＝销售净额×毛利率

销售成本＝销售净额－销售毛利

期末存货成本＝期初存货成本＋本期收入存货成本－本期销售成本

采用这种方法，商品销售成本按商品大类销售额进行计算，比较简便，也能满足对存货管理的需要。

二、委托加工物资的核算

（一）委托加工物资概述

企业从外部购入的原材料等存货，如果在规格上和质量上还不能直接满足生产上的需要，企业本身由于工艺设备条件限制或从降低成本上考虑，时常将这部分存货委托给外单位加工，制造成另一种性能和用途的存货，从而形成了委托加工物资。

委托加工物资的实际成本包括实际耗用的原材料或半成品的实际价值，以及加工、运输、装卸和保险费用等。

（二）委托加工物资的核算

企业应设置"委托加工物资"科目，核算企业委托外单位加工的各种物资的实际成本。

1. 发给外单位加工的物资

借：委托加工物资

  贷：原材料或库存商品

按计划成本（或售价）核算的企业，还应当同时结转成本差异。

2. 企业支付加工费用、应负担的运杂费等相关费用

借：委托加工物资

  应交税费——应交增值税（进项税额）

  贷：银行存款

如果加工的是应税消费品，则所缴纳消费税的业务处理如下：

（1）所加工的物资，加工完毕后是直接用于销售的。

借：委托加工物资（加工费、运杂费等费用合计＋应缴纳的消费税）

  应交税费——应交增值税（进项税额）

  贷：银行存款

（2）所加工的物资，加工完毕后是继续用于生产的。

借：委托加工物资（加工费、运杂费等费用合计但不含应缴纳的消费税）

  应交税费——应交增值税（进项税额）

    ——应交消费税

  贷：银行存款

3. 加工完成验收入库的物资和剩余的物资

借：原材料或库存商品

  贷：委托加工物资

对于委托加工物资的核算，还应按照加工合同设置明细账，进行明细分类核算。

三、低值易耗品的核算

（一）低值易耗品概述

低值易耗品是指单位价值较低或容易毁损的，不能作为固定资产的各种用具和物品。低值易耗品按其用途可以分为以下几类：

（1）一般工具。是指生产中常用的各种工具，如刀具、量具、夹具等。

（2）专用工具。是指专门用于制造某一特定产品，或在某一特定工序上使用的工具，专用的刀具、夹具等。

（3）替换设备。是指容易磨损或为制造不同产品需要更换使用的各种设备，如轧钢用的钢辊等。

（4）管理用具。是指在经营管理中使用的各种办公用具、家具等。

（5）劳动保护用品。是指为了安全生产、劳动保护而发给职工的工作服、工作鞋和各种劳动保护用品。

（二）低值易耗品的核算

为了加强对低值易耗品的管理与核算，企业应设置"周转材料——低值易耗品"科目。该科目核算企业库存的低值易耗品的实际成本或计划成本。

低值易耗品可以被多次使用并且在使用过程中保持原有实物形态，因此它的价值在使用中逐渐转移，这一点与其他的存货有所区别。

1. 低值易耗品取得的核算

对于企业购入、自制、委托外单位加工完成验收入库的低值易耗品，通过"周转材料——低值易耗品"科目核算，核算方法比照原材料的核算。

借：周转材料——低值易耗品

应交税费——应交增值税（进项税额）

贷：银行存款或生产成本或委托加工物资

2. 低值易耗品发出的核算

发出低值易耗品的摊销方法与包装物的摊销方法一样。对一次摊销的低值易耗品具体账务处理如下：

（1）领用时：

借：生产成本

贷：周转材料——低值易耗品

（2）报废时，将报废低值易耗品的残料价值作为当月低值易耗品摊销额的减少，冲减有关成本费用。

借：原材料

贷：生产成本

对在用低值易耗品按使用车间、部门进行数量和金额明细核算的企业，可以采用五五摊销法和分次摊销法核算。在这种情况下，应设置"周转材料——低值易耗品——在用"、"周转材料——低值易耗品——在库"、"周转材料——低值易耗品——摊销"三个明细科目进行核算。"低值易耗品"科目的期末余额为期末库存未用低值易耗品。

对在用低值易耗品以及使用部门退回仓库的低值易耗品，应加强管理，并在备查簿上进行登记。

【相关案例】

案例1：某批发公司月初存货100000元，本月购货200000元，本月商品销售收入净额250000元，上季度该类商品毛利率为20%。要求：计算本月已销售存货和月末存货的成本。

销售毛利 = 250000 × 20% = 50000（元）

销售成本 = 250000 − 50000 = 200000（元）

期末存货成本 = 100000 + 200000 − 200000 = 100000（元）

案例2：甲企业发出材料，计划成本3000元，委托乙企业加工。委托加工物资发出时应负担的材料成本差异额为节约额40元；本企业通过银行支付来往运杂费100元及委托加工单位加工费400元；加工返回验收入库，计划成本3500元。要求：月末结转委托加工物资的实际成本与计划成本的差异。

（1）根据上述业务，作如下会计分录：

借：委托加工物资   2960

  材料成本差异   40

   贷：原材料   3000

（2）以银行存款支付委托加工物资的来往运费：

借：委托加工物资   100

   贷：银行存款   100

（3）根据有关结算凭证、单据，以银行存款支付甲企业的加工费用：

借：委托加工物资   400

   贷：银行存款   400

（4）将完工的委托加工物资，根据"委托加工物资收料单"，按计划成本验收入库：

借：原材料   3500

   贷：委托加工物资   3460

     材料成本差异   40

案例3：甲企业出租包装物一批，成本20000元，收取押金50000元，每月租金收入6500元，经过一段时间后，对方退还押金，同时包装物报废，残料价值3000元。要求：假定不考虑相关税费，作出相关账务处理（用一次摊销法核算）。

（1）领用时，结转成本：

借：其他业务成本——出租包装物   20000

   贷：周转材料——包装物   20000

（2）收到押金时：

借：银行存款   50000

   贷：其他应付款   50000

（3）收到租金时：

借：银行存款   6500

   贷：其他业务收入   6500

（4）退还押金时：

借：其他应付款   50000

   贷：银行存款   50000

（5）包装物报废时：

借：原材料   3000

   贷：其他业务成本   3000

案例4：甲企业生产车间领用400件管理用具，每件200元，共计80000元。使用一段时间后报废，残料作价500元入库（用五五摊销法核算）。要求：编制甲企业的会计分录。

（1）领用时：

借：周转材料——低值易耗品——在用 80000

   贷：周转材料——低值易耗品——在库 80000

同时摊销50%：

借：制造费用   40000

     贷：周转材料——低值易耗品——摊销   40000

（2）经使用批准报废，按报废低值易耗品的全部成本再摊销50%。分录如下：

借：制造费用   40000

     贷：周转材料——低值易耗品——摊销   40000

（3）同时冲销已报废低值易耗品留存在其明细账上的在用数和摊销数时：

借：周转材料——低值易耗品——摊销   80000

     贷：周转材料——低值易耗品——在用   80000

（4）报废的两套工具残料作价500元，残料入库时：

借：原材料   500

     贷：制造费用   500

任务四　存货的期末计量

【专业知识】

一、存货期末计价原则

在资产负债表日，存货应当按照成本与可变现净值孰低法计量。

当存货成本低于可变现值时，存货按成本计量；当存货成本高于可变现净值时，存货按可变现净值计量，同时按照成本高于可变现净值的差额计提存货跌价准备，计入当期损益。

这里所讲的"成本"是指存货的历史成本，即按前面所介绍的以历史成本为基础的发出存货计价方法（如先进行出法等）计算的期末存货的实际成本，如果企业在存货成本的日常核算中采用简化核算方法（如计划成本法或售价金额核算法等），则"成本"为经调整后的实际成本。"可变现净值"是指在正常生产经营过程中，以存货的估计售价减去至完工时估计将要发生的成本、估计的销售费用以及相关税费后的余额。对于企业的各类存货，在确定其可变现净值时，应当以当期取得的最可靠的证据为基础预计，同时，应考虑持有存货的目的。

在资产负债表日，当存在下列情况之一时，应当计提存货跌价准备：

（1）市价持续下跌，并且在可预见的未来无回升的希望。

（2）企业使用该项原材料生产的产品的成本大于产品的销售价格。

（3）企业因产品更新换代，原有库存原材料已经不适应新产品的需要，而该原材料的市场价格又低于其账面价值。

（4）因企业所提供的商品或劳务过时或消费者偏好改变而使市场的需求发生变化，导致市场价格逐渐下跌。

（5）其他足以证明该项存货实质上已经发生减值的情形。

存货存在下列情形之一的，通常表明存货的可变现净值为零：

（1）已霉烂变质的存货。

（2）已过期且无转让价值的存货。

（3）生产中已不再需要，并且已无使用价值和转让价值的存货。

（4）其他足以证明存货已无使用价值和转让价值的存货。

二、计提存货跌价准备的核算

（一）计提存货跌价准备的方法

如果期末存货的成本低于可变现净值时，不必作会计处理，资产负债表中的存货仍按期末账面的价值列示；如果期末可变现净值低于成本时，则必须确认当期的期末存货跌价损失，计提存货跌价准备。具体计提方法如下：

1. 按照单个存货项目计提存货跌价准备

企业将每个存货项目的成本与其可变现净值逐一进行比较，按较低者计量存货，并且按成本高于可变现净值的差额，计提存货跌价准备。

2. 按照存货类别计提存货跌价准备

对于数量繁多、单位价值较低的存货，按照存货类别的成本总额与可变现净值的总额进行比较，每个存货类别均取较低者确定存货期末价值。

3. 合并计提存货跌价准备

与在同一地区生产和销售的产品系列相关、具有相同或类似最终用途或目的的，且难以与其他项目分开计量的存货，可以合并计提存货跌价准备。

存货具有相同或类似最终用途或目的，并在同一地区生产和销售，意味着存货所处的经济环境、法律环境和市场环境等相同，具有相同的风险和报酬。因此，在这种情况下，可以对该存货进行合并计提存货跌价准备。

（二）存货跌价准备的会计处理

为核算企业的存货跌价准备，企业应设置"存货跌价准备"科目。该科目余额在贷方，反映企业已计提但尚未转销的存货跌价准备。

借方	存货跌价准备	贷方
登记冲减恢复的减值准备、发出存货应转出的减值准备	登记计提的减值准备	

在资产负债表日，首先比较成本与可变现净值，算出应计提的跌价准备，然后与"存货跌价准备"账户的余额进行比较，如果应提数大于已提数，应予以补提；反之，应冲销部分已提数；但已计提跌价准备的存货，其价值以后得以恢复，转回已计提的存货跌价准备应以原计提的金额为限。

（1）提取和补提存货跌价准备的业务处理：

借：资产减值损失

　　贷：存货跌价准备

（2）冲回或转销存货跌价准备的业务处理：

借：存货跌价准备

贷：资产减值损失

【相关案例】

案例1： 企业在财产清查盘点中发现库存商品盘亏1000元，该商品的进项税额为170元，经查明，上项盘亏的存货是属于自然灾害造成的损失，会计分录如下：

（1）批准前：

借：待处理财产损溢——待处理流动资产损溢　　　　　　　　　　　　1000

　　贷：库存商品　　　　　　　　　　　　　　　　　　　　　　　　　1000

（2）批准后：

借：营业外支出　　　　　　　　　　　　　　　　　　　　　　　　　1000

　　贷：待处理财产损溢——待处理流动资产损溢　　　　　　　　　　　1000

如果企业存货是采用计划成本核算的，还应当同时结转成本差异。

案例2： 如果案例1中的盘亏不是自然灾害造成的，经查明并审批后的处理意见是：由保管员赔偿10%，其余计入本期损益。

（1）批准前：

借：待处理财产损溢——待处理流动资产损溢　　　　　　　　　　　　1170

　　贷：库存商品　　　　　　　　　　　　　　　　　　　　　　　　　1000

　　　　应交税费——应交增值税（进项税额转出）　　　　　　　　　　170

（2）批准后：

借：其他应收款　　　　　　　　　　　　　　　　　　　　　　　　　117

　　管理费用　　　　　　　　　　　　　　　　　　　　　　　　　　1053

　　贷：待处理财产损溢——待处理流动资产损溢　　　　　　　　　　　1170

案例3： 假设某企业2013年年末存货的账面成本为110000元，预计可变现净值为105000元。2014年年末该存货成本不变，预计可变现净值为95000元。2015年该存货成本不变，可变现净值有所恢复，预计可变现净值103000元。

（1）2013年年末因存货的预计可变现净值低于其成本，因此，按其差额计提存货跌价准备5000（110000－105000）元，会计分录如下：

借：资产减值损失　　　　　　　　　　　　　　　　　　　　　　　　5000

　　贷：存货跌价准备　　　　　　　　　　　　　　　　　　　　　　　5000

（2）2014年年末该存货的预计可变现净值为95000元，应补提存货跌价准备10000（110000－95000－5000）元，会计分录如下：

借：资产减值损失　　　　　　　　　　　　　　　　　　　　　　　　10000

　　贷：存货跌价准备　　　　　　　　　　　　　　　　　　　　　　　10000

（3）2015年末该存货的可变现净值有所恢复，预计可变现净值103000元，则应冲减存货跌价准备8000（110000－103000－15000＝－8000）元，作如下会计分录：

借：存货跌价准备　　　　　　　　　　　　　　　　　　　　　　　　8000

　　贷：资产减值损失　　　　　　　　　　　　　　　　　　　　　　　8000

但如果2015年该存货预计可变现净值不是恢复到103000元，而是恢复到135000元，则应冲减计提的存货跌价准备15000元，以"存货跌价准备"科目余额冲减至零为限，即：

借：存货跌价准备　　　　　　　　　　　　　　　15000
　　贷：资产减值损失　　　　　　　　　　　　　　　　15000

项目四　长期股权投资

任务一　长期股权投资核算方法的选择

【专业知识】

一、长期股权投资的概述

（一）长期股权投资的概念及特点

长期股权投资是指投资方对被投资单位实施控制、重大影响的权益性投资，以及对其合营企业的权益性投资。

进行股权投资的投资方最终按投资额占对方资本总额的比例享有经营管理权、收益权和亏损分担责任。因此，长期股权投资具有投资时限长、投资风险大、投资目的复杂的特点。

（二）长期股权投资的内容

根据长期股权投资准则规定，长期股权投资包括以下几方面：①投资企业能够对被投资单位实施控制的权益性投资，即对子公司的投资。②投资企业与其他合营方一同对被投资单位实施共同控制的权益性投资，即对合营企业的投资。③投资企业对被投资单位具有重大影响的权益性投资，即对联营企业的投资。

1. 控制

在确定能否对被投资单位实施控制时，投资方应当按照《企业会计准则第33号——合并财务报表》的有关规定进行判断。投资方能够对被投资单位实施控制的，被投资单位为其子公司。投资方属于《企业会计准则第33号——合并财务报表》规定的投资性主体且子公司不纳入合并财务报表的情况除外。

控制是指投资方拥有对被投资方的权力，通过参与被投资方的相关活动而享有可变回报，并且有能力运用对被投资方的权力影响其回报金额。

这里的相关活动，是指对被投资方的回报产生重大影响的活动。被投资方的相关活动应当根据具体情况进行判断，通常包括商品或劳务的销售和购买、金融资产的管理、资产的购买和处置、研究与开发活动以及融资活动等。

投资方在判断是否拥有对被投资方的权力时，应当仅考虑与被投资方相关的实质性权利，包括自身所享有的实质性权利以及其他方所享有的实质性权利。所谓实质性权利，是指持有人在对相关活动进行决策时有实际能力行使的可执行权利。判断一项权利是否为实质性权利，应当综合考虑所有相关因素，包括权利持有人行使该项权利是否存在财务、价格、条款、机制、信息、运营、法律法规等方面的障碍；当权利由多方持有或者行权需要多方同意时，是否存在实际可行的机制使得这些权利持有人在其愿意的情况下能够一致行权；权利持有人能否从行权中获利等。

除非有确凿证据表明其不能主导被投资方相关活动，下列情况，表明投资方对被投资方拥有权力：

（1）投资方持有被投资方半数以上的表决权的。

（2）投资方持有被投资方半数或以下的表决权，但通过与其他表决权持有人之间的协议能够控制半数以上表决权的。

投资方持有被投资方半数或以下的表决权，但综合考虑下列事实和情况后，判断投资方持有的表决权足以使其目前有能力主导被投资方相关活动的，视为投资方对被投资方拥有权力：

（1）投资方持有的表决权相对于其他投资方持有的表决权份额的大小，以及其他投资方持有表决权的分散程度。

（2）投资方和其他投资方持有的被投资方的潜在表决权，如可转换公司债券、可执行认股权证等。

（3）其他合同安排产生的权利。

（4）被投资方以往的表决权行使情况等其他相关事实和情况。

某些情况下，投资方可能难以判断其享有的权利是否足以使其拥有对被投资方的权力。在这种情况下，投资方应当考虑其具有实际能力以单方面主导被投资方相关活动的证据，从而判断其是否拥有对被投资方的权力。投资方应考虑的因素包括但不限于下列事项：

（1）投资方能否任命或批准被投资方的关键管理人员。

（2）投资方能否出于其自身利益决定或否决被投资方的重大交易。

（3）投资方能否掌控被投资方董事会等类似权力机构成员的任命程序，或者从其他表决权持有人手中获得代理权。

（4）投资方与被投资方的关键管理人员或董事会等类似权力机构中的多数成员是否存在关联方关系。

2. 共同控制

在确定被投资单位是否为合营企业时，应当按照《企业会计准则第 40 号——合营安排》的有关规定进行判断。

合营安排是指一项由两个或两个以上的参与方共同控制的安排。合营安排具有下列特征：一是各参与方均受到该安排的约束；二是两个或两个以上的参与方对该安排实施共同控制。任何一个参与方都不能够单独控制该安排，对该安排具有共同控制的任何一个参与方均能够阻止其他参与方或参与方组合单独控制该安排。

共同控制是指按照相关约定对某项安排所共有的控制，并且该安排的相关活动必须经过分享控制权的参与方一致同意后才能决策。这里的相关活动，是指对某项安排的回报产生重大影响的活动。某项安排的相关活动应当根据具体情况进行判断，通常包括商品或劳务的销售和购买、金融资产的管理、资产的购买和处置、研究与开发活动以及融资活动等。

如果所有参与方或一组参与方必须一致行动才能决定某项安排的相关活动，则称所有参与方或一组参与方集体控制该安排。在判断是否存在共同控制时，应当首先判断所有参与方或参与方组合是否集体控制该安排，其次再判断该安排相关活动的决策是否必须经过这些集体控制该安排的参与方一致同意。如果存在两个或两个以上的参与方组合能够集体控制某项安排的，不构成共同控制。

合营安排分为共同经营和合营企业。共同经营是指合营方享有该安排相关资产且承担该安排相关负债的合营安排。合营企业是指合营方仅对该安排的净资产享有权利的合营安排。

3. 重大影响

重大影响是指投资方对被投资单位的财务和经营政策有参与决策的权力，但并不能够控制或者与其他方一起共同控制这些政策的制定。在确定能否对被投资单位施加重大影响时，应当考虑投资方和其他方持有的被投资单位当期可转换公司债券、当期可执行认股权证等潜在表决权因素。投资方能够对被投资单位施加重大影响的，被投资单位为其联营企业。

需要注意的是，考虑潜在表决权时，只能考虑"当期"可转换或可执行的潜在表决权，对于以后期间才可转换或可执行的潜在表决权不应当考虑。值得注意的是，虽然在判断重大影响时，需要考虑当期可转换或可执行潜在表决权的影响，但是，在采用权益法对享有被投资方所有者权益份额进行计算确认时，则不应当考虑潜在表决权或包含潜在表决权的其他衍生工具的影响，除非此类潜在表决权在当前即可获得与被投资方所有者权益相关的回报。

实务中，对于重大影响的判断，需要考虑以下因素：①在被投资单位的董事会或类似权力机构中派有代表。②参与被投资单位的政策制定过程，包括股利分配政策等的制定。③与被投资单位之间发生重要交易。④向被投资单位派出管理人员。⑤向被投资单位提供关键技术资料。

（三）长期股权投资取得的方式

长期股权投资取得的方式多种多样，具体有如下几种：

1. 通过企业合并取得的长期股权投资

在企业合并中，合并方以支付现金、转让非现金资产、承担债务或发行权益性证券等方式取得被合并方的控股权形成长期股权投资。

企业合并是指将两个或两个以上单独的企业合并形成一个报告主体的交易或事项。

（1）以合并方式为基础的企业合并分类。从本质上看，企业合并是一个企业取得对另外一个企业的控制权，吸收另一个或多个企业的净资产以及将参与合并的企业相关资产、负债进行整合后成立新的企业等情况，因此，以合并方式为基础，企业合并分为控股合并、吸收合并及新设合并。

控股合并是指合并方通过企业合并交易或事项取得对被合并方的控制权，能够主导被合并企业的生产经营政策，从而将被合并方纳入其合并财务报表范围形成一个报告主体情况。在控股合并中，被合并方在企业合并后仍保持其独立的法人资格，合并方在合并中取得的是对被合并方的股权，合并方在其账簿及个别财务报表中应确认对被合并的长期股权投资，合并中取得的被合并方的资产和负债仅在合并财务报表中确认。

吸收合并是指合并方在企业合并中取得被合并方的全部净资产，并将有关资产、负债并入合并方自身的账簿和报表进行核算。合并后，注销被合并方的法人资格，由合并方持有取得的被合并方的资产、负债，在新的基础上继续经营。

新设合并是指企业合并中注册成立一家新的企业，由其持有原参与合并各方的资产、负债在新的基础上经营，原参与合并各方均注销其法人资格。

（2）以是否在同一控制下进行合并为基础对企业合并的分类。以是否在同一控制下进行合并为基础，企业合并可以分为同一控制下的企业合并和非同一控制下的企业合并。

1）同一控制下的企业合并。参与合并的企业在合并前后均受同一方或相同的多方最终控制且该控制并非暂时性的，为同一控制下的企业合并。同一控制下的企业合并，在合并日取得对其他参与合并企业控制权的一方为合并方，参与合并的其他企业为被合并方。合并日是指合并方实际取得对被合并方控制权的日期。

同一控制下的企业合并包括但不仅限于以下两种情况：一是母公司将持有的对子公司的股权用于交换非全资子公司增加发生的股份；二是母公司将持有的对某一子公司的控股权出售给另一子公司。

2）非同一控制下的企业合并。参与合并的各方在合并前后不受同一方或相同的多方最终控制，为非同一控制下的企业合并。非同一控制下的企业合并，在其购买日取得其他参与合并企业控制权的一方为购买方，参与合并的其他企业为被购买方。购买日是指购买方实际取得被购买方控制权的日期。

2. 以支付现金取得的长期股权投资

这是指以支付货币获得被投资方的股票或股权形成的长期股权投资。

3. 以发行权益性证券取得的长期股权投资

这是指以本公司的股票或股权换取投资者自己的股票或股权形成的长期股权投资。

4. 投资者投入的长期股权投资

这是指投资者将其持有的对第三方的股权投资作为出资投入另一企业形成的长期股权投资。

5. 通过非货币性资产交换取得的长期股权投资

这是指以非货币性资产换取其他公司的股票或股权形成的长期股权投资。

6. 通过债务重组取得的长期股权投资

这是指在债务重组中将债务转为股权或以股权投资偿债形成的长期股权投资。

二、长期股权投资核算方法的选择

长期股权投资的核算方法有成本法和权益法两种。不同的核算方法直接影响着长期股权投资的后续计量和各期投资收益的确认。投资企业与被投资企业关系是确定长期股权投资核算方法的重要依据。具体如下：

（1）投资企业能够对被投资单位实施控制的长期股权投资，采用成本法核算。

（2）投资企业对被投资单位具有共同控制或重大影响的长期股权投资，采用权益法核算。

长期股权投资在持有期间，因各方面的原因（如追加投资导致持股比例上升、处置部分投资导致持股比例下降等）导致投资企业与被投资单位之间的关系发生变化，从而导致其核算需要由一种方法转换为另一种方法，即可能是成本法转换为权益法，或是权益法转换为成本法。

【相关案例】

案例 1：A 公司直接拥有 B 公司 42% 的股权，同时受托行使其他股东所持有 B 公司 15% 的表决权。B 公司董事会由 11 名董事组成，其中 A 公司派出 6 名。B 公司章程规定，其财务和经营决策须经董事会 2/3 以上成员通过方可实施。问：A 公司能否对 B 公司实施控制？

解析：因为 A 公司在 B 公司董事会成员的比例没有达到 2/3，所以 A 公司不能对 B 公司实施控制。

案例 2：甲公司投资于乙企业，占乙公司总股份的 10%，该投资价值在活跃市场上有报价且公允价值能够可靠计量。甲公司又投资于丙企业，占丙公司股份的 12%，该投资价值在活跃市场上无报价、公允价值不能可靠计量且对丙企业不具有控制、共同控制、重大影响。甲公司对乙、丙两企业的投资经决定都将长期持有，故都属于甲公司的长期股权投资。对吗？

解析：错误。新《企业会计准则》规定，企业对被投资单位不具有控制、共同控制或重大影响、在活跃市场上有报价且公允价值能够可靠计量的权益性投资和投资企业对被投资单位不具有共同控制或重大影响，并且在活跃市场中没有报价、公允价值不能可靠计量的长期股权投资都应按金融工具准则的有关规定进行会计核算。现在，甲公司对乙企业的投资虽然是准备长期持有的，但仅占乙公司总股份的 10% 且该投资价值在活跃市场上有报价且公允价值能够可靠计量，应作为可供出售金融资产核算，而不属于长期股权投资。甲公司对丙企业的投资因为其投资价值在活跃市场上无报价、公允价值不能可靠计量且对丙企业不具有控制、共同控制、重大影响，也应作为可供出售金融资产核算，而不属于长期股权投资。

任务二　长期股权投资的成本法核算

【专业知识】

一、成本法的概念及其适用范围

投资方能够对被投资单位实施控制的长期股权投资应当采用成本法核算。采用成本法核算的长期股权投资应当按照初始投资成本计价。追加或收回投资应当调整长期股权投资的成本。

成本法下的长期股权投资的核算通常包括投资取得、持有期内的损益确认、持有期内的期末计价、投资处置等内容。企业应开设置"长期股权投资"、"应收股利"、"长期股权投资减值准备"等科目进行核算，"长期股权投资"和"长期股权投资减值准备"还应按被投资单位具体名称进行明细核算。

二、长期股权投资的初始计量

（一）企业合并形成的长期股权投资

企业合并是指将两个或两个以上的单独的企业合并形成一个报告主体的交易或事项。

1. 同一控制下合并

同一控制下的企业合并，合并方以支付现金、转让非现金资产或承担债务方式作为合并对价的，应当在合并日按照被合并方所有者权益在最终控制方合并财务报表中的账面价值的份额作为长期股权投资的初始投资成本。长期股权投资初始投资成本与支付的现金、转让的非现金资产以及所承担债务账面价值之间的差额，应当调整资本公积；资本公积不足冲减的，调整留存收益。

合并方以发行权益性证券作为合并对价的，应当在合并日按照被合并方所有者权益在最终控制方合并财务报表中的账面价值的份额作为长期股权投资的初始投资成本。按照发行股份的面值总额作为股本，长期股权投资初始投资成本与所发行股份面值总额之间的差额，应当调整资本公积；资本公积不足冲减的，调整留存收益。

合并方为进行企业合并发生的各项直接相关费用，包括为进行企业合并而支付的审计费用、评估费用、法律服务费用等，应当于发生时计入当期损益。

（1）同一控制下的企业合并，合并方以支付现金、转让非现金资产或承担债务方式作为合并对价的，其会计业务处理如下：

借：长期股权投资（合并当日被合并方所有者权益在最终控制方合并财务报表中的账面价值×合并方取得的股份比例）

应收股利（合并日享有的被合并方已宣告但尚未发放的现金股利或利润）

资本公积——资本溢价或股本溢价

盈余公积

利润分配——未分配利润

贷：转让的资产或代偿的负债（账面价值）

（2）合并是以发行权益性证券方式进行的，其会计业务处理如下：

如果合并是以发行权益性证券方式进行的，应按发行权益性证券的面值总额贷记"股本"科目。

借：长期股权投资（合并当日被合并方所有者权益在最终控制方合并财务报表中的账面价值×合并方取得的股份比例）

贷：股本（发行股份的面值）

资本公积——股本溢价（或在借方）

注意：在成本法下，"长期股权投资"账户投资金额不受被投资单位权益变动的影响。

2. 非同一控制下合并

对于非同一控制下的企业合并，是将合并行为看作一方购买另一方的交易。非同一控制下的企业合并，购买方在购买日应当按照《企业会计准则第20号——企业合并》的有关规定确定的合并成本作为长期股权投资的初始投资成本。购买方应当区别下列情况确定合并成本：

（1）一次交换交易实现的企业合并，合并成本为购买方在购买日为取得对被购买方的控制权而付出的资产、发生或承担的负债以及发行的权益性证券的公允价值。

（2）通过多次交换交易分步实现的企业合并，合并成本为每一单项交易成本之和。

（3）在合并合同或协议中对可能影响合并成本的未来事项作出约定的，购买日如果估计未来事项很可能发生并且对合并成本的影响金额能够可靠计量的，购买方应当将其计入合并成本。

合并方为进行企业合并发生的各项直接相关费用，包括为进行企业合并而支付的审计费用、评估费用、法律服务费用等，应当于发生时计入当期损益。购买方在购买日对作为企业合并对价付出的资产、发生或承担的负债应当按照公允价值计量，公允价值与其账面价值的差额，计入当期损益。

①一般情况下的会计业务处理如下：

借：长期股权投资

　　应收股利

　　　贷：转让的资产或代偿的负债（账面价值）

　　　　　银行存款（相关费用）

　　　　　营业外收入（或借记"营业外支出"）

②涉及库存商品等存货的，其会计业务处理如下：

借：长期股权投资

　　应收股利

　　　贷：主营业务收入（公允价值）

　　　　　应交税费——应交增值税（销项税额）

　　　　　营业外收入（或借记"营业外支出"）

借：主营业务成本

　　存货跌价准备

　　　贷：库存商品

借：营业税金及附加

　　　贷：应交税费——应交消费税

（二）以企业合并以外的方式取得的长期股权投资

长期股权投资除了以企业合并方式取得外，主要还有以下几种非企业合并的取得方式：

（1）以支付现金取得的长期股权投资，应当按照实际支付的购买价款作为长期股权投资的初始投资成本。初始投资成本包括与长期股权投资直接相关的费用、税金及其他必要支出。企业取得长期股权投资，实际支付的价款或对价中包含的已宣告但尚未发放的现金股利或利润，应作为应收项目处理。其会计业务处理如下：

借：长期股权投资

　　应收股利

　　　贷：银行存款

（2）以发行权益性证券取得的长期股权投资，应当按照发行权益性证券的公允价值作为初始投资成本。与发行权益性证券直接相关的费用，应当按照《企业会计准则第37号——金融工具列报》的有关规定确定。其会计业务处理如下：

①发行成功时：

借：长期股权投资（所发行权益性证券的公允价值）

　　　贷：股本（所发行权益性证券的面值）

　　　　　资本公积——股本溢价（或在借方）

②发行权益性证券过程中支付的佣金和手续费：

借：资本公积——股本溢价

贷：银行存款

除上述介绍外，还有非货币性资产交换、债务重组等方式取得的长期股权投资，本书不作介绍。

三、投资收益的确认

对于采用成本法核算的长期股权投资，除取得投资时实际支付的价款中包含已宣告但尚未发放的现金股利或利润外，投资企业应当按照享有被投资单位宣告发放的现金股利或利润确认为投资收益。具体账务处理如下：

借：应收股利

贷：投资收益

实际收到时，账务处理如下：

借：银行存款

贷：应收股利

注意：长期股权投资采用成本法核算，不再划分是否属于投资前和投资后被投资单位实现的净利润。在成本法下，投资企业不确认投资损失。此外，投资企业收到股票股利时，不进行账务处理，但应在备查簿中登记。

四、长期股权投资减值损失的核算

投资企业应当在资产负债表日判断对子公司的长期股权投资是否存在可能发生减值的迹象。如果存在减值迹象的，应当估计其可收回金额。若预计可收回金额低于其账面价值时，应将该长期股权投资的账面价值减记至可收回金额，减值的金额确认为减值损失。

企业计提长期股权投资减值准备时，应当设置"长期股权投资减值准备"科目核算。账务处理如下：

借：资产减值损失

贷：长期股权投资减值准备

注意：长期股权投资减值损失一经确认，在以后期间不得转回。

五、长期股权投资的处置

处置长期股权投资时，具体账务处理如下：

借：银行存款（按实际收到的金额）

长期股权投资减值准备（按原已计提的减值准备）

贷：长期股权投资（按长期股权投资账面余额）

应收股利（按尚未领取的现金股利或利润）

投资收益（差额，或在借方）

【相关案例】

案例1：A公司于2014年8月31日取得B公司70%的股权。合并中，A公司拟支付相关资产，在购买日的账面价值与公允价值如下表所示。合并当天，B公司所有者权益在最终控制方合并财务报表中的账面价值为3900万元。合并中，A公司为核实B公司的资产价值，聘请有关机构对该项合并进行咨询，支付咨询费用80万元。本例中假定合并前A公司与B公司存在关联方关系，属于同一控制下的企业合并（增值税税率17%）。合并双方在合并前采用的会计政策相同。

A公司在购买日的账面价值和公允价值表　　　　单位：元

项　目	账面价值	公允价值
土地使用权	10000000	16000000
专利技术	4000000	5000000
银行存款	4000000	4000000
库存商品	4000000	5000000
合　计	22000000	30000000

借：长期股权投资　　　　　　　　　　　　　　　27300000
　　贷：无形资产　　　　　　　　　　　　　　　14000000
　　　　银行存款　　　　　　　　　　　　　　　 4800000
　　　　库存商品　　　　　　　　　　　　　　　 4000000
　　　　资本公积——资本溢价　　　　　　　　　 4500000

案例2：A公司于2014年8月31日取得B公司70%的股权。合并中，A公司拟支付相关资产，在购买日的账面价值与公允价值如下表所示。合并中，A公司为核实B公司的资产价值，聘请有关机构对该项合并进行咨询，支付咨询费用80万元。假定合并前A公司与B公司不存在任何关联方关系，属于非同一控制下的企业合并（增值税税率17%）。

A公司在购买日的账面价值和公允价值表　　　　单位：元

项　目	账面价值	公允价值
土地使用权	10000000	16000000
专利技术	4000000	5000000
银行存款	4000000	4000000
库存商品	4000000	5000000
合　计	22000000	30000000

A 公司账务处理如下：

借：长期股权投资　　　　　　　　　　　　　　　　　　　　31650000

　　贷：无形资产　　　　　　　　　　　　　　　　　　　　　14000000

　　　　银行存款　　　　　　　　　　　　　　　　　　　　　4800000

　　　　主营业务收入　　　　　　　　　　　　　　　　　　　5000000

　　　　应交税费——应交增值税（销项税额）　　　　　　　　850000

　　　　营业外收入　　　　　　　　　　　　　　　　　　　　7000000

借：主营业务成本　　　　　　　　　　　　　　　　　　　　　4000000

　　贷：库存商品　　　　　　　　　　　　　　　　　　　　　4000000

案例 3：甲公司于 2014 年 8 月 12 日自公开市场中买入 B 公司 52% 的股份，实际支付价款 5600 万元（含已宣告发放的现金股利 300 万元）。另外，在购买过程中支付手续费等相关费用 280 万元。

A 公司购入 B 公司股票时的账务处理如下：

借：长期股权投资　　　　　　　　　　　　　　　　　　　　55800000

　　应收股利　　　　　　　　　　　　　　　　　　　　　　3000000

　　　　贷：银行存款　　　　　　　　　　　　　　　　　　58800000

案例 4：2013 年 1 月 1 日甲企业以 1600 万元购入乙企业 70% 的股权，并准备长期持有。投资时，乙企业可辨认净资产账面价值 2000 万元，公允价值为 2100 万元。假如甲、乙公司存在关联关系，属于同一控制下的企业合并。2013 年乙企业实现净利润 180 万元。2014 年 3 月 9 日乙企业宣告分配现金股利 50 万元。2014 年 4 月 10 日收到现金股利。2014 年乙企业发生亏损 1000 万元，2015 年末 A 公司对 C 公司的投资按当时的市场收益率对未来现金流量折现确定的现值为 1200 万元。要求：编制甲企业的相关账务处理。

（1）2013 年 1 月 1 日购入时：

借：长期股权投资　　　　　　　　　　　　　　　　　　　　14000000

　　资本公积——资本溢价　　　　　　　　　　　　　　　　2000000

　　　　贷：银行存款　　　　　　　　　　　　　　　　　　16000000

（2）2013 年乙企业实现利润，甲公司不需做账务处理。

（3）2014 年 3 月 9 日乙宣告分配现金股利，甲企业应享有的份额 = 500000 × 70% = 350000（元）。

借：应收股利　　　　　　　　　　　　　　　　　　　　　　350000

　　　　贷：投资收益　　　　　　　　　　　　　　　　　　350000

（4）2014 年 4 月 10 日收到现金股利：

借：银行存款　　　　　　　　　　　　　　　　　　　　　　350000

　　　　贷：应收股利　　　　　　　　　　　　　　　　　　350000

（5）2014 年乙企业发生亏损，甲企业不需做账务处理。

（6）2015 年 12 月 31 日，进行减值测试：

借：资产减值损失　　　　　　　　　　　　　　　　　　　　2000000

　　　　贷：长期股权投资减值准备　　　　　　　　　　　　2000000

任务三　长期股权投资的权益法核算

【专业知识】

一、权益法的概念及适用范围

权益法是指投资以初始投资成本计量后，在投资持有期间根据投资企业享有的被投资单位所有者权益份额的变动对投资的账面价值进行调整的方法。投资企业对被投资单位具有共同控制或重大影响的长期股权投资（即对合营企业或联营企业的投资），应当采用权益法核算。

注意：投资方对联营企业的权益性投资，其中一部分通过风险投资机构、共同基金、信托公司或包括投连险基金在内的类似主体间接持有的，无论以上主体是否对这部分投资具有重大影响，投资方都可以按照《企业会计准则第 22 号——金融工具确认和计量》的有关规定，对间接持有的该部分投资选择以公允价值计量且其变动计入损益，并对其余部分采用权益法核算。

权益法下长期股权投资的核算通常包括投资取得、持有期内的损益确认、持有期内的其他业务、持有期内的期末计价、投资处置等内容。企业应设置"长期股权投资"、"应收股利"、"长期股权投资减值准备"等科目进行核算，"长期股权投资"应按被投资单位的具体名称，分别设置"成本"、"损益调整"、"其他权益变动"科目进行明细核算。

二、长期股权投资的初始计量

企业合并形成的长期股权投资属于控制型投资，不属于权益法核算范围。以现金、发行权益性证券、非货币性资产交换等其他方式取得的长期股权投资，其取得的核算应在成本法核算的基础上，进行下列处理：

（1）长期股权投资的初始投资成本大于投资时应享有的被投资单位可辨认净资产公允价值份额的，该部分差额是投资企业在购入该项投资过程中通过购买作价体现出的与所取得股权份额相对应的商誉，这种情况下不需对长期股权投资的成本进行调整。具体账务处理如下：

借：长期股权投资——成本（长期股权投资的初始投资成本）
　　贷：银行存款

（2）长期股权投资的初始投资成本小于投资时应享有的被投资单位可辨认净资产公允价值份额的，该部分差额可以看作是被投资单位的股东给予投资企业的让步，或是出于其他方面的考虑，被投资单位的原有股东无偿赠予投资企业的价值，因而应确认为当期收益。具体账务处理如下：

借：长期股权投资——成本（投资时应享有的被投资单位可辨认净资产公允价值份额）
　　贷：银行存款等科目（长期股权投资的初始投资成本）
　　　　营业外收入（差额）

三、持有期内投资损益的确认

投资方取得长期股权投资后，应当按照应享有或应分担的被投资单位实现的净损益和其他综合收益的份额，分别确认投资收益和其他综合收益，同时调整长期股权投资的账面价值；投资方按照被投资单位宣告分派的利润或现金股利计算应享有的部分，相应减少长期股权投资的账面价值；投资方对于被投资单位除净损益、其他综合收益和利润分配以外所有者权益的其他变动，应当调整长期股权投资的账面价值并计入所有者权益。

投资方在确认应享有被投资单位净损益的份额时，应当以取得投资时被投资单位可辨认净资产的公允价值为基础，对被投资单位的净利润进行调整后确认。

投资方计算确认应享有或应分担被投资单位的净损益时，与联营企业、合营企业之间发生的未实现内部交易损益按照应享有的比例计算归属于投资方的部分，应当予以抵消，在此基础上确认投资收益。

采用权益法核算长期股权投资，在确认应享有或应分担被投资企业的净利润或净亏损的份额时，应具备以下三个条件：一是投资企业与被投资企业采取相同的会计政策；二是投资企业与被投资企业具有相同的会计期间；三是投资企业应当以取得投资时被投资单位各项可辨认资产的公允价值为基础。

在上述三个条件不具备的情况下，进行如下调整后方可确认投资损益：

（1）被投资单位采用的会计政策及会计期间与投资企业不一致的，应当按照投资企业的会计政策及会计期间对被投资单位的财务报表进行调整，并据以确认投资损益。

（2）投资企业的投资收益应当以取得投资时被投资单位各项可辨认资产的公允价值为基础，对被投资单位净损益进行调整后加以确定。比如，以取得投资时被投资单位固定资产、无形资产的公允价值为基础计提的折旧或摊销额，相对于被投资单位已计提的折旧额或摊销额之间存在差额的，应按其差额对被投资单位的净损益进行调整，并按调整后的净损益和持股比例计算确认投资收益。在进行有关调整时，应当考虑重要性项目。如果无法可靠确定投资时被投资单位各项可辨认资产等的公允价值，或者投资时被投资单位可辨认资产等的公允价值与其账面价值之间的差额较小，以及其他原因导致无法对被投资单位的净损益进行调整，可以按照被投资单位的账面净损益与持股比例计算确认投资收益，但应在附注中说明这一事实及其原因。

1. 当被投资单位实现盈利时的账务处理

当被投资单位实现盈利时，按应享有的部分确认投资收益的金额，账务处理如下：

借：长期股权投资——损益调整

　　贷：投资收益

2. 当被投资单位发生亏损时的账务处理

在权益法下，投资企业确认被投资单位发生的净亏损，应当以长期股权投资的账面价值以及其他实质上构成对被投资单位净投资的长期权益减记至零为限，投资企业负有承担额外损失义务的除外。其他实质上构成对被投资单位净投资的长期权益，通常是指长期性的应收项目，如企业对被投资单位的长期债权，该债权没有明确的清收计划且在可预见的未来期间不准备收回的，实质上构成对被投资单位的净投资。对于被投资企业亏损问题的处理，应注意以下问题：

（1）投资企业不存在其他实质上构成对被投资单位净投资的长期权益以及负有承担额外损失义务的情况下。当被投资单位发生亏损时，投资企业确认投资损失的金额，应当以长期股权投资的账面价值减记至零为限。被投资单位亏损后以后实现净利润的，投资企业在其收益分享额弥补未确认的亏损分担额后，回复确认收益分享额。有关公式如下：

当"应承担亏损额＜投资账面价值"时，确认投资损失的金额＝应承担亏损额。账务处理如下：

借：投资收益
　　贷：长期股权投资——损益调整

当"应承担亏损额＞投资账面价值"，即存在超额亏损时，确认投资损失的金额＝投资账面价值，按投资账面价值，借记"投资收益"科目，贷记"长期股权投资——损益调整"科目。未确认投资损失金额＝应承担亏损额－投资账面价值；未确认的投资损失金额应在账外备查登记。以后盈利时确认投资收益的金额＝应分享收益额－未确认投资损失金额。

（2）投资企业存在其他实质上构成对被投资单位净投资的长期权益以及负有承担额外损失义务的情况下。当"应承担亏损额＞投资账面价值"，即存在超额亏损时，确认投资损失的金额＝应承担亏损额。在长期股权投资的账面价值减记至零以后，应当以其他实质上构成对被投资单位净投资的长期权益账面价值为限继续确认投资损失，冲减长期权益的账面价值。即按应承担亏损金额借记"投资收益"科目，按长期股权投资的账面价值转销"长期股权投资"科目，按其差额贷记"长期应收款"科目。该差额应以其他实质上构成对被投资单位净投资的长期权益账面价值为限。因投资合同或协议导致投资企业需要承担额外义务的，按照或有事项准则的规定，对符合确认条件的义务，应确认为预计负债，同时计入当期投资损失，即借记"投资收益"科目，贷记"预计负债"科目。除上述情况仍未确认的应分担被投资单位的损失，应在账外备查登记。被投资单位以后期间实现盈利的，扣除未确认的亏损分担额后，应按与上述顺序相反的顺序进行处理，减记已确认预计负债的账面余额，恢复其他长期权益及长期股权投资的账面价值，同时确认投资收益。即应当按顺序分别借记"预计负债"、"长期应收款"、"长期股权投资"科目，贷记"投资收益"科目。

四、持有期内，现金股利或利润的取得

按照权益法核算的长期股权投资，投资企业自被投资单位取得的现金股利或利润，应抵减长期股权投资的账面价值。具体账务处理如下：

借：应收股利
　　贷：长期股权投资——损益调整

实际收到时，账务处理如下：

借：银行存款
　　贷：应收股利

五、被投资单位除净损益以外所有者权益的其他变动

采用权益法核算时，投资企业对于被投资单位除净损益以外所有者权益的其他变动，在持股比例不变的情况下，投资企业按照持股比例计算应享有或承担的部分，调整长期股

权投资的账面价值，同时增加或减少资本公积（其他资本公积）。具体账务处理如下：

借：长期股权投资——其他权益变动

贷：资本公积——其他资本公积

或者，

借：资本公积——其他资本公积

贷：长期股权投资——其他权益变动

六、长期股权投资减值损失的核算

投资企业应当在资产负债表日判断对合营企业或联营企业的长期股权投资是否存在可能发生减值的迹象。如果存在减值迹象的，应当估计其可收回金额。若预计可收回金额低于其账面价值时，应将该长期股权投资的账面价值减记至可收回金额，减值的金额确认为减值损失。减值损失一经确认，在以后期间不得转回。确认减值损失时的具体账务处理如下：

借：资产减值损失

贷：长期股权投资减值准备

七、长期股权投资的处置

处置长期股权投资时，具体账务处理如下：

借：银行存款（按实际收到的金额）

长期股权投资减值准备（原已计提的减值准备累计数）

贷：长期股权投资——成本

——损益调整（或在借方）

——其他权益变动（或在借方）

应收股利（尚未领取的现金股利或利润）

资本公积——其他资本公积（原计入资本公积的相关累计金额，或在借方）

投资收益（差额，或在借方）

【相关案例】

案例1：A公司于2014年9月1日支付价款400万元购入B公司20%的有表决权股份，并对B公司具有重大影响。另支付相关税费5万元。同日，B公司可辨认净资产的公允价值为2200万元。

A公司2014年9月1日购入时的账务处理为：

借：长期股权投资——成本　　　　　　　　　　　　　　4400000

贷：银行存款　　　　　　　　　　　　　　　　　　4050000

营业外收入　　　　　　　　　　　　　　　　　350000

案例2：承接案例1，B公司2014年实现净利润500万元，宣告发放现金股利200万元。

（1）B公司2014年实现净利润，A公司应享有的份额 = 5000000 × 20% = 1000000（元）

借：长期股权投资——损益调整   1000000

  贷：投资收益   1000000

（2）B公司宣告发放现金股利，A公司应享有的份额 = 2000000 × 20% = 400000（元）

借：应收股利   400000

  贷：长期股权投资——损益调整   400000

案例3：承案例1、案例2，2015年B公司因持有的可供出售金融资产公允价值高于其账面价值，变动金额400万元已计入资本公积。假定A企业和B企业使用的会计政策、会计期间相同，投资时有关资产的公允价值与其账面价值也相同。不考虑相关的所得税影响。

在权益法下，被投资单位除损益以外的所有者权益发生变动，投资企业也应按其享有或承担的部分，相应调整长期股权投资的账面价值。所以A公司应享有的份额 = 4000000 × 20% = 800000（元），具体账务处理如下：

借：长期股权投资——其他权益变动   800000

  贷：资本公积——其他资本公积   800000

案例4：2013年8月5日，甲公司出资800万元购入乙公司40%的股份，款项用存款支付。甲公司享有乙公司可辨认净资产公允价值数额为620万元。甲公司能够对乙公司施加重大影响。乙公司2013年盈利30万元（未进行利润分配）。2014年乙公司亏损1200万元。为了解决乙公司生产经营资金的不足，甲公司于2015年初以长期应收款的方式向乙公司提供资金76万元，且该笔应收款无明确的偿还计划。2015年乙公司亏损950万元。相关会计处理如下：

（1）2013年8月5日，甲公司购入乙公司的40%股份时：

借：长期股权投资——成本   8000000

  贷：银行存款   8000000

（2）乙公司2013年实现盈利时：

甲公司应享有的份额 = 300000 × 40% = 120000（元）

借：长期股权投资——损益调整   120000

  贷：投资收益   120000

（3）乙公司2014年发生亏损时：

确认投资损失前，甲企业"长期股权投资"账面价值 = 8000000 + 120000 = 8120000（元）

甲公司应分担的损失份额 = 12000000 × 40% = 4800000（元）

借：投资收益   4800000

  贷：长期股权投资——损益调整   4800000

（4）2015年初以长期应收款的方式向乙公司提供资金76万元。

借：长期应收款   760000

  贷：银行存款   760000

（5）乙公司2015年发生亏损时：

确认投资损失前：

甲企业"长期股权投资"账面价值 = 8120000 − 4800000 = 3320000（元）

甲公司应分担的损失份额 = 9500000 × 40% = 3800000（元）

因为甲企业应分担的损失份额大于"长期股权投资"账面价值，所以将"长期股权投资"账户冲减至零后，还应冲减"长期应收款"账户。

借：投资收益   3800000

     长期股权投资——损益调整   4680000

    贷：长期股权投资——成本   8000000

      长期应收款   480000

项目五　固定资产

任务一　固定资产的初始计量

【专业知识】

根据《企业会计准则第 4 号——固定资产》的规定，固定资产是指同时具有下列特征的有形资产。

（1）为生产商品、提供劳务、出租或经营管理而持有的。

（2）使用寿命超过一个会计年度。其中使用寿命是指企业使用固定资产的预计期间，或者该固定资产所能生产产品或提供劳务的数量。使用寿命一般可从使用年限和使用期内所能生产的产品或提供劳务的数量来表示。

（3）固定资产为有形资产。

固定资产的初始计量是指固定资产初始成本的确定。固定资产应当按照成本进行初始计量，具体对成本计量时又要求按照以不同方式取得固定资产时所发生的实际成本计量。企业固定资产的取得方式主要有外购固定资产、自行建造、投资者投入、融资租入以及其他方式取得固定资产。

一、外购的固定资产

外购的固定资产成本，包括购买价款、相关税费（不包括允许抵扣的增值税进项税额）、使固定资产达到预定可使用状态前所发生的可归属该项资产的运输费、装卸费、安装费和专业人员服务费等。

（一）外购不需要安装的固定资产

借：固定资产

    应交税费——应交增值税（进项税额）

  贷：银行存款

注意：根据《增值税暂行条例》和《增值税暂行条例实施细则》及财税〔2009〕113号文件规定，固定资产涉及的进项税额抵扣范围是：凡是用于应税项目的机器、机械、运输工具类固定资产，其进项税额可以从销项税额中抵扣；专门用于非应税项目、免税项目、集体福利或者个人消费等的固定资产进项税额才不得抵扣；购进建筑物、构筑物及附属设备设施类固定资产进项税额一律不得抵扣。

（二）外购需要安装的固定资产

外购需要安装的固定资产，不可以直接投入生产经营，要经过安装才可以交付使用。企业外购的固定资产的成本和以后发生的安装费先通过"在建工程"账户归集，安装完工后再转入"固定资产"账户。

（1）外购时：

借：在建工程
　　　应交税费——应交增值税（进项税额）
　　　贷：银行存款

（2）安装完毕，交付使用时：

借：固定资产
　　　贷：在建工程

（三）外购多项有单独标价的固定资产

一笔款项购入多项没有单独标价的固定资产，应当按照各项固定资产公允价值比例对总成本进行分配，分别确定各项固定资产的成本。

二、自行建造的固定资产

自行建造的固定资产成本，由建造该项固定资产达到预定可使用状态前所发生的必要支出构成，包括工程用物资成本、人工成本、缴纳的相关税费、应予资本化的借款费用以及应分摊的间接费用。企业自行建造固定资产，可采用两种方式，即自营在建工程和出包在建工程。

（一）自营在建工程

企业自营在建工程主要通过"工程物资"和"在建工程"账户进行核算。"工程物资"账户主要核算企业为在建工程准备的各种物资的成本，包括工程用材料、尚未安装的设备以及为生产准备的工器具等，本账户可按"专用材料"、"专用设备"、"工器具"等进行明细核算。"在建工程"账户，核算企业基建、更新改造等在建工程发生的支出，本账户可按"建筑工程"、"安装工程"、"在安装设备"等进行明细核算。

（1）购入工程物资时：

借：工程物资
　　　贷：银行存款

（2）建造中发生的任何费用：

借：在建工程
　　　贷：工程物资
　　　　　应付职工薪酬
　　　　　银行存款

（3）工程完工，达到预定可使用状态时：

借：固定资产
　　　贷：在建工程

（二）出包在建工程

企业采用出包方式进行自建固定资产工程，其工程的具体支出在承包单位核算。企业"在建工程"科目主要核算企业与建造承包商办理工程价款的结算，企业应按合理估计的出包工程进度和合同规定结算进度款，借记"在建工程"，贷记"银行存款"、"预付账款"等科目。

（1）出包工程预付工程款时：

借：预付账款

    贷：银行存款

（2）工程完工，支付工程余款时：

借：在建工程

    贷：银行存款

        预付账款

（3）工程达到预定可使用状态时：

借：固定资产

    贷：在建工程

三、投资者投入的固定资产

投资者投入固定资产的成本应当按照投资合同或协议约定的价值确定，但投资合同或协议约定的价值不公允的除外。具体账务处理如下：

借：固定资产

    应交税费——应交增值税（进项税额）

    贷：实收资本

四、存在弃置义务的固定资产

弃置费用通常是根据国家法律和行政法规、国际公约等规定，企业承担的环境保护和生态恢复等义务所确定的支出，如核电站设施等的弃置和恢复义务等。

在取得存在弃置义务的固定资产时，其成本的确定还应当包括弃置费用，即固定资产的成本加上预计弃置费用的现值。

通过非货币性资产交换、债务重组等方式取得的固定资产，本书不作介绍。

【相关案例】

案例1：丁公司购入不需安装的生产设备一台，买价300万元，增值税51万元，并支付运输费、包装费和专业人员服务费等2万元，全部款项以银行存款支付。账务处理如下：

借：固定资产	3020000
应交税费——应交增值税（进项税额）	510000
贷：银行存款	3530000

案例2：丙公司购入需要安装的生产设备一台，买价500万元，增值税85万元，包装费、运输费1万元，安装费3.6万元，所有款项以银行存款支付。账务处理如下：

（1）购入需安装的设备时：

借：在建工程 5046000

  应交税费——应交增值税（进项税额） 850000

  贷：银行存款 5896000

（2）设备安装完毕交付使用时：

借：固定资产 5896000

  贷：在建工程 5896000

案例3：戊公司于2014年1月1日一次购入三套不同型号且具有不同生产能力的设备A、B、C，三明公司为该批设备共支付货款800万元，增值税额136万元，包装费5万元，全部以银行存款支付。假定设备A、B、C分别符合固定资产的定义及确认条件，其公允价值分别为350万元、400万元、250万元。三明公司应编制如下会计分录。

（1）确定固定资产的总成本：

固定资产的总成本 = 800 + 5 = 805（万元）

（2）确定A、B、C设备各自的入账价值：

设备A入账价值 = 805 × 350 ÷（350 + 400 + 250）= 281.75（万元）

设备B入账价值 = 805 × 400 ÷（350 + 400 + 250）= 322（万元）

设备C入账价值 = 805 × 250 ÷（350 + 400 + 250）= 201.25（万元）

（3）编制会计分录

借：固定资产——A 2817500

    ——B 3220000

    ——C 2012500

  应交税费——应交增值税（进项税额） 1360000

  贷：银行存款 9410000

案例4：2014年2月，P公司准备自行建造一条生产线，为此购入工程物资一批，增值税专用发票上注明的价款为200万元，增值税额为34万元，款项以银行存款支付，物资全部投入工程建造。工程领用生产用原材料一批，成本为30万元。领用本企业生产的水泥一批，实际成本8万元，税务部门确定的计税价格为10万元，增值税税率为17%。另外，在建造过程中，应付工程人员工资5万元，辅助生产车间为工程提供劳务2万元；3月末，工程达到预定可使用状态。编制相关会计分录。

（1）购入工程物资时：

借：工程物资 2000000

  应交税费——应交增值税（进项税额） 340000

  贷：银行存款 2340000

（2）领用工程物资时：

借：在建工程 2000000

  贷：工程物资 2000000

（3）领用生产用材料时：

借：在建工程 300000

  贷：原材料 300000

（4）领用本企业生产的水泥时：

借：在建工程　　　　　　　　　　　　　　　　　　　　　　　97000

　　贷：库存商品　　　　　　　　　　　　　　　　　　　　　　80000

　　　　应交税费——应交增值税（销项税额）　　　　　　　　17000

（5）计提应付工程人员工资时：

借：在建工程　　　　　　　　　　　　　　　　　　　　　　　50000

　　贷：应付职工薪酬　　　　　　　　　　　　　　　　　　　　50000

（6）辅助生产车间为工程提供劳务时：

借：在建工程　　　　　　　　　　　　　　　　　　　　　　　20000

　　贷：生产成本——辅助生产成本　　　　　　　　　　　　　　20000

（7）工程达到预定可使用状态时：

借：固定资产　　　　　　　　　　　　　　　　　　　　　　　397000

　　贷：在建工程　　　　　　　　　　　　　　　　　　　　　　397000

案例 5：甲公司建造一栋楼房，出包给某建筑企业，工程总造价 160 万元。根据出包合同，预付工程总造价的 60%，其余价款工程完工验收合格后付清。账务处理如下：

（1）根据出包合同，预付工程总造价的 60%。

借：预付账款　　　　　　　　　　　　　　　　　　　　　　　960000

　　贷：银行存款　　　　　　　　　　　　　　　　　　　　　　960000

（2）工程完工，办理工程价款结算。

借：在建工程　　　　　　　　　　　　　　　　　　　　　　　1600000

　　贷：银行存款　　　　　　　　　　　　　　　　　　　　　　640000

　　　　预付账款　　　　　　　　　　　　　　　　　　　　　　960000

（3）工程验收合格交付使用，结转在建工程成本。

借：固定资产　　　　　　　　　　　　　　　　　　　　　　　1600000

　　贷：在建工程　　　　　　　　　　　　　　　　　　　　　　1600000

案例 6：甲公司购入某项含有放射性元素的仪器，支付价款 800 万元，预计使用寿命为 10 年，根据生产情况，预计仪器使用期满报废时发生的特殊处置费为 10 万元，假设折现率（即为实际利率）为 10%。已知（P/F，10%，10）= 0.3855。

弃置费用的现值 = 100000 × （P/F，10%，10）= 100000 × 0.3855 = 38550（元）

固定资产入账价值 = 8000000 + 38550 = 8038550（元）

借：固定资产　　　　　　　　　　　　　　　　　　　　　　　8038550

　　贷：银行存款　　　　　　　　　　　　　　　　　　　　　　8000000

　　　　预计负债　　　　　　　　　　　　　　　　　　　　　　38550

［说明：上述计算中的（P/F，i，n）是复利现值系数，可通过查复利现值系数表求得。］

任务二 固定资产的后续计量

【专业知识】

一、固定资产折旧

（一）固定资产的折旧及相关概念

固定资产折旧是指在固定资产使用寿命内，按照确定的方法对应计折旧额进行系统分摊。

应计折旧额是指应当计提折旧的固定资产的原价扣除其预计净残值后的金额。对于已计提减值准备的固定资产，还应当扣除已计提的固定资产减值准备累计金额。

预计净残值是指假定固定资产预计使用寿命已满并处于使用寿命终了时的预期状态，企业目前从该项固定资产处置中获得的扣除预计处置费用后的金额。

企业应当根据固定资产的性质和使用情况，合理确定固定资产的使用寿命和预计净残值。固定资产的使用寿命、预计净残值一经确定，不得随意变更，但符合规定的除外。

企业确定固定资产使用寿命，应当考虑下列因素：

（1）预计生产能力或实物产量。

（2）预计有形损耗和无形损耗。

（3）法律或者类似规定对资产使用的限制。

（二）固定资产折旧的范围和核算要求

根据《企业会计准则——固定资产》中的规定，除以下情况外，企业应对固定资产计提折旧：

（1）已提足折旧仍继续使用的固定资产。

（2）按规定单独作价作为固定资产入账的土地。

企业应当按月计提折旧，当月增加的固定资产，当月不计提折旧，从下月起计提折旧；当月减少的固定资产，当月仍计提折旧，从下月起不计提折旧。

固定资产提足折旧后，不论能否继续使用，均不再计提折旧；提前报废的固定资产，也不再补提折旧。提足折旧是指已经提足该项固定资产的应计折旧额。

已达到预定可使用状态的固定资产但尚未办理竣工结算的，应当按照估计价值确定其成本，并计提折旧；待办理竣工结算后，再按照实际成本调整原来的暂估价值，但不需要调整已计提的折旧额。

（三）固定资产折旧的计算方法

企业应当根据与固定资产有关的经济利益的预期实现方式，合理选择固定资产折旧方法。可选用的折旧方法包括年限平均法、工作量法、年数总和法和双倍余额递减法等。固定资产折旧方法一经确定，不得随意变更，但符合规定的除外。

1. 年限平均法

年限平均法又称直线法、平均法，是指将固定资产的折旧按照预计使用寿命平均分摊到各期的一种方法。其计算公式如下：

年折旧额＝（固定资产原值－预计净残值）÷预计使用年限

月折旧额＝年折旧额÷12

在实际核算中，通常以折旧率计算固定资产的折旧额，其计算公式如下：

年折旧率＝（1－预计净残值率）÷预计使用年限×100%

月折旧率＝年折旧率÷12

月折旧额＝固定资产原值×月折旧率

上述公式中，预计净残值率是预计净残值与原值的比率。

2. 工作量法

工作量法是指按照固定资产在整个使用期间预计可完成的总工作量计提折旧额的方法。其计算公式如下：

每一工作量折旧额＝固定资产原值×（1－预计净残值率）÷预计总工作量

月折旧额＝该固定资产当月工作量×每一工作量折旧额

3. 年数总和法

年数总和法是一种加速折旧法，是将固定资产的原值减去预计净残值后的净额乘以一个逐年递减的分数计算每年折旧额，该分数的分子代表固定资产尚可使用的年数，分母代表使用年数的逐年数字总和。其计算公式如下：

年折旧率＝尚可使用年限÷预计使用年限的年数总和×100%

月折旧率＝年折旧率÷12

月折旧额＝固定资产原值×（1－预计净残值率）×月折旧率

4. 双倍余额递减法

双倍余额递减法是一种加速折旧法，是在不考虑固定资产预计净残值的情况下，根据每期固定资产账面净值和双倍的平均法折旧率计算固定资产折旧的一种方法。其计算公式如下：

年折旧率＝（2÷预计使用年限）×100%

月折旧率＝年折旧率÷12

月折旧额＝固定资产账面净值×月折旧率

最后两年的月折旧额＝（固定资产原值－累计折旧－预计净残值）÷2÷12

双倍余额递减法不考虑固定资产的预计净残值，使用这种方法计算时，注意要使固定资产的账面折余价值等于固定资产的预计净残值，即在固定资产折旧年限到期的前两年内，将固定资产净值扣除预计净残值后的余额平均计算。

采用加速折旧法，在固定资产使用的早期多提折旧，后期少提折旧。加快折旧速度，目的是使固定资产成本在预计使用年限内加快得到补偿。

（四）固定资产折旧的账务处理

企业应当按月计提的固定资产折旧，应根据用途计入相关资产的成本或者当期损益，具体账务处理如下。

借：制造费用（生产车间使用的固定资产计提的折旧）

在建工程（在建工程使用的固定资产计提的折旧）

管理费用（行政管理部门使用的固定资产计提的折旧）

销售费用（销售部门使用的固定资产计提的折旧）

其他业务成本（经营租赁方式出租的固定资产计提的折旧）

  贷：累计折旧

（五）固定资产折旧的复核

企业至少应当于每年年度终了时，对固定资产的使用寿命、预计净残值和折旧方法进行复核。

当使用寿命预计数与原先估计数有差异的，应当调整固定资产使用寿命。

当预计净残值预计数与原先估计数有差异的，应当调整预计净残值。

当与固定资产有关的经济利益预期实现方式有重大改变的，应当改变固定资产的折旧方法。

固定资产使用寿命、预计净残值和折旧方法的改变应当作为会计估计变更处理，本书不作介绍。

二、固定资产的后续支出

固定资产后续支出是指固定资产在使用过程中发生的更新改造支出、修理费用等。

对于固定资产的更新改造等后续支出，满足固定资产确认条件的应当计入固定资产成本，如有被替换的部分，应扣除其账面价值；不满足固定资产确认条件的应当计入"管理费用"科目。

三、经营租入固定资产改良

对于企业以经营租赁方式租入的固定资产发生的改良支出，应予以资本化，作为长期待摊费用，合理进行摊销。

【相关案例】

案例1：甲公司一楼房，原值1200000元，预计净残值率为2%，预计使用年限为4年。计算该楼房月折旧额。

年折旧额 = 1200000 × （1 - 2%）÷ 4 = 294000（元）

月折旧额 = 294000 ÷ 12 = 24500（元）

案例2：甲公司一辆运输卡车，原值40000元，预计净残值率5%，预计总工作量50万公里，当月完成工作量4000公里。计算该运输卡车当月折旧额。

每一工作量折旧额 = 40000 × （1 - 5%）÷ 500000 = 0.076（元/公里）

本月折旧额 = 4000 × 0.076 = 304（元）

案例3：承案例1，采用年数总和法计算该楼房各年折旧额。

第一年折旧率 = 4 ÷ （1 + 2 + 3 + 4）× 100% = 40%

折旧额 = 1200000 × （1 - 2%）× 40% = 470400（元）

第二年折旧率 = 3 ÷ （1 + 2 + 3 + 4）× 100% = 30%

折旧额 = 1200000 × （1 - 2%）× 30% = 352800（元）

第三年折旧率 = 2 ÷ （1 + 2 + 3 + 4）× 100% = 20%

折旧额 = 1200000 × （1 - 2%）× 20% = 235200（元）

第四年折旧率 = 1 ÷ （1 + 2 + 3 + 4）× 100% = 10%

折旧额 = 1200000 × （1 – 2%）×10% = 117600（元）

案例 4： 承案例 1，采用双倍余额递减法计算该楼房各年折旧额。

年折旧率 = 2 ÷ 4 ×100% = 50%

预计净残值 = 1200000 × 2% = 24000（元）

第一年折旧额 = 1200000 × 50% = 600000（元）

第二年折旧额 = （1200000 – 600000）×50% = 300000（元）

最后两年采用直线法计算折旧：

第三年、第四年折旧额 = （1200000 – 600000 – 300000 – 24000）÷ 2 = 138000（元）

案例 5： 甲公司按规定计提本月固定资产折旧，生产部门固定资产折旧 80000 元，管理部门固定资产折旧 10000 元，专设销售部门固定资产折旧 20000 元，经营性出租固定资产折旧 9000 元。要求：编制计提折旧时的会计分录。

借：制造费用	80000	
管理费用	10000	
销售费用	20000	
其他业务成本	9000	
贷：累计折旧		119000

案例 6： 甲公司现有一辆运输车，2014 年 4 月花费日常修理费用 600 元，2014 年 12 月，为增加运载能力，使其载重能力由 4 吨增加到 5 吨，支出 20000 元改造费用。

4 月的支出属于日常维修费用，是为了维护车辆正常运输能力，应计入当期损益。

借：管理费用	600	
贷：库存现金		600

12 月的支出增强了车辆的载重能力，提高了该资产获取经济利益的能力，应当资本化，计入固定资产的价值。

借：固定资产	20000	
贷：银行存款		20000

案例 7： 企业 2014 年 3 月初对某生产线改造，该生产线原价 1800 万元，已提折旧 500 万元，已提减值准备 100 万元。在改造过程中，领用工程物资 155 万元，发生人工费用 50 万元，耗用其他费用 60 万元（以银行存款支付）。在试运行中取得净收入 15 万元。在 2014 年 3 月末改造完工投入使用，改造后生产线可使其产品产量实质性提高，该改造支出应予以资本化。

（1）2014 年 3 月转入改造，将资本化的固定资产后续支出应当终止确认，被替换部分的账面价值，视同处置将账面价值结转：

借：在建工程	12000000	
累计折旧	5000000	
固定资产减值准备	1000000	
贷：固定资产		18000000

（2）发生的改造支出，在实际发生时：

借：在建工程	2650000	
贷：工程物资		1550000

应付职工薪酬	500000
银行存款	600000

（3）取得试运行净收入，应冲减工程成本：

借：银行存款　　　　　　　　　　　　　　　　　　　150000

　　贷：在建工程　　　　　　　　　　　　　　　　　　　150000

（4）完工结转，将更新改造后的固定资产重新入账：

借：固定资产　　　　　　　　　　　　　　　　　　14500000

　　贷：在建工程　　　　　　　　　　　　　　　　　14500000

任务三　处置固定资产的核算

【专业知识】

固定资产处置的确认和计量实质上是指对固定资产终止的确认和计量。

一、固定资产终止确认的条件

固定资产满足下列条件之一的，应当予以终止确认：

（1）固定资产处于处置状态。固定资产处置包括固定资产的出售、转让、报废或毁损、对外投资、非货币性资产交换、债务重组等。处于处置状态的固定资产不再用于生产商品、提供劳务、出租或经营管理，因此不再符合固定资产的定义，应予终止确认。

（2）该固定资产预期通过使用或处置不能产生经济利益。固定资产的确认条件之一是"与该固定资产有关的经济利益很可能流入企业"，如果一项固定资产预期通过使用或处置不能产生经济利益，那么就不再符合固定资产的定义和确认条件，应予终止确认。

二、固定资产处置的计量

企业出售、转让、报废固定资产和发生固定资产毁损，应当将处置收入扣除账面价值和相关税费后的金额计入当期损益。固定资产账面价值是固定资产成本扣减累计折旧和累计减值准备后的金额。

固定资产的处置一般通过"固定资产清理"账户核算。"固定资产清理"账户借方登记转入处置固定资产账面价值、处置过程中发生的费用和相关税金；贷方登记收回处置固定资产的价款、残料、变价收入和应由保险公司赔偿的损失。本账户期末借方余额反映尚未清理完毕的固定资产清理净损失；贷方余额反映尚未清理完毕的固定资产清理净收益。清理完毕后，该账户无余额。

1. 固定资产的出售、转让、报废

（1）转入清理。

借：固定资产清理

　　累计折旧

固定资产减值准备

　　贷：固定资产

（2）支付清理费用及相关税费。

借：固定资产清理

　　贷：银行存款

　　　　应交税费——应交营业税

（3）取得出售收入或报废材料收入。

借：银行存款

　原材料

　　贷：固定资产清理

（4）结转清理收益。

借：固定资产清理

　　贷：营业外收入——处置固定资产净收益

或者结转清理损失：

借：营业外支出——处置固定资产净损失

　　贷：固定资产清理

2. 固定资产的盘亏

（1）发现固定资产盘亏时：

借：待处理财产损溢——待处理固定资产损溢

　　累计折旧

　　固定资产减值准备

　　贷：固定资产

（2）经批准，将固定资产的盘亏造成的损失，应当计入当期损益。

借：营业外支出——固定资产盘亏

　　贷：待处理财产损溢——待处理固定资产损溢

3. 固定资产的盘盈

固定资产的盘盈，应作为前期差错直接计入"以前年度损益调整"账户。具体账务处理如下：

借：固定资产

　　贷：以前年度损益调整

注意：固定资产盘盈的业务处理不通过"待处理财产损溢"科目。"以前年度损益调整"科目属于损益类科目，期末时应转入"利润分配"，而不是转入"本年利润"。

三、固定资产减值的迹象

固定资产减值是指固定资产的可收回金额低于其账面价值。

企业在资产负债表日，应当判断固定资产是否存在可能发生减值的迹象。如果固定资产存在减值迹象，应当进行减值测试，估计固定资产的可收回金额。可收回金额低于账面价值的，应当按照可收回金额低于账面价值的金额计提减值准备。

固定资产减值迹象是固定资产是否需要进行减值测试的必要前提。固定资产可能发生减值的迹象主要从外部信息来源和内部信息来源两方面加以判断。

从企业外部信息来源来看，以下情况均属于固定资产可能发生减值的迹象，企业应该据此估计固定资产的可收回金额，决定是否需要确认减值损失。

（1）如果出现了固定资产的市价在当期大幅度下降，其跌价幅度高于因时间的推移或者正常使用而预计的下跌。

（2）如果企业经营所处的经济、技术或者法律等环境以及固定资产所处的市场在当期或者将在近期发生重大变化，从而对企业产生不利影响。

（3）如果市场利率或者其他市场投资报酬率在当期已经提高，从而影响企业计算固定资产预计未来现金流量现值的折现率，导致固定资产可收回金额大幅度降低等。

从企业内部信息来源来看，以下情况均属于固定资产可能发生减值的迹象，企业应该据此估计固定资产的可回收金额，决定是否需要确认减值损失。

（1）如果企业有证据表明固定资产已经陈旧过时或者计划实体已经损坏。

（2）如果固定资产已经或者将被闲置、终止使用或者计划提前处置。

（3）如果企业内部报告的证据表明固定资产的经济绩效已经低于或者将低于预期，比如固定资产所创造的净现金流量或者实现的营业利润远远低于原来的预算或者预计金额等。

四、固定资产减值的核算

固定资产可收回金额低于账面价值时，应当将固定资产的账面价值减记至可收回金额，减记的金额确认为固定资产减值损失，计入当期损益，同时计提相应的资产减值准备。具体账务处理如下：

借：资产减值损失

　　贷：固定资产减值准备

注意：固定资产减值损失一经确认，在以后期间不得转回。但是，遇到固定资产处置、出售、对外投资等情况，同时符合固定资产终止确认条件的，企业应当将固定资产减值准备予以转销。

固定资产计提减值准备后，固定资产账面价值将根据计提的减值准备相应抵减。在未来期间计提折旧时，应当以新的固定资产账面价值为基础计提每期折旧。

【相关案例】

案例1：S公司出售的一台生产设备，取得价款25.74万元（含税），已收存银行；开出的增值税专用发票注明的价款为22万元，增值税税额为3.74万元。该设备原价110万元，已提折旧80万元；出售中发生相关费用1万元，已用银行存款支付。账务处理如下：

（1）将固定资产转入清理时：

借：固定资产清理　　　　　　　　　　　　　　　　　300000

　　累计折旧　　　　　　　　　　　　　　　　　　　800000

　　贷：固定资产　　　　　　　　　　　　　　　　　　　　1100000

（2）支付清理费用时：

借：固定资产清理   10000

  贷：银行存款   10000

（3）清理收入时：

借：银行存款   257400

  贷：固定资产清理   220000

    应交税费——应交增值税（销项税额）   37400

（4）结转清理的净损失时：

借：营业外支出——处置固定资产净损失   90000

  贷：固定资产清理   90000

案例 2：F 公司出售一栋厂房，原值 450 万元，已提折旧 180 万元，收到出售价款 320 万元存入银行。以银行存款 1.5 万元支付清理费用。已知营业税税率为 5%。账务处理如下：

（1）固定资产转入清理：

借：固定资产清理   2700000

  累计折旧   1800000

  贷：固定资产   4500000

（2）取得出售价款存入银行：

借：银行存款   3200000

  贷：固定资产清理   3200000

（3）计算应缴纳的营业税：

借：固定资产清理   160000

  贷：应交税费——应交营业税   160000

（4）支付清理费用：

借：固定资产清理   10000

  贷：银行存款   10000

（5）结转清理净收益：

借：固定资产清理   330000

  贷：营业外收入——处置固定资产净收益   330000

案例 3：W 公司报废的一台生产设备。该设备原价 175 万元，已提折旧 160 万元；报废时，发生相关清理费用 1.5 万元，已用银行存款支付。残料价值 5 万元作为原材料入库。账务处理如下：

（1）将固定资产转入清理：

借：固定资产清理   150000

  累计折旧   1600000

  贷：固定资产   1750000

（2）支付清理费用：

借：固定资产清理   15000

  贷：银行存款   15000

（3）残料入库：

借：原材料 50000
　　贷：固定资产清理 50000
（4）结转清理的净损失：
借：营业外支出——处置固定资产净损失 115000
　　贷：固定资产清理 115000

案例4：Z公司因自然灾害毁损一设备，原值400万元，已提折旧380万元，经批准报废。在清理过程中，以银行存款支付清理费用1万元，拆除的残料2万元，列作原材料，另一部分变卖收入8万元。账务处理如下：

（1）固定资产转入清理：
借：固定资产清理 200000
　　累计折旧 3800000
　　贷：固定资产 4000000
（2）支付清理费用：
借：固定资产清理 10000
　　贷：银行存款 10000
（3）出售收入和材料入库：
借：银行存款 20000
　　原材料 80000
　　贷：固定资产清理 100000
（4）结转清理损失：
借：营业外支出——非常损失 110000
　　贷：固定资产清理 110000

案例5：G公司对固定资产进行清查时发现盘亏设备一台，原值298万元，已提折旧263万元。经批准，该盘亏设备作营业外支出处理。账务处理如下：

（1）发现盘亏时：
借：待处理财产损溢——待处理固定资产损溢 350000
　　累计折旧 2630000
　　贷：固定资产 2980000
（2）经批准进行处理时：
借：营业外支出——固定资产盘亏 350000
　　贷：待处理财产损溢——待处理固定资产损溢 350000

案例6：在年末G公司根据减值测试结果，确定本年初取得的一项固定资产可收回金额为1400万元，其账面价值为1600万元。该固定资产可收回金额低于其账面价值200万元。账务处理如下：

借：资产减值损失——固定资产减值损失 2000000
　　贷：固定资产减值准备 2000000

项目六　投资性房地产

任务一　投资性房地产的范围及计量模式

【专业知识】

一、投资性房地产概念及特征

随着社会主义市场经济的发展和完善，我国房地产市场日益活跃，企业持有的房地产除用作自身管理、生产经营活动场所和对外销售外，出现了将房地产用于赚取租金或增值收益的活动，甚至是个别企业的主营业务。房地产是土地和房屋及其权属的总称。在我国，土地归国家或集体所有，企业只能取得土地使用权。因此，房地产中的土地是指土地使用权。房屋是指土地上的房屋等建筑物及构筑物。

（一）投资性房地产的概念与确认

投资性房地产是指为赚取租金或资本增值，或者两者兼有而持有的房地产。投资性房地产应当能够单独计量和出售。

如一项资产在符合投资性房地产的概念并同时满足下列两个条件时，才可确认为投资性房地产：①与该投资性房地产相关的经济利益很可能流入企业。②该投资产性房地产的成本能够可靠计量。

（二）投资性房地产的特征

1. 投资性房地产业务是一种经营性活动

投资性房地产的主要形式是出租建筑物、出租土地使用权，实质上属于一种让渡资产使用权行为。房地产租金就是让渡资产使用权取得的使用费收入，是企业为完成其经营目标所从事的经营性活动以及与之相关的其他活动形成的经济利益总流入。

投资性房地产的另一种主要形式是持有并准备增值后转让的土地使用权。尽管增值收益通常与市场供求、经济发展等因素有关，但目的是为了增值后转让以赚取增值收益，也是企业为完成其经营目标所从事的经营性活动以及与之相关的其他活动形成的经济利益总流入。

对于大部分企业而言，投资性房地产业务是与经营性活动相关，形成的租金收入或转让增值收益构成企业的其他业务收入。

2. 投资性房地产与自用生产经营的房地产和开发销售的房地产的区别

用于出租或增值的房地产就是投资性房地产，它在用途、状态、目的等方面与企业自用的厂房、办公楼等作为生产经营场所的房地产和房地产开发企业用于销售的房地产是不同的。这就需要将投资性房地产单独作为一项资产核算和反映，从而更加清晰地反映企业所持有房地产的构成情况和盈利能力。

二、投资性房地产的范围

投资性房地产的范围包括已出租的土地使用权、持有并准备增值后转让的土地使用权以及已出租的建筑物。

1. 已出租的土地使用权

已出租的土地使用权是指企业通过出让或转让方式取得的、以经营租赁方式出租的土地使用权。企业取得的土地使用权通常包括在一级市场上以缴纳土地出让金的方式取得的土地使用权，以及在二级市场上接受其他单位转让的土地使用权。对于以经营租方式租入土地使用权再转租给其他单位的，不能确认为投资性房地产。

2. 持有并准备增值后转让的土地使用权

持有并准备增值后转让的土地使用权是指企业通过出让或转让的方式取得的并准备增值后转让的土地使用权。这类土地使用权很可能给企业带来资本增值收益，符合投资性房地产的定义。例如，企业发生转产或厂址搬迁，部分土地使用权停止自用，管理层决定继续持有这部分土地使用权，待其增值后转让以赚取增值收益。但按照国家有关规定认定的闲置土地，不属于持有并准备增值后转让的土地使用权，也就不属于投资性房地产。

3. 已出租的建筑物

已出租的建筑物是指企业拥有产权的并以经营租赁方式出租的建筑物，包括自行建造或开发活动完成后用于出租的建筑物。例如，甲公司将其拥有的某栋厂房整体出租给乙公司，租赁期 2 年。对于甲公司而言，自租赁期开始日起，该栋厂房属于投资性房地产。

企业在判断和确认已出租的建筑物时，应当把握以下要点：

(1) 用于出租的建筑物是指企业拥有产权的建筑物。企业以经营租赁方式租入再转租的建筑物不属于投资性房地产。例如，甲企业与乙企业签订了一项经营租赁合同，乙企业将其持有产权的一栋办公楼出租给甲企业，为期 5 年。甲企业一开始将该办公楼改装后用于自行经营餐馆。两年后，由于连续亏损，甲企业将餐馆转租给丙公司，以赚取租金差价。在这种情况下，对于甲企业而言，该栋楼不属于投资性房地产。对于乙企业而言，则属于投资性房地产。

(2) 用于出租的建筑物是指企业已与其他方签订租赁协议的建筑物。已出租的建筑物是企业已经与其他方签订了租赁协议，约定以经营租赁方式出租的建筑物。自租赁协议规定的租赁期开始日起，经营租出的建筑物才属于已出租的建筑物。企业计划用于出租但尚未出租的建筑物，不属于已出租的建筑物。例如，甲企业在房地产交易中心通过竞拍取得一块土地的使用权。甲企业按照合同规定对这块地进行开发，并在这块土地上建造了一栋商场，拟用于整体出租，但尚未找到合适的承租人。本例中，这栋商场不属于投资性房地产。直到甲企业与承租人签订经营租赁合同，自租赁期开始日起，这栋商场才能转换为投资性房地产；同时，相对的土地使用权（无形资产）也应当转换为投资性房地产。

(3) 用于出租的建筑物是企业按租赁协议所提供的辅助服务不重大的建筑物。企业将建筑物出租，按租赁协议向承租人提供的相关辅助服务在整个协议中不大的，应当将该建筑物确认为投资性房地产。例如，企业将其办公楼出租，同时向承租人提供维护、保安等日常辅助服务，企业应当将其确认为投资性房地产。又如，甲企业在市中心购买了一栋写字楼，共 12 层。其中 1 层经营出租给某大型超市，2~5 层经营出租给乙公司，6~12

层经营出租给丙公司。甲企业同时为该写字楼提供保安、维修等日常辅助服务。本例中，甲企业将写字楼出租，同时提供的辅助服务不重大。对于甲企业而言，这栋写字楼属于甲企业的投资性房地产。

此外，请注意下列项目不属于投资性房地产：

（1）自用房地产。自用房地产是指为生产商品、提供劳务或者经营管理而持有的房地产。如企业生产经营用的厂房和办公楼属于固定资产，企业生产经营用的土地使用权属于无形资产。自用房地产的特征在于服务于企业自身的生产经营，其价值会随着房地产的使用而逐渐转移到企业的产品或服务中去，通过销售商品或提供服务为企业带来经济利益，在产生现金流量的过程中与企业持有的其他资产密切相关。

例如，企业拥有并自行经营的旅馆饭店。旅馆饭店的经营者在向顾客提供住宿服务的同时，还提供餐饮、娱乐等其他服务，其经营目的主要是通过向客户提供服务取得服务收入，因此，企业自行经营的旅馆饭店是企业的经营场所，应当属于自用房地产，而不是投资性房地产。

（2）作为存货的房地产。作为存货的房地产通常是指房地产开发企业在正常经营过程中销售的或为销售而正在开发的商品房和土地。这部分房地产属于房地产开发企业的存货，其生产、销售构成企业的主营业务活动，产生的现金流量与企业的其他资产密切相关。因此，具有存货性质的房地产不属于投资性房地产。从事房地产经营开发的企业依法取得的、用于开发后出售的土地使用权，属于房地产开发企业的存货，即使房地产开发企业决定待增值后再转让其开发的土地，也不得将其确认为投资性房地产。

在实务中，存在某项房地产部分自用或作为存货出售、部分用于赚取租金或资本增值的情形。对于某项房地产不同用途的部分都能够单独计量和出售的，应当分别确认为固定资产（或无形资产、存货）和投资性房地产。对于不能单独计量和出售的、用于赚取租金或资本增值的部分，不能确认为投资性房地产，而应当确认为固定资产或无形资产。

三、投资性房地产的计量模式

投资性房地产准则规定，投资性房地产应当按照成本进行初始确认和计量。其中，建筑物成本的构成与固定资产一致，土地使用权成本的构成与无形资产一致。

在后续计量中，通常应当采用成本模式。企业存在确凿证据表明投资性房地产的公允价值能够持续可靠取得的，也可以采用公允价值模式。但是，同一企业只能采用一种模式对所有投资性房地产进行后续计量，不得同时采用两种计量模式进行后续计量。企业对投资性房地产的计量模式一经确定，不得随意变更。满足公允价值计量模式条件下，成本模式可以转换为公允价值模式。但已采用公允价值模式计量的投资性房地产，不得从公允价值模式转换为成本模式。

【相关案例】

案例 1： 2014 年 6 月 30 日，甲公司与乙公司签署了土地使用权的经营租赁协议，约定自 2014 年 7 月 1 日开始，甲公司以年租金 720 万元租赁使用乙公司拥有的 40 万平方米土地使用权，租赁期为 10 年。2014 年 10 月 1 日，甲公司以年租金 780 万元将此土地使用权转租给丙公司，租赁期为 8 年。假设以上交易均不违反国家有关规定。现在，甲、乙两公司的会计都将此土地使用权作为投资性房地产进行核算。对吗？

解析：本例中，乙公司以年租金 720 万元将自己拥有的 40 万平方米土地使用权出租给甲公司，乙公司应自租赁协议约定的租赁期开始日即 2014 年 7 月 1 日起，这项土地使用权属于乙公司的投资性房地产，应将其按投资性房地产准则进行核算。

但对于甲公司而言，所出租的土地使用权是通过经营租赁方式租入的，而不是通过出让或转让方式取得的，所以这项土地使用权不能予以确认，也不属于甲公司的投资性房地产。

案例 2：甲房地产开发商建造一栋商住两用的楼盘，第一层出租给一家大型超市，已签订经营租赁合同；其余楼层均为普通住宅，正在公开销售中。请问应该将整栋楼全部作为投资性房地产核算，还是将第一层作为投资性房地产核算，其余楼层作为存货核算？

解析：本例中，对于甲房地产开发商而言，如果第一层的商铺能够单独计量和出售的，就可以作为甲企业的投资性房地产进行核算；如果不能单独计量和出售的，则不能作为投资性房地产。其余楼层因正在公开销售，应作为甲企业的存货即开发产品进行核算。

任务二　采用成本模式计量的投资性房地产的核算

【专业知识】

一、成本模式的概述

投资性房地产准则规定，投资性房地产应当按照成本进行初始确认和计量。成本模式的会计处理比较简单，主要涉及"投资性房地产"、"投资性房地产累计折旧"、"投资性房地产累计摊销"、"投资性房地产减值准备"等科目，可比照"固定资产"、"无形资产"、"累计折旧"、"累计摊销"、"固定资产减值准备"、"无形资产减值准备"等相关科目进行处理。

"投资性房地产"科目，核算企业采用成本模式计量的投资性房地产的成本。借方登记外购、自行建造等方式取得的投资性房地产的成本，贷方登记转换为自用房地产和处置的投资性房地产的账面余额，本科目借方余额反映企业采用成本模式计量的投资性房地产的成本。

"投资性房地产累计折旧（或摊销）"科目，核算企业投资性房地产的累计折旧（或摊销）。贷方登记计提的投资性房地产的累计折旧（或摊销）额，借方登记转换或处置的投资性房地产的累计折旧（或摊销）额，期末贷方余额反映投资性房地产的累计折旧（或摊销）额。

"投资性房地产减值准备"科目，核算投资性房地产的减值准备。贷方登记计提的减值准备，借方登记转换或处置的投资性房地产已提的减值准备。本科目贷方余额，反映企业已计提但尚未转销的投资性房地产减值准备。

二、投资性房地产取得时的核算

取得投资性房地产的方式主要有以下几种：

（一）外购的投资性房地产

对于外购的房地产，只有在购入房地产的同时开始对外出租或用于资本增值，才能称为外购的投资性房地产。外购采用成本模式计量的土地使用权和建筑物，应当按照取得时的实际成本进行初始计量，其成本包括购买价款、相关税款和可直接归属于该资产的其他支出。具体账务处理如下：

借：投资性房地产

　　贷：银行存款等科目

注意：对于企业购入的房地产，部分用于出租（或资本增值）、部分自用，用于出租（或资本增值）的部分应予以单独确认的，应按照不同部分的公允价值占公允价值总额的比例将成本在不同部分之间进行合理的分配。

（二）自行建造的投资性房地产

对于企业自行建造（或开发，下同）的房地产，只有在自行建造或开发活动完成（即达到预定可使用状态）的同时开始对外出租或用于资本增值时，才能将自行建造的房地产确认为投资性房地产。

借：投资性房地产

　　贷：在建工程

注意：自行建造的采用成本模式计量的投资性房地产，其成本由建造该项资产达到预定可使用状态前发生的必要支出构成，包括土地开发费、建筑成本、应予以资本化的借款费用、支付的其他费用和分摊的间接费用等。建造过程中发生的非正常性损失直接计入当期损益，不计入建造成本。

（三）非投资性房地产转换为投资性房地产

房地产的转换，实质上是因房地产用途发生改变而对房地产进行的重新分类。企业必须有确凿证据表明房地产用途发生改变，才能将投资性房地产转换为非投资性房地产或者将非投资性房地产转换为投资性房地产。这里的确凿证据包括两个方面：一是企业管理当局应当就改变房地产用途形成正式的书面决议；二是房地产因用途改变而发生实际状态上的改变，如从自用状态改为出租状态。

1. 房地产转换的主要形式

（1）投资性房地产开始自用。即企业将原本用于赚取租金或资本增值的房地产改用于生产商品、提供劳务或者经营管理，投资性房地产相应地转换为固定资产或无形资产。

（2）作为存货的房地产转为出租。通常指房地产开发企业将其持有的开发产品以经营租赁的方式出租，相应地由存货转换为投资性房地产。

（3）自用土地使用权转为出租或用于资本增值。即企业将原用于生产商品、提供劳务或者经营管理的土地使用权改用于出租或资本增值，相应地由无形资产转换为投资性房地产。

（4）自用建筑物改为出租。即企业将原用于生产商品、提供劳务或者经营管理的建筑物改用于出租，相应地由固定资产转换为投资性房地产。

2. 房地产的转换日

房地产的转换首先要确定转换日。转换日是指房地产的用途发生改变、状态发生相应改变的日期。

（1）投资性房地产开始自用的转换日是指房地产达到自用状态，企业开始将房地产用于生产商品、提供劳务或者经营管理的日期。

（2）作为存货的房地产转为出租、自用建筑物改为出租或自用土地使用权转为出租的转换日应为租赁开始日，即承租人有权行使其使用租赁资产权利的日期。

（3）自用土地使用权用于资本增值的转换日为企业停止将该土地使用权用于生产商品、提供劳务或者经营管理且管理当局作出房地产转换书面决议的日期。

3. 非投资性房地产转换为投资性房地产

对于非投资性房地产转换为投资性房地产的，主要有以下两种情形：

（1）作为存货的房地产转换为投资性房地产。通常指房地产开发企业将其持有的开发产品以经营租赁的方式出租，存货相应地转换为投资性房地产。企业将作为存货的房地产转换为采用成本模式计量的投资性房地产，应当按该项存货在转换日的账面价值作为投资性房地产的入账价值。具体账务处理如下：

借：投资性房地产

　　存货跌价准备（原已计提的跌价准备累计数）

　　　贷：开发产品等科目

（2）自用房地产转换为投资性房地产。企业将原本用于生产商品、提供劳务或者经营管理的房地产改用于出租，应于租赁期开始日，将相应的固用资产或无形资产转换为投资性房地产。

企业将自用土地使用权或建筑物转换为以成本模式计量的投资性房地产时，应当按该项建筑物或土地使用权在转换日的原价、累计折旧、减值准备等，分别转入"投资性房地产"、"投资性房地产累计折旧（或摊销）"、"投资性房地产减值准备"科目。具体账务处理如下：

借：投资性房地产

　　累计折旧或累计摊销

　　固定资产减值准备或无形资产减值准备

　　　贷：固定资产或无形资产

　　　　　投资性房地产累计折旧（或摊销）

　　　　　投资性房地产减值准备

三、投资性房地产的后续计量

1. 投资性房地产的计提折旧或摊销

采用成本模式进行后续计量的投资性房地产，应当按照固定资产或无形资产的有关规定，按期（月）计提折旧或摊销，具体账务处理如下：

借：其他业务成本

　　　贷：投资性房地产累计折旧（或摊销）

2. 取得租金时

取得租金收入时，具体账务处理如下：

借：银行存款或其他应收款等科目

　　　贷：其他业务收入

3. 计提减值准备时

投资性房地产每年年末经减值测试确定发生减值时，应计提的减值准备，具体账务处理如下：

借：资产减值损失

　　贷：投资性房地产减值准备

注意：如果已经计提减值准备的投资性房地产的价值又得以恢复，不得转回。

四、投资性房地产的后续支出

与投资性房地产有关的后续支出分为两部分：一是满足投资性房地产确认条件的支出应予以资本化，计入投资性房地产的成本；二是不符合投资性房地产确认条件的支出，应当在发生时直接计入当期损益。

（一）资本化的后续支出

对于与投资性房地产有关的后续支出，满足投资性房地产确认条件的应当计入投资性房地产成本。例如，企业为了提高投资性房地产的使用效果，往往需要对投资性房地产进行改建、扩建而使其更加坚固耐用，或者通过装修而改善其室内装潢，改扩建或装修支出满足确认条件的应当将其资本化。对于某项投资性房地产进行改扩建等再开发且将来仍作为投资性房地产的，再开发期间应继续将其作为投资性房地产，不计提折旧或摊销。

（二）费用化的后续支出

对于与投资性房地产有关的后续支出，不满足投资性房地产确认条件的应当在发生时计入当期损益，具体账务处理如下：

借：其他业务成本

　　贷：银行存款

五、投资性房地产转换为非投资性房地产

（一）投资性房地产转换为自用房地产

当企业将原来用于赚取租金或资本增值的房地产改为用于生产商品、提供劳务或者经营管理，此时投资性房地产相应地转换为固定资产或无形资产。例如，企业将出租的厂房收回，并用于生产本企业的产品。在此种情况下，转换日为房地产达到自用状态，企业开始将房地产用于生产商品、提供劳务或者经营管理的日期。具体账务处理如下：

借：固定资产或无形资产

　　投资性房地产累计折旧（或摊销）

　　投资性房地产减值准备

　　贷：投资性房地产

　　　　累计折旧或累计摊销

　　　　固定资产减值准备或无形资产减值准备

（二）投资性房地产转换为存货

对于房地产开发企业将用于经营出租的房地产重新开发用于对外销售的，即从投资性房地产转换为存货。在这种情况下，转换日为租赁期届满、企业董事会或类似机构作出书面决议明确表明将其重新开发用于对外销售的日期。具体账务处理如下：

借：开发产品

　　投资性房地产累计折旧（或摊销）

　　投资性房地产减值准备

　　贷：投资性房地产

　　　　存货跌价准备

六、成本计量模式下，投资性房地产的处置

当投资性房地产被处置或者永久退出使用且预计不能从其处置中取得经济利益时，应当终止确认该项投资性房地产。

企业可以通过对外出售或转让的方式处置投资性房地产，以取得投资收益。对于那些由于使用而不断磨损直到最终报废，或者由于遭受自然灾害等非正常损失发生毁损的投资性房地产，应当及时进行清理。此外，企业因其他原因，如非货币性资产交换等而减少投资性房地产也属于投资性房地产的处置。企业出售、转让、报废投资性房地产或者发生投资性房地产毁损，应当将处置收入扣除其账面价值和相关税费后的金额计入当期损益。

处置采用成本模式计量的投资性房地产时，具体账务处理如下：

借：银行存款（实际收到的价款）

　　贷：其他业务收入

同时，

借：其他业务成本（该项投资性房地产的账面价值）

　　投资性房地产累计折旧（或摊销）（该项投资性房地产已计提的折旧或摊销）

　　投资性房地产减值准备（该项投资性房地产已计提的减值准备）

　　贷：投资性房地产（该项投资性房地产的账面余额）

【相关案例】

案例 1：2014 年 12 月，甲企业计划购入一栋写字楼，并已签订租赁协议自购买日起将这栋写字楼出租给乙企业，为期 5 年。12 月 5 日，甲企业购入写字楼，支付价款共计 1200 万元（假设不考虑其他因素，甲企业采用成本模式进行计量）。甲企业的账务处理如下：

借：投资性房地产——写字楼　　　　　　　　　　　　　　　12000000

　　贷：银行存款　　　　　　　　　　　　　　　　　　　　　12000000

案例 2：2014 年 3 月，甲企业从其他单位购入一块土地的使用权，并在该块土地上开始自行建造三栋厂房。2014 年 11 月，甲企业预计厂房即将完工，与乙公司签订了经营租赁合同，将其中的一栋厂房租赁给乙公司使用，按月支付租金，每月租金 10 万元，租期 10 年。租赁合同约定，该厂房于完工（达到预定可使用状态）时开始起租。2014 年 12 月 1 日，三栋厂房同时完工（达到预定可使用状态）。该块土地使用权的成本为 600 万元；三栋厂房的造价均为 1000 万元，能够单独出售（假设不考虑其他因素，甲企业采用成本模式进行计量）。甲企业的账务处理如下：

土地使用权中的对应部分同时转换为投资性房地产 $[600 \times (1000 \div 3000)]$ = 200 万元。

```
借：投资性房地产——厂房                                      10000000
    贷：在建工程                                                    `10000000
借：投资性房地产——土地使用权                                2000000
    贷：无形资产——土地使用权                                      2000000
```

案例 3：A 公司拥有一栋本公司总部使用的办公楼，公司董事会就将该办公楼用于出租形成了书面决议。2014 年 12 月 28 日，A 公司与 B 公司签订了经营租赁合同，将该办公楼整体出租给 B 公司使用，租赁期开始日为 2015 年 1 月 1 日，租期为 8 年，按月支付租金 35 万元。这栋办公楼在 2012 年 12 月 10 日建造完工并投入使用，原价是 6000 万元，使用年限 20 年，按直线法计提折旧，预计净残值为零，未计提减值准备。假设 A 公司所在城市不存在活跃的房地产交易市场。A 公司的账务处理如下：

本例中，A 公司所出租的办公楼在出租前已提折旧 600（6000÷20×2）万元。

（1）2015 年 1 月 1 日，出租办公楼：

```
借：投资性房地产——办公楼                                    60000000
    累计折旧                                                  6000000
    贷：固定资产——办公楼                                          60000000
        投资性房地产累计折旧                                      6000000
```

（2）2015 年每月计提折旧，月折旧额 = 6000÷20÷12 = 25（万元）。

```
借：其他业务成本                                              250000
    贷：投资性房地产累计折旧                                        250000
```

（3）2015 年每月确认租金时：

```
借：银行存款（或其他应收款）                                  350000
    贷：其他业务收入                                              350000
```

案例 4：甲企业是从事房地产开发业务的企业，2014 年 6 月 25 日，甲企业与乙企业签订了租赁协议，将其开发的一栋写字楼出租给乙企业使用，租赁期开始日为 2014 年 7 月 1 日，该写字楼的账面余额 40000000 元，未计提存货跌价准备（假设不考虑其他因素，甲企业采用成本模式进行计量）。甲企业 2014 年 7 月 1 日的账务处理如下：

```
借：投资性房地产                                              40000000
    贷：开发产品                                                  40000000
```

案例 5：2014 年 3 月，A 企业与 B 企业的一项厂房经营租赁合同即将到期，该厂房按照成本模式进行后续计量，原价为 4000 万元，已计提折旧 1000 万元。为了提高厂房的租金收入，A 企业决定在租赁期满后对厂房进行改扩建，并与 F 企业签订了经营租赁合同，约定自改扩建完工时将厂房租给 F 企业。3 月 15 日，与乙企业的租赁合同到期，厂房随即进入改扩建工程。12 月 15 日，厂房改扩建工程完工，共发生支出 500 万元，即日按照租赁合同出租给 F 企业（假设不考虑其他因素，甲企业采用成本采用成本模式进行初始计量）。A 企业的账务处理如下：

对于改扩建支出属于资本化的后续支出，应当计入投资性房地产的成本。甲企业的账务处理如下：

（1）2014 年 3 月 15 日，投资性房地产转入改扩建工程。

```
借：投资性房地产——厂房——在建                                30000000
```

投资性房地产累计折旧　　　　　　　　　　　　　　　　　10000000

　　贷：投资性房地产——厂房　　　　　　　　　　　　　　　　40000000

（2）2014 年 3 月 15 日至 2014 年 12 月 15 日，发生改扩建支出。

借：投资性房地产——厂房——在建　　　　　　　　　　　　5000000

　　贷：银行存款　　　　　　　　　　　　　　　　　　　　　5000000

（3）2014 年 12 月 15 日，改扩建工程完工。

借：投资性房地产——厂房　　　　　　　　　　　　　　　35000000

　　贷：投资性房地产——厂房——在建　　　　　　　　　　35000000

　　案例 6：承案例 1，甲企业现对出租的写字楼进行日常维修，支付修理费 3 万元。则甲企业的账务处理如下：

　　本例中，日常维修支出属于费用化的后续支出，应当计入当期损益。

借：其他业务成本　　　　　　　　　　　　　　　　　　　　30000

　　贷：银行存款　　　　　　　　　　　　　　　　　　　　　30000

　　案例 7：2014 年 12 月 1 日，S 企业将出租在外的厂房收回，开始用于本企业生产商品。该项房地产在转换前采用成本模式计量，其账面价值为 2800 万元，其中，原价 6000 万元，累计已提折旧 3200 万元。S 企业的账务处理如下：

借：固定资产——厂房　　　　　　　　　　　　　　　　　60000000

投资性房地产累计折旧　　　　　　　　　　　　　　　　　32000000

　　贷：投资性房地产——厂房　　　　　　　　　　　　　　60000000

　　　　累计折旧　　　　　　　　　　　　　　　　　　　　32000000

　　案例 8：A 公司将其出租的一栋写字楼确认为投资性房地产，采用成本模式计量，租赁期届满后，A 公司将该写字楼出售给 B 公司，合同价款为 10000 万元，乙公司已用银行存款付清。出售时，该写字楼的成本为 9800 万元，已计提折旧 3000 万元。A 公司的账务处理如下：

借：银行存款　　　　　　　　　　　　　　　　　　　　100000000

　　贷：其他业务收入　　　　　　　　　　　　　　　　　100000000

借：其他业务成本　　　　　　　　　　　　　　　　　　　68000000

投资性房地产累计折旧　　　　　　　　　　　　　　　　　30000000

　　贷：投资性房地产——写字楼　　　　　　　　　　　　　98000000

任务三　采用公允价值模式计量的投资性房地产的核算

【专业知识】

一、公允价值模式的概述

　　企业存在确凿证据表明投资性房地产的公允价值能够持续可靠取得的，也可以采用公允价值计量模式。若企业选择公允价值模式，就应当对其所有的投资性房地产采用公允价值模式进行后续计量，不得对一部分投资性房地产采用成本模式进行后续计量，对另一部分投资性房地产采用公允价值模式进行后续计量。但是，对于采用成本模式对投资性房地产进行后续计量的企业，即使有证据表明，企业首次取得某项投资性房地产时，该投资性房地产公允价值能够持续可靠取得，该企业仍应对该项投资性房地产采用成本模式进行后续计量。

采用公允价值模式计量，必须同时满足以下两个条件：①投资性房地产所在地有活跃的房地产交易市场。②企业能够从房地产交易市场上取得同类或类似房地产的市场价格及其他相关信息，从而对投资性房地产的公允价值做出科学合理的估计。这两个条件必须同时具备，缺一不可。

投资性房地产的公允价值，是指市场参与者在计量日发生的有序交易中，出售一项资产所能收到或者转移一项负债所需支付的价格。有序交易，是指在计量日前一段时期内相关资产或负债具有惯常市场活动的交易。清算等被迫交易不属于有序交易。根据新准则的规定，企业以公允价值计量相关资产或负债，应当假定出售资产或者转移负债的有序交易在相关资产或负债的主要市场进行。不存在主要市场的，企业应当假定该交易在相关资产或负债的最有利市场进行。通常情况下，企业正常进行资产出售或者负债转移的市场可以视为主要市场（或最有利市场）。

采用公允价值模式计量，企业应将投资性房地产在"投资性房地产"科目进行核算，并按照投资性房地产类别和项目分别设置"成本"和"公允价值变动"两个明细科目进行明细核算。

二、投资性房地产取得时的核算

（一）外购或自行建造的投资性房地产

对于外购或自行建造的采用公允价值模式计量的投资性房地产，应当按照取得时的实际成本进行初始计量，其实际成本的确定与外购或自行建造的采用成本模式计量的投资性房地产一致。具体账务处理如下：

借：投资性房地产——成本
　　贷：银行存款等科目

（二）非投资性房地产转换为投资性房地产

1. 自用房地产转换为投资性房地产

企业将原本用于生产商品、提供劳务或者经营管理的房地产改用于出租时，应于租赁期开始日，将相应的固定资产或无形资产转换为投资性房地产。

企业将自用土地使用权或建筑物转换为采用公允价值模式计量的投资性房地产时，应当按该项建筑物或土地使用权在转换日的公允价值，确认为投资性房地产的入账价值。具体账务处理如下：

借：投资性房地产——成本（该项建筑物或土地使用权在转换日的公允价值）
　　累计折旧或累计摊销（该项建筑物或土地使用权已计提的累计折旧或累计摊销）
　　固定资产减值准备或无形资产减值准备（该项建筑物或土地使用权原已计提减值准备）
　　公允价值变动损益（该项建筑物或土地使用权转换日的公允价值小于账面价值的差额）

贷：固定资产或无形资产（该项建筑物或土地使用权账面余额）

2. 作为存货的房地产转换为投资性房地产

作为存货的房地产转换为投资性房地产，通常指房地产开发企业将其持有的开发产品以经营租赁的方式出租，存货相应地转换为投资性房地产。具体账务处理如下：

借：投资性房地产——成本（该项存货在转换日的公允价值）

存货跌价准备（该项存货原已计提减值准备）

公允价值变动损益（该项存货转换日的公允价值小于账面价值的差额）

贷：开发产品（该项存货的账面余额）

注意： 如果该项建筑物、土地使用权或存货在转换日的公允价值大于账面价值则按其差额，贷记"资本公积——其他资本公积"科目，而不是贷记"公允价值变动损益"。

三、投资性房地产的后续计量

对于采用公允价值模式进行后续计量的投资性房地产，不计提折旧或摊销，应以资产负债表日的公允价值计量。

（1）资产负债表日，投资性房地产的公允价值高于其账面余额的差额时：

借：投资性房地产——公允价值变动

贷：公允价值变动损益

如果公允价值低于其账面余额的差额，则作相反的会计分录。

（2）取得租金收入时：

借：银行存款等科目

贷：其他业务收入

四、投资性房地产的后续支出

采用公允价值模式计量的投资性房地产，其后续支出的处理与采用成本模式计量的投资性房地产一致。满足投资性房地产确认条件的支出应予以资本化，计入投资性房地产的成本；不符合投资性房地产确认条件的支出，应当在发生时直接计入当期损益。

五、投资性房地产转换为非投资性房地产

（一）投资性房地产转换为自用房地产

企业将采用公允价值模式计量的投资性房地产转换为自用房地产时，应当以转换日的公允价值作为自用房地产的账面价值，公允价值与原账面价值的差额计入当期损益。具体账务处理如下：

借：固定资产或无形资产（该项投资性房地产在转换日的公允价值）

贷：投资性房地产——成本（该项投资性房地产的成本）

——公允价值变动（该投资性房地产的累计公允价值变动，或在借方）

公允价值变动损益（差额，或在借方）

（二）投资性房地产转换为存货

企业将采用公允价值模式计量的投资性房地产转换为存货时，应当以其转换日的公允价值作为存货的账面价值，公允价值与原账面价值的差额计入当期损益。具体账务处理如下：

借：开发产品（该项投资性房地产在转换日的公允价值）

    贷：投资性房地产——成本（该项投资性房地产的成本）

              ——公允价值变动（该投资性房地产的累计公允价值变动，或在借方）公允价值变动损益（差额，或在借方）

六、投资性房地产的处置

处置采用公允价值模式计量的投资性房地产时，具体账务处理如下：

借：银行存款（实际收到的价款）

    贷：其他业务收入

同时，

借：其他业务成本（该项投资性房地产的账面价值）

    贷：投资性房地产——成本（该项投资性房地产的成本）

              ——公允价值变动（该项投资性房地产累计公允价值变动，或在借方）

借：其他业务成本（或在贷方）

    贷：公允价值变动损益（该项投资性房地产累计公允价值变动，或在贷方）

注意：若存在原转换日计入资本公积的金额，也一并转入其他业务成本，借记"资本公积——其他资本公积"科目，贷记"其他业务成本"科目。

七、投资性房地产后续计量模式的变更

为保证会计信息的可比性，企业对投资性房地产的计量模式一经确定，不得随意变更。只有在房地产市场比较成熟、能够满足使用公允价值模式条件的情况下，才允许企业对投资性房地产从成本模式计量变更为公允价值模式计量。成本模式转为公允价值模式的，应作为会计政策变更处理，并按计量模式变更时公允价值与账面价值的差额调整期初留存收益。

注意：对于已采用公允价值模式计量的投资性房地产，不得从公允价值模式转换为成本模式。

【相关案例】

案例 1：2013 年 12 月 25 日，甲企业与乙企业签订了租赁协议，将其持有的土地使用权出租给乙企业使用，租赁期开始日为 2014 年 1 月 1 日，租期两年，年租金为 120 万元，于每年年初支付。甲企业该土地使用权的账面原价 247 万元，累计摊销 42 万元。2014 年 1 月 1 日，该土地使用权的公允价值为 330 万元。2014 年 1 月 2 日收到乙企业交来的租金 120 万元（甲企业采用公允价值模式进行计量。假设不考虑相关税费）。账务处理如下：

（1）2014 年 1 月 1 日，租赁开始日：

借：投资性房地产——土地使用权（成本）   3300000

    累计摊销   420000

    贷：无形资产——土地使用权   2470000

　　　　资本公积——其他资本公积 　　　　　　　　　　　　　　1250000

（2）2014年1月2日，收取租金时：

　借：银行存款　　　　　　　　　　　　　　　　　　　　　　1200000

　　贷：其他业务收入　　　　　　　　　　　　　　　　　　　　　　1200000

案例2：承案例1，假设2014年12月31日，该土地使用权的公允价值为335万元。2015年12月31日，该土地使用权的公允价值为342万元。账务处理如下：

（1）2014年12月31日，该土地使用权的公允价值为335万元，高于其账面价值5万元，具体账务处理如下：

　借：投资性房地产——土地使用权（公允价值变动）　　　　　　50000

　　贷：公允价值变动损益　　　　　　　　　　　　　　　　　　　　50000

（2）2015年12月31日，该土地使用权的公允价值为342万元，高于账面价值7万元，具体账务处理如下：

　借：投资性房地产——土地使用权（公允价值变动）　　　　　　70000

　　贷：公允价值变动损益　　　　　　　　　　　　　　　　　　　　70000

案例3：承案例1、案例2，2016年1月1日，租赁期满，如果甲企业收回出租的土地使用权转为自用。假设当天的公允价值是342万元。账务处理如下：

　借：无形资产——土地使用权　　　　　　　　　　　　　　　3420000

　　贷：投资性房地产——土地使用权（成本）　　　　　　　　　　3300000

　　　　　　　　——土地使用权（公允价值变动）　　　　　　　　120000

案例4：承案例1、案例2，2016年1月1日，租赁期满，假设甲企业将该土地使用权以450万元的价格出售给乙企业，款项已收讫。账务处理如下：

　借：银行存款　　　　　　　　　　　　　　　　　　　　　　4500000

　　　其他业务成本　　　　　　　　　　　　　　　　　　　　3420000

　　贷：投资性房地产——土地使用权（成本）　　　　　　　　　　3300000

　　　　　　　　——土地使用权（公允价值变动）　　　　　　　　120000

　　　　其他业务收入　　　　　　　　　　　　　　　　　　　　4500000

　借：公允价值变动损益　　　　　　　　　　　　　　　　　　　120000

　　贷：其他业务成本　　　　　　　　　　　　　　　　　　　　　120000

　借：资本公积——其他资本公积　　　　　　　　　　　　　　1250000

　　贷：其他业务成本　　　　　　　　　　　　　　　　　　　　1250000

上述三笔会计分录可以合为以下一笔分录：

　借：银行存款　　　　　　　　　　　　　　　　　　　　　　4500000

　　　公允价值变动损益　　　　　　　　　　　　　　　　　　　120000

　　　资本公积——其他资本公积　　　　　　　　　　　　　　1250000

　　　其他业务成本　　　　　　　　　　　　　　　　　　　　2050000

　　贷：投资性房地产——土地使用权（成本）　　　　　　　　　　3300000

　　　　　　　　——土地使用权（公允价值变动）　　　　　　　　120000

　　　　其他业务收入　　　　　　　　　　　　　　　　　　　　4500000

项目七　无形资产

任务一　无形资产概述

【专业知识】

一、无形资产的概念

《企业会计准则》规定，无形资产是指企业拥有或控制的没有实物形态的可辨认非货币性资产。正确理解无形资产的概念，对于正确核算无形资产及其信息披露都是非常重要的。相对于其他资产，无形资产具有以下特征：

（一）无形资产必须是由企业拥有或控制的

这里强调了无形资产的实际控制权，包括以下两个方面：

（1）无形资产的所有权必须是企业所有的，它的取得方式可以是自行开发、外购、投资者投入或者其他交易换入等，如专利权、著作权、商标权等。

（2）对于所有权不归企业所有但企业能实际控制的，企业在获得其使用权时可以确认为无形资产，如土地使用权。

（二）无形资产没有实物形态但可辨认

无形资产与其他资产的显著区别就是没有实物形态，它通常表现为某种权利或者某项技术，如专利权、非专利技术、商标权等。但并非所有没有实物形态的资产都属于无形资产，还必须具有可辨认性。可辨认性是指无形资产可以从企业中分离或者划分出来，可以用于出售、转移或者交换的，如专利权、著作权；或者是根据合同规定可以授权使用的，如特许权。新会计准则明确规定商誉不属于无形资产，因为它无法与企业分开，不具有可辨认性。

（三）无形资产属于非货币性资产

非货币性资产是指企业持有的货币资金和将以固定或可确定的金额收取的资产以外的其他资产。也就是说无形资产由于没有发达的交易市场，一般不容易转化为现金，在持有过程中为企业带来的经济利益的情况是不确定，不属于以固定或可确定的金额收取的资产，属于非货币性资产。

二、无形资产的内容

无形资产通常包括专利权、非专利技术、商标权、著作权、特许权、土地使用权等。

（一）专利权

专利权是发明创造人或其权利受让人对特定的发明创造在一定期限内依法享有的。

（二）商标权

商标权是指商标主管机关依法授予商标所有人对其注册商标受国家法律保护的专有

权。商标是用以区别商品和服务不同来源的商业性标志，由文字、图形、字母、数字、标志等组成。商标注册人依法拥有商标的排他使用权、收益权、处分权等。

（三）土地使用权

土地使用权是指单位或者个人依法或依约定，对国有土地或集体土地所享有的占有、使用、收益和有限处分的权利。按照《土地管理法》的规定，土地实行公有制，凡具备法定条件者，依照法定程序都可以取得土地使用权，成为土地使用权的主体，土地使用权可以出让、转让、买卖、出租、抵押。

（四）著作权

著作权又称版权，是指著作权人对文学、艺术或科学作品依法享有的财产权利和人身权利的总称。其中著作人身权包括公开发表权、姓名表示权等；著作财产权包括重制权、公开播送权、公开传输权、改作权、散布权、出租权等。

（五）特许权

特许权是指特许人授予受许人的某种权利。在该权利下，受许人可以在约定的条件下使用特许人的某种工业产权或知识产权，如商标特许经营、产品特许经营、生产特许经营、品牌特许经营、专利及商业秘密特许经营和经营模式特许经营等。

（六）专有技术

专有技术也称非专利技术。指先进、实用但未申请专利的技术秘密，包括设计图纸、配方、数据公式，以及技术人员的经验和知识等。

三、无形资产的确认

（一）无形资产的确认条件

《企业会计准则》规定，除满足无形资产的定义外，还必须满足以下两个条件才能确认为无形资产：

（1）与该无形资产有关的经济利益很可能流入企业。

（2）该无形资产的成本能够可靠地计量。

《企业会计准则》规定，企业在判断无形资产产生的经济利益是否很可能流入时，应当对无形资产在预计使用寿命内可能存在的各种经济因素作出合理估计，并且应当有明确证据支持。比如必须考虑是否存在相关的新技术、新产品的冲击，考虑与无形资产相关的技术或赖以生产的产品市场等。总之，在实施判断时，企业的管理部门应对无形资产在预计使用年限内存在的各种因素做出稳健的估计。

成本能够可靠计量是无形资产确认的一项重要条件，无形资产的成本计量方法应根据其取得方式的不同而不同。对于外购的无形资产，以实际支付的价款作为实际成本。对于企业自创的商誉，由于其产生过程的成本无法可靠地计量，因此不能确认为无形资产。

（二）研究开发项目支出的确认

企业内部研究开发项目的支出，应当区分研究阶段支出与开发阶段支出。

1. 研究阶段支出

研究阶段是指为获取并理解新的科学或技术知识而进行的独创性的有计划调查。其特点在于研究阶段是探索性的，为进一步的开发活动进行资料及相关方面的准备。从已经进行的研究活动看，将来是否转入开发、开发后是否会形成无形资产等具有较大的不确定性。因此，企业内部研究开发项目研究阶段的有关支出，应当于发生时费用化，计入当期损益，不确认无形资产。

2. 开发阶段支出

开发阶段是指在进行商业性生产或使用前，将研究成果或其他知识应用于某项计划或设计，以生产出新的或具有实质性改进的材料、装置、产品等。开发阶段相对于研究阶段而言，应当是已完成研究阶段的工作，在很大程度上具备了形成一项新产品或新技术的基本条件。

企业内部研究开发项目开发阶段的支出，同时满足下列条件的，才能确认为无形资产，否则计入当期损益：

（1）完成该无形资产以使其能够使用或出售且在技术上具有可行性。

（2）具有完成该无形资产并使用或出售的意图。

（3）无形资产产生经济利益的方式，包括能够证明运用该无形资产生产的产品存在市场或无形资产自身存在市场，无形资产将在内部使用的，应当证明其有用性。

（4）有足够的技术、财务资源和其他资源支持，以完成该无形资产的开发，并有能力使用或出售该无形资产。

（5）归属于该无形资产开发阶段的支出能够可靠地计量。

3. 无法区分研究阶段支出和开发阶段支出

应当将其所发生的研发支出全部费用化，计入当期损益（管理费用）。

【相关案例】

案例：K 公司在成立初期发生以下业务，支付开办费 5 万元，为获得土地使用权支付土地出让金 5000 万元，支付开发新技术过程中发生的研究开发费 100 万元，请判断哪些支出可以作为无形资产入账？

解析如下：

（1）开办费 5 万元应先在长期待摊费用中归集，待企业开始生产经营当月一次计入当月的管理费用。

（2）为获得土地使用权支付的土地出让金 5000 万元应作为无形资产入账。

（3）企业研究阶段的支出 100 万元应全部费用化，计入当期损益（管理费）。因为根据有关规定，开发阶段的支出符合资本化条件的，才能确认为无形资产；不符合资本化条件的计入当期损益（管理费用）；无法区分研究阶段支出和开发阶段支出，应当将其所发生的研发支出全部费用化，计入当期损益（管理费用）；本题中的研究开发费 100 万元无法区分研究阶段支出和开发阶段，故此应计入当期损益中。

任务二　无形资产的初始计量

【专业知识】

一、无形资产的初始计量方法

无形资产的初始计量指的是对取得的无形资产入账价值的计算，通常是按实际成本计量，包括取得无形资产并使之达到预定用途而发生的全部支出。根据取得方式的不同，其计量方法也有所区别。

（一）外购的无形资产成本

外购无形资产的成本包括购买价款、相关税费以及直接归属于使该项资产达到预定用途所发生的其他支出。其中，其他支出是指使无形资产达到预定用途之前所发生的专业服务费用、测试费等，但不包括为引入新产品进行宣传发生的广告费、管理费用及其他间接费用，也不包括在无形资产已经达到预定用途以后发生的费用。

如购买无形资产的价款超过正常信用条件延期支付，实质上具有融资性质的，无形资产的成本以购买价款的现值为基础确定。实际支付的价款与购买价款的现值之间的差额，除按照《企业会计准则第 17 号——借款费用》应予资本化的以外，应当在信用期间内计入当期损益。

（二）投资者投入的无形资产成本

投资者投入的无形资产的成本，应当按照投资合同或协议约定的价值确定。在投资合同或协议约定价值不公允的情况下，应按无形资产的公允价值入账，所确认的初始成本与实收资本或股本之间的差额调整资本公积。

（三）自行开发的无形资产成本

《企业会计准则规定》，自行开发的无形资产成本包括自满足无形资产的确认条件后至达到预定用途前所发生的支出总额，包括开发过程中发生的材料费用、直接参与开发人员的工资及福利费、开发过程中发生的租金、借款费用、注册费、聘请律师费。

不符合资本化条件的开发支出计入当期损益（管理费用）；企业研究阶段的支出全部费用化，计入当期损益（管理费用）；无法区分研究阶段支出和开发阶段支出，应当将其所发生的研发支出全部费用化，计入当期损益（管理费用）。

在确认前已经计入各期费用的研究与开发费用，在无形资产研发获得成功并依法申请权利时，不得再将原已计入损益的研究与开发费用资本化转作无形资产。

无形资产在确认后发生的后续支出，如宣传活动支出，应在发生当期确认为费用。

（四）土地使用权的成本

企业取得的土地使用权通常应确认为无形资产。土地使用权用于自行开发建造厂房等地上建筑物时，土地使用权的账面价值不与地上建筑物合并计算其成本，而仍作为无形资产进行核算，土地使用权与地上建筑物分别进行摊销和计提折旧。

如果企业外购的土地与建筑物一同支付的，价款应当在地上建筑物与土地使用权之间进行分配，分别确认为固定资产和无形资产。如果地上建筑物与土地使用权之间确实难以合理区分的，其土地使用权价值仍应确认为固定资产原价。如果改变土地使用权用途，用于赚取租金或资本增值的，应当将其转为投资性房地产。

对于房地产开发企业取得土地使用权用于建造对外出售的房屋建筑物，相关的土地使用权账面价值应当计入所建造的房屋建筑物成本。

二、无形资产的初始计量核算

《企业会计准则》规定，企业应设置"无形资产"科目核算无形资产的增减情况。"无形资产"属于资产类账户，借方登记无形资产的取得成本，贷方登记转让、核销成本，余额在借方，反映企业期末的无形资产成本。

1. 外购无形资产的初始计量

借：无形资产

    贷：银行存款

如果购入无形资产超过正常信用条件延期支付价款，实质上具有融资性质的，账务处理如下：

借：无形资产（按所购无形资产购买价款的现值）

    未确认融资费用（差额）

    贷：长期应付款（按应支付的金额）

2. 自行开发的无形资产的初始计量

借：无形资产

    贷：研发支出

3. 投资者投入的无形资产初始计量

借：无形资产（无形资产的公允价值）

    贷：实收资本或股本（无形资产的协商价格）

        资本公积（差额，或在借方）

4. 其他方式取得的无形资产的初始计量

对于其他方式取得的无形资产，按不同方式下确定应计入无形资产成本的金额，借记本科目，贷记有关科目。

【相关案例】

案例 1：G 公司购入一项 200 万元的专利权，另外还支付相关费用 3 万元，款项已通过银行支付。

外购无形资产的成本包括购买价款、相关税费以及直接归属于使该项资产达到预定用途所发生的其他支出。会计分录如下：

借：无形资产   2030000

    贷：银行存款   2030000

案例 2：A 公司 2014 年 3 月 1 日开始自行开发成本管理软件，在研究阶段发生费用 10 万元，开发阶段发生开发费用 200 万元，开发阶段的支出满足资本化条件。2014 年 4 月 16 日，A 公司自行开发成功该成本管理软件，并依法申请了专利，支付注册费 1 万元，律师费 2.5 万元，A 公司 2014 年 5 月 20 日为向社会展示其成本管理软件，特举办了大型宣传活动，支付费用 15 万元。请确定无形资产的入账价值并做相关的账务处理。

（1）企业研究阶段发生的支出。

借：研发支出   100000

    贷：银行存款   100000

（2）开发阶段发生的支出。

借：研发支出   2000000

    贷：银行存款   2000000

（3）依法取得权利时发生的注册费、律师费等费用，作为无形资产的实际成本。

借：无形资产　　　　　　　　　　　　　　　　　　　35000

　　贷：银行存款　　　　　　　　　　　　　　　　　　　　35000

（4）在无形资产获得成功并依法申请取得权利时。

借：无形资产　　　　　　　　　　　　　　　　　　　2000000

　　贷：研发支出　　　　　　　　　　　　　　　　　　　　2000000

借：管理费用　　　　　　　　　　　　　　　　　　　100000

　　贷：研发支出　　　　　　　　　　　　　　　　　　　　100000

（5）无形资产在确认后发生的后续支出，如宣传活动支出应在发生当期确认为费用。

借：管理费用　　　　　　　　　　　　　　　　　　　150000

　　贷：银行存款　　　　　　　　　　　　　　　　　　　　150000

案例3： T 公司接受 F 公司所拥有的专利权投资，双方协议价格为 5000 万元，市场公允价值 4000 万元。账务处理如下：

投资者投入的无形资产，无形资产的协商价格与公允价格有差额的，按公允价格记入"无形资产"科目，差额记入"资本公积"科目。

借：无形资产　　　　　　　　　　　　　　　　　　　40000000

　　资本公积——股本溢价　　　　　　　　　　　　　　10000000

　　贷：股本　　　　　　　　　　　　　　　　　　　　　50000000

案例4： 甲企业取得土地使用权一项，以银行存款支付土地出让金 300 万元。账务处理如下：

借：无形资产——土地使用权　　　　　　　　　　　　3000000

　　贷：银行存款　　　　　　　　　　　　　　　　　　　　3000000

任务三　无形资产的后续计量

【专业知识】

一、无形资产的摊销

无形资产的后续计量主要包括无形资产的摊销以及无形资产的减值计量。

无形资产的摊销是指根据无形资产的有效受益年限等，按照无形资产的成本扣除残值或已计提的无形资产减值准备累计金额后，计算出每个会计期间应分摊的数额。

（一）无形资产摊销的计量

1. 无形资产摊销年限的确定

企业持有的无形资产，通常来源于合同性权利或是其他法定权利，且合同规定或法律规定有明确的使用年限。

来源于合同性权利或是其他法定权利的无形资产，其使用寿命不应超过合同性权利或是其他法定权利的期限。例如，企业以支付土地出让金方式取得一块 50 年的使用权，如果企业准备持续持有，在 50 年期间内没有计划出售，该项土地使用权预期为企业带来未来经济利益的期间为 50 年。如果合同性权利或是其他法定权利能够在到期时因续约等延续，且有证据表明企业续约不需要付出大额成本，续约期应当计入使用寿命。合同或法律没有规定使用寿命的，企业应当综合各方面情况判断，以确定无形资产能为企业带来未来经济利益的期限。如与同行业的情况进行比较参考历史经验或聘请相关专家进行论证等。

企业确定无形资产的使用寿命，应当考虑以下因素：

（1）该资产通常的产品寿命周期、可获得的类似资产使用寿命得到信息。

（2）技术、工艺等方面的现实情况及对未来发展的估计。

（3）以该资产生产的产品或服务的市场需求情况。

（4）现在或潜在的竞争者预期采取的行动。

（5）为维持该资产产生未来经济利益的能力预期的维护支出，以及企业预计支付有关支出的能力。

（6）对该资产的控制期限，使用的法律或类似现值，如特许使用期间、租赁期间等。

（7）与企业持有的其他资产使用寿命的关联性等。

按照上述方法仍无法合理确定无形资产为企业带来经济利益期限的，该项无形资产应作为使用寿命不确定的无形资产。

使用寿命有限的无形资产，其应摊销金额应当在使用寿命内系统合理摊销。

2. 无形资产残值的确定

无形资产的残值一般为零，下列两种情况除外：

（1）有第三方承诺在无形资产使用寿命结束时愿意以一定的价格购买该项无形资产。

（2）存在活跃市场，通过市场可以得到无形资产使用寿命结束时的残值信息，并且从目前情况看，在无形资产使用寿命结束时，该市场还可能存在的情况下，无形资产可以存在残值。

残值确定以后，在持有无形资产的期间，至少应于每年年末进行复核，预计其残值与原估计金额不同的，应按照会计估计变更进行处理。

3. 摊销方法

根据无形资产准则规定，使用寿命有限的无形资产的摊销期自其可供使用时（即其达到能够按管理层预定的方式运作所必需的状态）开始至不再作为无形资产确认时为止。无形资产摊销方法，应该反映与该项无形资产有关的经济利益的预期实现方式，具体方法有工作量法、直线法等。无法可靠确定预期实现方式的，应当采用直线法摊销，即从取得无形资产的当月起，将无形资产的成本扣除残值或已计提的无形资产减值准备累计金额后，按确定的摊销期限平均摊入各期费用中。使用寿命不确定的无形资产不应摊销。

企业至少应当于每年年度终了，对使用寿命有限的无形资产的使用寿命及摊销方法进行复核。如果有证据表明无形资产的使用寿命及摊销方法与以前估计不同的，应当改变摊销期限和摊销方法。

企业应当在每个会计期间对使用寿命不确定的无形资产进行复核，如果有证据表明其寿命是有限的，则应估其使用寿命并按照估计使用寿命进行摊销。

（二）无形资产摊销的会计核算

《企业会计准则》规定，企业按期（月）计提无形资产的摊销。无形资产的摊销金额一般应当计入当期损益，如果某项无形资产包含的经济利益通过所生产的产品或其他资产实现的，其摊销金额应当计入相关资产的成本。具体账务处理如下：

借：管理费用

其他业务成本

贷：累计摊销

思考：无形资产摊销与固定资产折旧的区别有哪些？

二、无形资产的减值准备

无形资产减值是指资产的可收回金额低于其账面价值：

（一）无形资产减值准备的计量

1. 可能发生减值资产的认定

当无形资产发现以下情况时，表明资产可能发生了减值：

（1）该无形资产已被其他新技术等所替代，使其为企业创造经济利益的能力受到重大不利影响。

（2）该无形资产的市价在当期大幅下跌，并在剩余摊销年限内可能不会回升。

（3）其他足以表明该无形资产的可收回金额小于账面价值的情形。

2. 无形资产可收回金额的计量

对于资产存在减值迹象的，应当估计其可收回金额。《企业会计准则》规定，无形资产的可收回金额应当根据无形资产的公允价值减去处置后的净额与资产预计未来现金流量的现值两者之间较高者确定。

（1）无形资产的公允价值减去处置费用后的净额，即根据公平交易中销售协议价格减去可直接归属于该资产处置费用的金额。对于不存在销售协议但存在资产活跃市场的，应当根据资产的市场价格减去处置费用后的金额确定。如果在销售协议和资产活跃市场均不存在的情况下，应当以可获取的最佳信息为标准，估计资产的公允价值减去处置费用后的净额，该净额可以参考同行业类似资产的最近交易价格或结果进行估计。

（2）无形资产预计未来现金流量的现值，即按照无形资产在持续使用过程中和最终处置时所产生的预计未来现金流量，选择恰当的折现率对其进行折现后的金额加以确定。

3. 无形资产减值准备的确定

当可收回金额的计量结果表明无形资产的可收回金额低于其账面价值的，应当将无形资产的账面价值减记至可收回金额，减记的金额确认为无形资产减值损失，计入当期损益，同时计提相应的无形资产减值准备。

（二）计提无形资产减值准备的账务处理

借：资产减值损失

贷：无形资产减值准备

思考：无形资产减值损失确认后，减值无形资产的摊销费用应当在未来期间作相应调整，以使该无形资产在剩余使用寿命内，系统地分摊调整后的资产账面价值（扣除预计净残值）。无形资产减值损失一经确认，在以后会计期间不得转回。

【相关案例】

案例1：T公司2014年1月1日以银行存款600万元购入一项专利权。该项无形资产的预计使用年限为 10 年，该企业按直线法摊销无形资产，计算其摊销金额，并编制会计分录。

每年摊销金额：$600 \div 10 = 60$（万元）

借：管理费用——无形资产摊销　　　　　　　　　　　600000

　　贷：累计摊销　　　　　　　　　　　　　　　　　　　　600000

案例 2：承案例 1，2014 年末预计该项无形资产的可收回金额为 380 万元。计算 2014 年计提无形资产减值准备和 2015 年的摊销金额，并编制会计分录。

（1）2014 年末该专利权的账面价值 $= 600 - 60 \times 2 = 480$（万元）

可收回金额为 380 万元，计提减值准备 $= 480 - 380 = 100$（万元）

借：资产减值损失——计提的无形资产减值准备　　　　1000000

　　贷：无形资产减值准备　　　　　　　　　　　　　　　1000000

（2）无形资产减值损失确认后，减值无形资产的摊销费用应当在未来期间作相应调整：

2015 年摊销金额 $= 380 \div 8 = 47.5$（万元）

借：管理费用——无形资产摊销　　　　　　　　　　　475000

　　贷：累计摊销　　　　　　　　　　　　　　　　　　　　475000

案例 3：S 公司 2013 年 1 月内部研发成功并可供使用非专利技术的无形资产账面价值 200 万元，无法预见这一非专利技术为企业带来未来经济利益期限。2014 年末预计其可收回金额为 150 万元，预计该非专利技术可以继续使用 5 年，该企业按直线法摊销无形资产，计算 2014 年计提无形资产减值准备和 2015 年的摊销金额，并编制会计分录。

（1）对于使用寿命不确定的无形资产不应摊销，因此该非专利技术在 2013～2014 年不进行摊销，而应自 2015 年确定可使用年限时开始摊销。

2013 年该非专利技术的无形资产账面价值 200 万元，2014 年末可收回金额 150 万元，应计提减值准备 50 万元：

借：资产减值损失——计提的无形资产减值准备　　　　500000

　　贷：无形资产减值准备　　　　　　　　　　　　　　　500000

（2）2015 年的摊销金额 $= 150 \div 5 = 30$（万元）

借：管理费用——无形资产摊销　　　　　　　　　　　300000

　　贷：累计摊销　　　　　　　　　　　　　　　　　　　　300000

任务四　无形资产的处置

【专业知识】

一、无形资产的出售

无形资产的处置是指无形资产对外出租、出售、对外捐赠，或者是无法为企业带来经济利益时，应予转销并终止确认。

企业出售无形资产，表明企业放弃该无形资产的所有权，应当将取得的价款与该无形资产账面价值的差额作为资产处置的利得或损失，计入当期损益。具体业务处理如下：

借：银行存款（实际取得的价款）

累计摊销（已摊销的累计金额）

无形资产减值准备（已计提的减值准备）

　贷：无形资产（无形资产的账面价值）

　　　应交税费——应交营业税（应缴纳的营业税额）

　　　营业外收入——处置非流动资产利得（差额，如在借方，则应借记"营业外支出——处置非流动资产损失"科目）

二、无形资产的出租

无形资产出租是指企业将所拥有的无形资产的使用权让渡给他人，并收取租金。租金收入应按合同或协议规定计算确定。同时应确认无形资产出租的相关费用，以符合收入与费用相配比原则。具体账务处理如下：

（1）出租无形资产时：

借：银行存款

　贷：其他业务收入

（2）摊销出租无形资产的成本并发生与出租有关的各种费用支出时：

借：其他业务成本

　贷：累计摊销

　　　银行存款

三、无形资产的报废

如果无形资产预期不能为企业带来未来经济利益，应将其报废并予以转销，其账面价值转作当期损益。企业在判断无形资产是否预期不能为企业带来经济利益时，应根据以下迹象加以判断：

（1）该无形资产是否已被其他新技术等所替代，且已不能为企业带来经济利益。

（2）该无形资产是否不再受法律的保护，且不能给企业带来经济利益。

转销时，具体账务处理如下：

借：累计摊销（按已摊销的累计金额）

　　无形资产减值准备（按已计提的减值准备累计金额）

　贷：无形资产（按无形资产账面余额）

　　　营业外收入（差额如在借方，则借记"营业外支出"科目）

【相关案例】

案例1：Y公司将其所拥有的一项专利权的所有权出售，取得收入100万元，应交营业税5万元，该专利权的账面余额为60万元，已经计提的减值准备为5万元，累计摊销额为10万元。账务处理如下：

借：银行存款　　　　　　　　　　　　　　　　　　　　　　1000000

　　累计摊销　　　　　　　　　　　　　　　　　　　　　　　100000

　　无形资产减值准备　　　　　　　　　　　　　　　　　　　　50000

　贷：无形资产——专利权　　　　　　　　　　　　　　　　　　600000

　　　应交税费——应交营业税　　　　　　　　　　　　　　　　　50000

营业外收入——处置非流动资产利得   500000

案例2：2014年1月1日，红日公司将一项专利技术出租给A企业使用，该专利技术账面余额为800万元，摊销期限为10年，出租合同规定，每年收取租金100万元。请编制相关的会计分录。

（1）取得该项专利技术使用费时：

借：银行存款   1000000

    贷：其他业务收入   1000000

（2）按年对该项专利技术进行摊销：

借：其他业务成本   800000

    贷：累计摊销   800000

案例3：W公司拥有一项专利技术，根据市场调查，用其生产的产品已没有市场，决定应予转销。转销时，该项专利技术的账面余额为1000万元，摊销期限为10年，已累计摊销700万元，已计提的减值准备为200万元，该项专利权的残值为零，采用直线法进行摊销，假定不考虑其他相关因素。账务处理如下：

借：累计摊销   7000000

    无形资产减值准备   2000000

    营业外支出——处置非流动资产损失   1000000

    贷：无形资产——专利权   10000000

项目八　非流动负债

任务一　长期借款的核算

【专业知识】

一、长期借款概述

（一）长期借款的概念及特点

长期借款是指企业从银行或其他金融机构借入的期限在一年以上（不含一年）的各项借款。一般用于固定资产的购建、改扩建工程、大修理工程、技术改造、对外投资以及为了保持长期经营能力等方面，它是企业非流动负债的重要组成部分。

长期借款是目前我国企业获得非流动负债资金的主要筹资方式，它的债权人为银行或其他金融机构，具有借款数额大、借款期限长、筹资速度快、筹资弹性大等优点。

（二）长期借款的种类

长期借款按不同的划分标准可以划分为不同的类别。

（1）按借款的条件分类，可以划分为抵押借款、信用借款和担保借款。

（2）按借款的用途分类，可以划分为基本建设借款、技术改造借款和生产经营借款。

（3）按借款的币种分类，可以划分为人民币借款和外币借款。

（4）按偿还的方式分类，可以划分为定期偿还借款和分期偿还借款。

（三）长期借款利息的计算

长期借款利息的计算方法有单利计息法和复利计息法两种。所谓单利计息法，是指借款期内只对长期借款的本金计算利息，所生利息不加入本金重复计算利息的计息制度。所谓复利计息，是指借款期内不仅对长期借款的本金计算利息，而且要将所生利息加入本金再计利息的计息制度。

按照国际惯例，长期借款的利息一般按复利法计算。在我国的会计实务中，采用单利法计算利息。

（四）长期借款的偿还

在我国，长期借款的本金及利息的偿还主要有以下三种方式：

（1）一次性还本付息。企业向金融机构或其他单位借入的长期借款，一般都是按复利法逐年计算利息，到期时一次性还本付息。

（2）分期偿还本息。在实务中，有些借款合同约定长期借款分期偿还，即企业取得长期借款后，分期、分批地偿还借款的本金和利息。在这种情况下，一旦企业归还了一部分本金和利息，以后计提利息时就只计提未偿付的本金和利息部分的利息，而不需要再计提已偿还的本金和利息部分的利息。

（3）分期付息、到期还本。若贷款合同约定，借款期间每季度或每半年度或每年度计算并支付利息，到期时一次性归还本金。这种情况下，每次支付的利息费用是相等的。

本书只介绍一次还本付息和分期付息、到期还本两种方式的业务处理。

二、长期借款的核算

长期借款的核算主要包括借款本金借入和归还的核算、借款利息的计提、外币借款发生的汇兑损益的核算等。

企业对长期借款进行核算，应设置"长期借款"和"应付利息"科目。"长期借款"是负债类账户，核算企业向银行或其他金融机构借入的长期借款的本金。贷方登记借入的本金、转销的利息差额，借方登记偿还的本金及取得借款时实收金额和借款本金的差额，期末贷方余额反映企业尚未偿还的长期借款。该科目按贷款单位和贷款种类，分别设"本金"、"利息调整"等明细科目进行明细核算。"应付利息"核算长期借款利息的计提和偿还，贷方登记计提的利息，借方登记偿还的利息，期末贷方余额反映企业已计提尚未偿还的利息。

（一）长期借款的取得

借：银行存款（实际收到的金额）

　　长期借款——利息调整（差额）

　　贷：长期借款——本金（借款的本金）

（二）计提借款利息

在资产负债表日，企业应按摊余成本和实际利率计算确定长期借款的利息费用（如果合同利率和实际利率相差不大，也可以按合同利率确定利息费用）。长期借款计算确定的利息费用，应当按以下原则计入有关成本、费用：属于筹建期间的，计入管理费用；属于生产经营期间的，计入财务费用。如果长期借款用于购建固定资产的，在固定资产尚未达到预定可使用状态前发生的应当资本化的利息支出，计入在建工程成本；固定资产达到预定可使用状态后发生的利息支出，以及按规定不予资本化的利息支出，计入财务费用。

具体账务处理如下：

　　借：管理费用
　　　　在建工程
　　　　研发支出
　　　　制造费用
　　　　财务费用（按摊余成本和实际利率计算确定长期借款的利息费用）
　　　　贷：应付利息（按合同利率计算确定应付而未付的利息）
　　　　　　长期借款——利息调整（差额）

（三）归还长期借款

（1）归还利息时：

　　借：应付利息
　　　　贷：银行存款

（2）归还长期借款的本金时：

　　借：长期借款——本金
　　　　贷：银行存款

同时，存在利息调整余额的还应做如下账务处理：

　　借：管理费用
　　　　在建工程
　　　　研发支出
　　　　制造费用
　　　　财务费用
　　　　贷：长期借款——利息调整

或者相反分录。

【相关案例】

　　案例：S公司因建生产车间于2013年1月1日向银行借入资金1000万元，期限两年，年利率9%，每年年末归还借款利息，借款期满后一次还清本金。2013年1月初开始进行车间实体建造，所借款项一次性投入。车间于2014年6月完工，达到预定可使用状态。不考虑其他情况。账务处理如下：

（1）2013年1月1日，借入资金时：

　　借：银行存款　　　　　　　　　　　　　　　　　　　　　　10000000
　　　　贷：长期借款——本金　　　　　　　　　　　　　　　　　　　10000000

（2）2013年初支付工程款时：

　　借：在建工程　　　　　　　　　　　　　　　　　　　　　　10000000
　　　　贷：银行存款　　　　　　　　　　　　　　　　　　　　　　10000000

（3）2013 年 12 月末计算本年度的借款利息 = 1000 × 9% = 90（万元）。

借：在建工程 900000

　　贷：应付利息 900000

年末实际支付利息时：

借：应付利息 900000

　　贷：银行存款 900000

（4）2014 年 6 月底车间完工，将上半年的借款利息费用 45 万元计入工程成本：

借：在建工程 450000

　　贷：应付利息 450000

同时，结转固定资产的完工成本：

借：固定资产 11350000

　　贷：在建工程 11350000

（5）2014 年 12 月，将下半年的借款利息计入当期费用：

借：财务费用 450000

　　贷：应付利息 450000

（6）借款到期，归还本金及最后一年利息：

借：应付利息 900000

　　长期借款——本金 10000000

　　贷：银行存款 10900000

任务二　应付债券的核算

【专业知识】

一、应付债券概述

应付债券是指企业举借长期债务而发行的一种书面凭证，是企业依照法定程序对外发行的、约定在一定时期内还本付息的有价证券。发行债券是企业筹集长期资金的重要方式。企业发行的偿还期超过一年以上的债券，就构成了企业的长期负债即非流动负债。

应付债券的种类很多，按有无抵押，分为抵押债券和信用债券；按是否记名，分为记名债券和不记名债券；按是否实际发行价格，分为平价债券、溢价债券和折价债券；按还本方式，分为一次还本债券和分期还本债券。此外，还有三种特殊的债券，即可赎回债券、可转换债券和附认股权债券。企业应当设置"企业债券备查簿"，详细登记每一企业债券的票面金额、票面利率、还本利息期限与方式等资料。企业债券到期结清时，应当在备查簿内逐笔注销。

企业债券发行价格的高低一般取决于债券票面金额、债券票面利率、发行当时的市场利率以及债券期限的长短等因素。债券的发行一般有面值发行、溢价发行和折价发行三种情况。假设其他条件不变，如果债券的票面利率与市场利率相同，可按票面价格发行，称为面值发行。当债券票面利率高于市场利率时，可按超过债券面值的价格发行，称为溢价发行。溢价是企业以后各期多付利息而事先得到的补偿。当债券的票面利率低于市场利率时，可按低于利率面值的价格发行，称为折价发行。折价是企业以后各期少付利息而预付给投资者的补偿。溢价或折价是发行债券在债券存续期内对利息费用的一种调整。

二、应付债券的核算

为了核算企业发行的债券，应设置"应付债券"科目。"应付债券"核算企业为筹集长期资金而发行债券的本金和利息，贷方登记发行企业债券的面值、溢价、应计利息和折价摊销额，借方登记企业债券的偿还、发行时产生的折价和溢价摊销额，期末贷方余额反映企业尚未偿还的债券的摊余成本和应计利息。

在"应付债券"科目下设置"面值"、"利息调整"、"应计利息"等明细科目进行明细核算。如果发行的债券是到期一次还本付息的，则利息的计提和偿还通过"应付债券——应计利息"科目核算；如果债券是分期付息、到期还本的，利息的计提和偿还则通过"应付利息"科目核算。

（一）发行债券的核算

借：银行存款（实际收到的金额）

    贷：应付债券——面值（债券票面金额）

        应付债券——利息调整（差额，或在借方）

（二）存续期内，计提债券利息及溢价或折价摊销

债券发行后，企业应按票面利率、面值及约定的付息时间，支付债权人利息。对当期应付未付的债券利息，会计上应按权责发生制原则计提入账。利息费用的处理与长期借款利息费用处理应遵照的原则一致。

如果债券是按溢价或折价发行的，因为溢价是企业以后各期多付利息而事先得到的补偿；而折价是企业以后各期少付利息而预付给投资者的补偿，所以，在存续期内还应同时对因债券溢价或折价形成的利息调整进行摊销。根据我国《企业会计准则》规定，在债券的存续期内应采用实际利率法对债券的溢价或折价进行摊销。债券到期，溢价或折价的金额应分摊完毕。此时，应付债券的摊余成本与其面值相等。有关计算如下：

每期应付债券利息＝债券面值×票面利率×期限

每期实际利息费用＝债券期初摊余成本×实际利率×期限

每期分摊溢价金额＝各期应付债券利息－当期实际利息费用

每期分摊折价金额＝当期实际利息费用－各期应付债券利息

（1）对于分期付息、一次还本的债券，企业在资产负债表日应按应付债券的摊余成本和实际利率计算确定的债券利息费用，账务处理如下：

借：在建工程

    财务费用

    贷：应付利息

        应付债券——利息调整

（2）对于一次还本付息的债券，企业在资产负债表日应按应付债券的摊余成本和实际利率计算确定的债券利息费用，账务处理如下：

借：在建工程
财务费用
贷：应付债券——应计利息
——利息调整

（三）债券的偿还

1. 一次还本，分期付息的债券

（1）在每期支付利息时：

借：应付利息
贷：银行存款

（2）债券到期偿还本金并支付最后一期利息时：

借：应付债券——面值
在建工程
财务费用
贷：银行存款
应付债券——利息调整（差额，或在借方）

2. 一次还本付息的债券，企业应于债券到期支付债券本息：

借：应付债券——面值
——应付利息
贷：银行存款

【相关案例】

案例：2012 年 1 月 1 日，甲公司经批准发行 3 年期的到期还本、分期付息的公司债券 200 万张。该债券每张面值为 100 元，每年 1 月 1 日支付上一年利息，票面年利率为 5%，实际年利率 6%。发行债券实际募得的资金是 19465 万元。所募集的资金用于生产经营所需。

依据上述资料，采用摊余成本和实际利率计算确定的利息费用见下表。

利息费用计算表

单位：万元

时间	支付利息	利息费用	摊销金额	摊余成本
2012.1.1				19465.00
2012.12.31	1000	1167.90	167.90	19632.90
2013.12.31	1000	1177.97	177.97	19810.87
2014.12.31	1000	1189.13	189.13	20000.00

甲公司的账务处理如下：

（1）2012 年 1 月 1 日发行债券时：

借：银行存款 194650000

应付债券——利息调整 5350000

贷：应付债券——面值 200000000

（2）2012 年 12 月 31 日，确认利息费用时：

借：财务费用 11679000

贷：应付利息 10000000

应付债券——利息调整 1679000

（3）2013 年 1 月 1 日，支付利息时：

借：应付利息 10000000

贷：银行存款 10000000

（4）2013 年 12 月 31 日，确认利息费用时：

借：财务费用 11779700

贷：应付利息 10000000

应付债券——利息调整 1779700

（5）2014 年 1 月 1 日，支付利息时：

借：应付利息 10000000

贷：银行存款 10000000

（6）2014 年 12 月 31 日，确认利息费用时：

借：财务费用 11891300

贷：应付利息 10000000

应付债券——利息调整 1891300

（7）2015 年 1 月 1 日，归还债券本金及最后一年利息时：

借：应付利息 10000000

应付债券——面值 200000000

贷：银行存款 210000000

任务三　长期应付款的核算

【专业知识】

一、长期应付款概述

长期应付款是指企业除长期借款和应付债券以外的其他各种长期应收款项，包括应付补偿贸易方式下引进国外设备款、应付融资租入固定资产的租赁费、具有融资性质的延期付款方式购入固定资产产生的应付款项等。

长期应付款除了具有一般长期负债金额大、偿还期限长的特点外，还有两个特点：一是长期应付款具有分期支付资产价款的性质，会计上应作为资本性支出核算，而不能作为收益性支出处理；二是长期应付款的计价经常涉及外币与人民币比价的变动。例如，应付引进国外设备价款，引进时将其外币金额按规定的市场汇率折合为人民币记账，还款时如果市场汇率有变动，则会影响归还人民币的数额。

二、长期应付款的核算

为核算长期应付款的发生和偿还情况，企业应设置"长期应付款"和"未确认融资费用"等科目。"长期应付款"科目用于核算企业发生的除了长期借款和应付债券以外的其他各种长期应付款项。贷方反映长期应付款的增加数，借方反映归还的长期应付款项，期末贷方余额表尚未归还的长期应付款项。本科目可以按长期应付款的种类和债权人进行明细核算。"未确认融资费用"科目用于核算企业应当分期计入利息费用的未确认融资费用，期末借方余额反映企业未确认融资费用的摊余价值。

（一）应付引进设备款的核算

应付引进设备款是在补偿贸易中形成的，补偿贸易是指以信贷形式从国外引进设备技术等，以所生产的产品或其他劳务支付贷款的贸易方式。具体业务处理如下：

（1）在引进设备时：

借：固定资产（按设备的到岸价折合人民币加上在国内支付的税费计价入账）
　　贷：长期应付款——应付引进设备款（按设备到岸价折合的人民币）
　　　　银行存款（以人民币支付的关税及有关费用）

（2）用产品或劳务归还设备价款时：

用产品或劳务归还设备价款时，应视同产品销售进行处理。

借：应收账款
　　贷：主营业务收入

同时，结转成本。

借：主营业务成本
　　贷：库存商品

借：长期应付款——应付引进设备款
　　贷：应收账款

（二）应付融资租入固定资产的核算

租赁是指在约定的期间内，出租人将资产使用权让与承租人，以获取租金的协议。承租人和出租人在租赁开始日将租赁分为融资租赁或经营租赁。租赁开始日是指租赁协议日与租赁各方就主要租赁条款做出承诺中的较早者。

企业采用融资租赁方式租入的固定资产，虽然在法律形式上资产的所有权在租赁期内仍然属于出租人，但由于资产的租赁期基本上包括了资产的有效使用年限，承租企业实际上获得了租赁资产所提供的主要经济利益，同时承担了与资产所有权的有关风险。因此，承租企业应将融资租入的固定资产作为一项固定资产入账，同时确认相应的负债。具体账务处理如下：

借：固定资产（租赁资产在租赁开始日的公允价值与最低租赁付款额现值两者中较低者，加上在租赁谈判和签订合同过程中发生的可直接归属于租赁项目的手续费、律师费、差旅费、印花税等初始直接费用）
　　未确认融资费用（差额）

贷：长期应付款（按最低租赁付款额）

  银行存款或库存现金（按发生的初始直接费用）

注意：最低租赁付款额是指在租赁期内，承租人应支付或可能被要求支付的款项，加上承租人或与其有关的第三方担保的资产余值。承租人在计算最低租赁付款额的现值时，能够取得出租人租赁内含利率的，应当采用租赁内含利率作为折现率；否则，应当采用租赁合同规定的利率作为折现率。承租人无法取得出租人的租赁内含利率且合同没有规定利率的，应当采用同期银行贷款利率作为折现率。租赁内含利率，是指在租赁开始日，使最低租赁收款额的现值与未担保余值的现值之和等于租赁资产公允价值与出租人的初始直接费用之和的折现率。

每期支付租金费用时，账务处理如下：

借：长期应付款

  贷：银行存款

如果支付的租金中包含履约成本（履约成本是指租赁期内为租赁资产支付的各种使用费用，如技术咨询和服务费、人员培训费、维修费、保险费等），则账务处理如下：

借：制造费用或管理费用（履约成本金额）

  贷：银行存款

未确认融资费用应当在租赁期内各个期间进行分摊。承租人分摊确认融资费用时，应当采用实际利率法。每期采用实际利率发分摊未确认融资费用时，按当期应分摊的未确认融资费用金额，账务处理如下：

借：财务费用

  贷：未确认融资费用

（三）具有融资性的延期付款购买资产

企业购买资产有可能延期支付有关价款。如果延期支付的购买价格超过正常信用条件，实质上具有融资性质的，所购资产的成本应当以延期支付购买价款的现值为基础确定，实际支付的价款与购买价款的现值之间的差额，应当在信用期内采用实际利率法进行摊销，符合资本化条件的，计入相关资产成本，否则计入当期损益。其账务处理如下：

借：固定资产或在建工程等科目（按购买价款的现值）

  未确定融资费用（差额）

  贷：长期应付款（按应支付的价款总额）

【相关案例】

案例1：D公司开展补偿贸易业务，从国外引进设备价款折合人民币180万元（不需安装就可投入使用），公司引进设备时，用人民币存款支付进口关税、国内运杂费20万元，企业准备用所生产的产品归还引进设备款。引进设备投产后，第一批生产产品1000件，每件销售价格200元，单位生产成本150元，这一批产品全部用于还款。

（1）引进设备时：

借：固定资产   1800000

  贷：长期应付款——应付引进设备款   1800000

（2）以人民币支付进口关税和国内运杂费时：

借：固定资产　　　　　　　　　　　　　　　　　　200000
　　贷：银行存款　　　　　　　　　　　　　　　　　　　　200000

（3）销售产品时：

借：应收账款　　　　　　　　　　　　　　　　　　200000
　　贷：主营业务收入　　　　　　　　　　　　　　　　　　200000

结转成本：

借：主营业务成本　　　　　　　　　　　　　　　　150000
　　贷：库存商品　　　　　　　　　　　　　　　　　　　　150000

（4）抵付设备款时：

借：长期应付款——应付引进设备款　　　　　　　　200000
　　贷：应收账款　　　　　　　　　　　　　　　　　　　　200000

　　案例2：2014年1月1日，A公司向B租赁公司租入设备一台，原值600000元，公允价值580000元，账面价值578000元，预计尚可使用10年，租赁期为8年，每年年末支付租金100000元，合同规定折现率为8.5%，租赁期满支付名义购买价30000元，设备归A公司所有。A公司以银行存款支付运输费、途中保险费、安装调试费等合计60000元。假设已经过判断确认为该租赁属于融资租赁，并已计算出最低租赁付款额的现值为590869元。

　　要求：编制A公司取得租赁资产和支付第一年租金、第一次摊销未确认的融资费用时的会计分录。

　　最低租赁付款额 = $100000 \times 8 + 30000 = 830000$（元）

　　因为最低租赁付款额现值590869元大于租赁资产的公允价值580000元，所以以租赁资产的公允价值作为租入资产的入账价值。

（1）2014年1月租入设备时：

借：在建工程　　　　　　　　　　　　　　　　　　580000
　　未确认融资费用　　　　　　　　　　　　　　　　250000
　　贷：长期应付款——应付融资租赁款　　　　　　　　　　830000

（2）支付运输费、途中保险费、安装调试费等费用：

借：在建工程　　　　　　　　　　　　　　　　　　60000
　　贷：银行存款　　　　　　　　　　　　　　　　　　　　60000

（3）设备交付使用：

借：固定资产——融资租入固定资产　　　　　　　　640000
　　贷：在建工程　　　　　　　　　　　　　　　　　　　　640000

（4）2014年12月31日支付租赁费：

借：长期应付款——应付融资租赁款　　　　　　　　100000
　　贷：银行存款　　　　　　　　　　　　　　　　　　　　100000

（5）2014年12月31日计算分摊的未确认融资费用 = $580000 \times 8.5\% = 49300$（元）

借：财务费用　　　　　　　　　　　　　　　　　　49300
　　贷：未确认融资费用　　　　　　　　　　　　　　　　　49300

项目九　所有者权益

任务一　股本的核算

【专业知识】

一、股本的增加

对于股份有限公司而言，股份是重要的指标，股票的面值与股份总数的乘积为股本。对于收到的股东投资，股份有限公司应设置"股本"账户核算。公司因发行股票、可转换债券调换成股票、发放股票股利等原因取得股本时计入该账户贷方，按法定程序报经批准减少注册资本的公司在实际返还股款时计入该账户借方，"股本"账户贷方余额表示公司所拥有的股本总额的。该账户应按股票的种类及股东单位和姓名设置明细账进行明细核算。此外，公司还应设置股本备查簿，记载公司发行股票时涉及的股本总额、股份总数、每股面值以及已认股本等有关资料。公司发行股票取得的收入大于股本总额的，称为溢价发行；等于股本总额的，称为面值发行；小于股本总额的，称为折价发行。我国不允许折价发行股票。

股份有限公司的设立，包括发起式（即由发起人认购所有要发行的全部股份）和募集式（即由发起人认购一部分，剩余股份向社会公开募集或者向特定对象募集）两种方式。发起式的筹资费用低，一般只发生印刷费等少量费用，发生时可以直接记入"财务费用"科目。募集式的筹资费用高，发行股票支付的手续费或佣金等相关费用，减去股票发行期间冻结资金的利息收入后的余额，按以下原则处理：属于溢价发行的，记入"资本公积——股本溢价"科目借方，从溢价收入中抵销，溢价不够抵销的，不足的部分记入"财务费用"科目；属于面值发行的，直接记入"财务费用"科目。

股份有限公司无论采用何种设立方式，都应在核定的股本总额及核定的股份总额的范围内发行股票。公司设立发行的股票在收到货币资金等资产时，具体业务处理如下：

借：银行存款（实际收到的金额）

贷：股本（股票面值和核定的股份总额的乘积计算的金额）

资本公积——股本溢价（差额）

企业有时采用发行股票股利的方式增加股本，股票股利是企业用增发的股票代替现金派发给股东的股利。当企业实现净利润但现金不足时，为了满足股东的要求，通常派发股利。分派股票股利，一是不会使所有者权益总额发生变动，而仅仅使所有者权益各项目结构发生内部调整；二是不需要企业实际发放，不会使企业减少现金。在实际发放股票股利时，具体账务处理如下：

借：利润分配——转作股本的股利

　　贷：股本

二、股份有限公司回购股份

库存股是指上市公司收购的尚未转让或注销，而是留于特定账户的本公司股份。当有下列情形之一时，公司可以购买已经发行的本公司股份：减少公司注册资本；与持有本公司股份的其他公司合作；将股份奖励给本公司职工；股东因对股东大会作出的公司合并、分立决议持异议，要求公司收购其股份的。另外，在特定情形下投反对票的持有异议的股东可以要求公司回购股份保护其权利。为了核算这部分股份的金额，公司应设置"库存股"科目。该科目期末借方余额反映企业持有本公司股份的金额。

公司回购股份时，应当按回购股份的全部支出作为库存股处理，借记"库存股"科目，贷记"银行存款"等科目。同时，收购本公司股票时，亦按面值注销股本。但注销时，如果购回股票支付的价款超出面值总额的部分，可区分不同情况处理：属面值发行的，直接冲减盈余公积、未分配利润；属溢价发行的，则首先冲减溢价收入，不足部分，依次冲减盈余公积、未分配利润。即具体账务处理是：按股票面值和注销股数计算的股票面值总额冲减股本，借记"股本"科目，按实际支付的金额，贷记"库存股"科目，按其差额，借记"资本公积——股本溢价"科目。股本溢价不足冲减的，应依次借记"盈余公积"、"利润分配——未分配利润"科目。如果购回股票支付的价款低于面值总额的，应按股票面值总额借记"股本"科目，按实际支付的金额，贷记"库存股"科目，按其差额贷记"资本公积——股本溢价"科目。

【相关案例】

案例1：甲股份有限公司委托某证券公司发行股票200万股，每股面值1元，并与证券公司约定按发行收入的3%收手续费。甲公司按面值发行股票。

借：银行存款	2000000
贷：股本	2000000
借：财务费用	60000
贷：银行存款	60000

案例2：接案例1，如果甲公司股票发行价格为每股1.5元。其会计处理如下：

借：银行存款	2910000
贷：股本	2000000
资本公积——股本溢价	910000

案例3：甲公司2014年12月31日的股本为2000万股，每股面值1元，资本公积（股本溢价）500万元，盈余公积300万元。经股东大会批准，甲公司以现金回购本公司股票300万股并注销。

要求：请分别按以下三种情况，编制回购股票和注销的会计分录：（1）假定每股回购价为0.8元；（2）假定每股回购价为2元；（3）假定每股回购价为3元。

（1）假定每股回购价为0.8元时：

回购时：

借：库存股   2400000

  贷：银行存款   2400000

注销时：

借：股本   3000000

  贷：库存股   2400000

    资本公积——股本溢价   296000

（2）假定每股回购价为2元时：

回购时：

借：库存股   6000000

  贷：银行存款   6000000

注销时：

借：股本   3000000

  资本公积——股本溢价   3000000

  贷：库存股   6000000

（3）假定每股回购价为3元时：

回购时：

借：库存股   9000000

  贷：银行存款   9000000

注销时：

借：股本   3000000

  资本公积——股本溢价   5000000

  盈余公积   1000000

  贷：库存股   9000000

任务二 资本公积的核算

【专业知识】

一、资本公积概述

资本公积是指企业收到投资者的超出企业注册资本（或股本）中所占份额的投资，以及直接计入所有者权益的利得和损失等。资本公积包括资本溢价（或股本溢价）和直接计入所有者权益的利得和损失等。

资本公积与实收资本虽然都属于投入资本范畴，但两者又有区别。实收资本一般是投资者为了谋求投资利益投入的，而且属于法定资本，与企业注册资本相一致，因此，实收资本在来源和资金上，都有严格限制；资本公积有特定来源，而且某些来源形成的资本公积，并不需要原投资者投入，也并不一定是为谋求投资利益。

资本公积与净利润不同。在会计中，应划分资本和收益的界限，收益（净利润）是企业经营活动产生的结果，可分配给股东。资本公积是企业所有者投入资本的一部分，具有资本属性，与企业净利润无关，所以不能作为净利润的一部分。

资本公积由全体股东享有，资本公积转增资本时，按各个股东在实收资本中所占的投资比例计算金额，分别转增各个股东的投资金额。资本公积与盈余公积不同，盈余公积从净利润中提取，是净利润的转化形式，而资本公积有其特定来源，与净利润无关。

"资本公积"账户核算企业资本公积的增减变化情况，可以按照"资本溢价"、"股本溢价"以及"其他资本公积"设置明细科目进行明细核算。

二、资本公积的核算

（一）资本溢价（或股本溢价）

企业创立时，要经过筹建、试生产经营、开辟市场等过程，中间时间较长，并且这种投资具有风险性。当企业进入正常生产经营，在正常情况下，资本利润率高于创立阶段。而这种高于创立阶段的资本利润率是以创立时必要的垫支资本带来，企业创立者付出了代价。因此，相同数量的投资，由于出资时间不同，其对企业影响程度也不同。所以，新加入的投资者如与原投资者共享企业经一段生产经营后获得的留存收益，也要付出大于原投资者的出资额，才能取得与原投资者相同的投资比例。投资者投入的资本中按其投资比例计算的出资额部分，应记入"实收资本"科目，大于的部分就是资本溢价记入"资本公积"科目。对于股份有限公司而言，股票在溢价发行的情况下，股东所缴股款超过所购股票面值总额以上的科目部分即为股本溢价。

（二）其他资本公积

其他资本公积是指除资本溢价（或股本溢价）项目以外所形成的资本公积，其中主要是直接计入所有者权益的利得和损失。如长期股权投资采用权益法核算时，被投资单位发生净收益以外的所有者权益的其他变动而确认的资本公积；可供出售金融资产公允值变动形成的资本公积及转销；金融资产的重分类等形成的资本公积，这些内容已在前面有关项目中说明，此处不再重述。

（三）资本公积转增资本

企业资本公积用于转增资本，按转增资本前的实收资本结构比例，将资本公积转增的数额计入"实收资本"科目下各所有者的投资明细账，相应增加各所有者对企业的投资。资本公积转增资本时，账务处理如下：

借：资本公积
　　贷：实收资本

【相关案例】

案例1：甲公司由 A、B、C 三公司各出资 100 万元组建，经过三年经营，D 公司加入，此时，注册资本增加为 400 万元，D 公司出资 180 万元，仅占公司股份的 25%。账务处理如下：

借：银行存款　　　　　　　　　　　　　　　　　　1800000
　　贷：实收资本　　　　　　　　　　　　　　　　　1000000
　　　　资本公积——资本溢价　　　　　　　　　　　 800000

案例2：甲公司委托证券公司发行股票 5000 万股，每股面值 1 元，按每股 4 元价格发行。与证券公司约定，按发行收入的 3% 支付手续费，全部款项存入银行。账务处理如下：

（1）收到发行收入时：

借：银行存款   200000000

    贷：股本   50000000

       资本公积——股本溢价   150000000

（2）支付发行费用时：

借：资本公积——股本溢价   6000000

    贷：银行存款   6000000

案例 3：2014 年 12 月 31 日，B 公司所持有的已划分为可供出售金融资产的股票投资公允价值为 1230 万元。当天，该项资产的账面余额是 1180 万元。账务处理如下：

本例中，在 2014 年 12 月 31 日，可供出售金融资产的公允价值大于其账面余额，其账务处理如下：

借：可供出售金融资产——公允价值变动   500000

    贷：资本公积——其他资本公积   500000

案例 4：2014 年 12 月 20 日，甲公司董事会决定，并经股东大会同意，用其他资本公积 100 万元转增资本。账务处理如下：

借：资本公积——其他资本公积   1000000

    贷：实收资本   1000000

项目十　收入的核算

【专业知识】

一、收入的概述

（一）收入的概念

收入是指企业在日常活动中形成的、会导致所有者权益增加的、与所有者投入资本无关的经济利益的总流入。收入通常包括销售商品收入、提供劳务收入、让渡资产使用权收入等，但不包括为第三方或客户代收的款项，如增值税等。

（二）收入的分类

1. 按企业从事日常活动的性质分类

收入按企业从事日常活动的性质不同，可分为销售商品收入、提供劳务收入和让渡资产使用权收入等。

销售商品收入主要指企业通过销售商品实现收入。这里的商品包括企业为销售而生产的产品和为转售而购进的商品。如工业企业生产的产品、商品流通企业购进的商品等，企业销售的其他存货，如原材料、包装物等也视同为商品。

提供劳务收入是指企业通过提供劳务实现收入。主要有企业提供旅游、运输、饮食、广告、理发、照相、染发、咨询、代理、培训、产品安装等劳务获取的收入。

让渡资产使用权收入是指企业通过让渡资产使用权取得收入，包括利息收入和使用费收入。使用费收入主要指让渡专利权、商标权、专营权、版权、计算机软件等无形资产的使用权而获得的收入。

2. 按企业经营业务的主次分类

按企业经营业务的主次不同，收入可分为主营业务收入和其他业务收入。

主营业务收入是指企业完成经营目标所从事的经营性活动所实现的收入，一般占企业收入比重较大，对企业经济效益产生较大的影响。如工业企业的主营业务收入主要包括销售产品、自制半成品、代制品、代修品、提供工业性劳务等取得的收入；商业企业的主营业务收入主要包括销售商品实现的收入；咨询公司的主营业务收入主要包括提供咨询服务实现的收入。

其他业务收入是指企业为完成其经营目标所从事的与经营性活动相关的活动实现的收入。其他业务收入属于企业日常活动中次要交易实现的收入，一般占企业总收入的比重较小。如固定资产经营出租收入、无形资产出租收入（转让无形资产的使用权取得的使用费收入）、销售材料取得的收入、出租包装物的租金收入等。

（三）收入的确认与计量

1. 销售商品收入的确认与计量

销售商品收入的确认与计量在第一篇业务处理中已作介绍，这里不再重复。

2. 提供劳务收入的确认和计量

（1）提供劳务收入的确认。提供劳务的确认应分为两类情况：一类是开始和完成都在同一会计期间内的，应在劳务完成时确认收入；另一类是在资产负债表日未完成的劳务，企业在资产负债表日提供劳务交易的结果能够可靠地估计的，应当按照完工百分比法确认提供劳务收入。完工百分比法，是指按照提供劳务交易的完工进度确认收入与费用的方法。

提供劳务交易的结果能够可靠地估计，是指同时具备以下条件：①收入的金额能够可靠地计量。②相关的经济利益很可能流入企业。③交易的完工进度能够可靠地确定。④交易中已发生的和将发生的成本能够可靠地计量。

下列提供劳务收入满足收入确认条件的，应按规定确认收入。安装费，应在资产负债表日根据完工进度确认收入，安装工作是商品销售附带条件，安装费应在确认商品销售实现时确认收入；宣传媒介的收费，应在相关的广告或商业行为开始出现于公众面前时确认收入；广告的制造费，应在资产负债表日根据广告的完工进度确认收入；为特定客户开发软件的收费，应在资产负债表日根据软件开发的完工进度确认收入；包括在商品售价内可区分的服务费，应在提供服务的期间内分期确认收入；艺术表演、招待宴会和其他特殊活动的收费，应在相关活动发生时确认收入，收费涉及几项活动的，预收的款项应合理分配给每项活动，分别确认收入；申请人会费和会员只允许取得会籍，所有其他服务或商品要另行收费的，应在款项收回不存在重大不确定性时确认收入；申请会费和会员费是会员在会员期间内得到各种服务或出版物，或者以低于非会员的价格购买商品或接受服务的，应在整个受益期间内分期确认收入；属于提供设备和其他有形资产的特许权费，应在交付资产或转移资产所有权时确认收入；属于提供初始及后续服务的特许权费，应在提供服务时确认收入；长期为客户提供重复的劳务收取的劳务费，应在相关活动发生时确认收入。

（2）提供劳务收入的计量。

第一，按照完工百分比法确认收入与费用，需要确定提供劳务交易的完工进度，企业可以选用以下方法之一来确定提供劳务交易的完工进度：①已完工作的测量。②已经提供的劳务占应提供的劳务总量比例。③已发生的成本占估计成本的比例。

第二，企业应当按照从接受劳务方已收或应收的合同或协议价确定提供劳务收入的总额，已收或应收的合同或协议价款不公允的除外。

第三，企业应当在资产负债表日，按提供劳务收入的总额乘以完工进度，再扣除以前会计期间累计确认的提供劳务收入后的金额，确认当期提供劳务收入；同时，按照提供劳务预计总成本乘以完工进度，再扣除以前会计期间累计已确认的提供劳务成本后的金额，确认当期提供劳务成本。

第四，如果企业在资产负债表日提供劳务交易的结果不能够可靠估计，则应当分别按下列情况处理：①已发生的劳务成本预计能够得到补偿的，应按已发生的劳务成本金额，确认提供劳务收入，并按相同金额提供劳务成本。②已发生的劳务成本预计不能够得到补偿的，应当将已发生的劳务成本计入当期损益，不确认提供劳务收入。

3. 让渡资产使用权收入的确认与计量

（1）让渡资产使用权收入的确认。除销售商品和提供劳务之外，企业还可以通过让渡资产的使用权取得收入。让渡资产使用权同时满足以下条件，才能予以确认：①相关的经济利益很可能流入企业。②收入的金额能够可靠计量。

（2）让渡资产使用权收入的计量。让渡资产使用权收入包括利息收入、使用费收入等。当让渡资产使用权收入被确认后，企业应当分别按下列情况确认让渡资产使用权收入的金额：①利息收入金额，按照他人使用本企业货币资金的时间和实际利率计算确定。②使用费收入金额，按照有关合同或协议约定的收费时间和方法计算确定。

二、销售商品收入的核算

一般销售业务的收入核算已在第一篇作介绍，这里不再重复。

（一）已经发出但不符合销售商品收入确认条件的商品处理

如果企业售出的商品不符合销售商品收入确认的五个条件中的任何一条，均不应确认收入。为了单独反映已经发出但尚未确认销售商品收入的商品成本，应设置"发出商品"科目来核算。"发出商品"科目是一个资产类科目，专门用于核算一般销售方式下，已经发出但尚未确认销售商品收入的成本。

企业对于发出的商品，在不能确认收入时，应按发出商品的实际成本，借记"发出商品"等科目，贷记"库存商品"科目。发出商品满足收入确认条件时，应结转销售成本，借记"主营业务成本"科目，贷记"发出商品"科目。"发出商品"科目期末余额应并入资产负债表"存货"科目反映。

发出商品不符合收入确认条件时，如果销售商品的纳税义务已经发生，比如已经开出增值税专用发票，则应确认应交的增值税销项税额。借记"应收账款"科目，贷记"应交税费——应交增值税（销项税额）"科目。如果纳税义务没有发生，则不需进行上述处理。

（二）商业折扣、现金折扣和销售折让的处理

1. 商业折扣

商业折扣是指销售企业为了鼓励客户多购商品而在商品标价上给予的扣除。通常用百分数来表示，如10%、20%等。扣减折扣后的净额才是实际销售价格。商业折扣一般在交易发生时即已确定，它仅是确定实际销售价格的一种手段，不需在买卖双方任何一方的账上反映。因此，企业发生的应收账款在有商业折扣的情况下，应按扣除商业折扣后的金额入账。

2. 现金折扣

现金折扣是指债权人为了鼓励债务人在规定的期限内早日付款而向债务人提供的债务扣除。现金折扣通常发生在以赊销方式销售商品及提供劳务的交易中。企业为了鼓励客户提前偿付货款，通常与债务人达成协议，债务人在不同的期限内付款可享受不同比例的折扣。现金折扣一般用符号"折扣率/付款期限"来表示。例如"3/10，1/20，N/30"分别表示：10天内付款按售价给予3%的折扣；20天内付款按售价给予1%的折扣；30天内付款则不给折扣。

《企业会计准则》规定，在存在现金折扣的情况下，应收账款应以未减去现金折扣的金额作为入账价值，即按总价法入账。实际发生的现金折扣作为一种理财费用，计入发生当期的损益（财务费用）。

3. 销售折让

销售折让是指企业因销售商品的质量不符合要求等原因在售价上给予的减让。企业已经确认销售商品收入的售出商品发生销售折让时，按应冲减的销售商品收入的金额，借记"主营业务收入"科目，按增值税专用发票上注明的应冲减的增值税销项税额，用红字贷记"应交税费——应交增值税（销项税额）"科目，按实际支付或应退还的价款，贷记"银行存款"、"应收账款"等科目。但是如果发生销售折让时，企业尚未确认销售商品收入，则应直接按扣除折让后的金额确认销售商品收入。

（三）销售退回的处理

销售退回是指企业售出的商品由于质量、品种等不符合合同的要求等原因而发生的退货。销售退回应当分不同情况进行会计处理：

（1）销售退回发生在企业确认收入之前，这种情况处理比较简单，只需要将已计入"发出商品"的账户的商品成本转回"库存商品"账户即可，借记"库存商品"科目，贷记"发出商品"科目。

（2）如果企业已确认收入的售出商品发生销售退回的除属于资产负债表日后事项外，一般应在发生时冲减退回当月的销售商品收入，同时冲减退回当月的销售商品成本，如规定允许扣减增值税的，应同时冲减已确认的增值税销项税额。如该销售退回已发生现金折扣的，应同时调整相关财务费用的金额。按应冲减的销售商品收入金额，借记"主营业务收入"科目，按专用发票上注明的应冲减的增值税销项税额，用红字贷记"应交税费——应交增值税（销项税额）"科目，按实际支付或应退还的价款，贷记"银行存款"、"应收账款"等科目，如已发生现金折扣的，还应按相关财务费用的调整金额，贷记"财务费用"

科目。同时，按退回的商品成本，借记"库存商品"科目，贷记"主营业务成本"科目。

（四）采用预收款方式销售商品的处理

在预收款销售方式下，销售方收到最后一笔款项时才将商品交付购货方，表明商品的所有权上的主要风险和报酬只有在收到最后一笔款项时才转移给购货方。销售方通常应在发出商品时确认收入，在此之前预收的货款应确认为预收账款。

（五）商品代销业务的处理

委托其他单位代销商品的企业应设置"发出商品"账户。代销通常有视同买断和收取手续费两种方式：

1. 视同买断方式

视同买断方式是指由委托方和受托方签订协议，委托方按协议价收取所代销商品的货款，实际售价可由受托方自行确定，实际售价与协议价之间的差额归受托方所有的销售方式。在这种销售方式下，由于委托方将商品交付给受托方时，商品所有权上的风险和报酬并未转移给受托方，因此，委托方在交付商品时不确认收入，受托方也不作购进商品处理。受托方将商品售出后，应按实际售价确认为销售收入，并向委托方开具代销清单。委托方收到代销清单时，再确认本企业的销售收入。

企业委托其他单位代销商品，在发出代销商品时不确认收入的实现，应按发出商品的实际成本，借记"发出商品"科目，贷记"库存商品"科目；在收到代销单位的代销清单时确认收入，并按协议和按规定计算的增值税额，借记"应收账款"科目，按协议价贷记"主营业务收入"科目，按增值税额贷记"应交税费——应交增值税（销项税额）"科目；同时按代销商品的实际成本，借记"主营业务成本"科目，贷记"发出商品"科目。

2. 收取手续费方式

收取手续费方式是指受托方根据代销的商品数量向委托方收取手续费的代销方式。对受托方来说，收取的手续费实际上是一种提供劳务收入。这种代销方式与视同买断方式相比，主要特点是，受托方通常按照委托方规定的价格销售，不得自行改变售价。

企业委托其他单位代销商品，在发出代销商品时不确认收入的实现，应按发出商品的实际成本，借记"发出商品"科目，贷记"库存商品"科目；在收到代销单位的代销清单时确认收入，并按规定的销售价格计算的增值税额，借记"应收账款"科目，按规定的销售价格，贷记"主营业务收入"科目，按增值税额贷记"应交税费——应交增值税（销项税额）"科目；同时按代销商品的实际成本，借记"主营业务成本"科目，贷记"发出商品"科目。按实际销售的数量及按规定的手续费标准所计算的手续费总额，借记"销售费用"科目，贷记"应收账款"科目。

三、提供劳务收入的核算

企业提供劳务的种类很多，如旅游、运输、饮食、广告、咨询、代理、培训、产品安装等，有的劳务一次就能完成，且一般为现金交易，如饮食、理发、照相等；有的劳务需要花一段较长的时间才能完成，如安装、旅游、培训、远洋运输等。企业提供劳务收入的确认原则因劳务完成时间的不同而不同。

（一）在同一会计期间内开始并完成的劳务

对于一次就能完成的劳务，企业应在提供劳务完成时按所确认的收入金额，借记"应收账款"、"银行存款"等科目，贷记"主营业务收入"等科目；按提供劳务所发生的相关支出，借记"主营业务成本"科目，贷记"银行存款"、"应付职工薪酬"等科目。

对于持续一段时间但在同一会计期间内开始并完成的劳务，企业应在为提供劳务发生相关支出时，借记"劳务成本"科目，贷记"银行存款"、"应付职工薪酬"、"原材料"等科目。劳务完成确认劳务收入时，按确定的收入金额，借记"应收账款"、"银行存款"等科目，贷记"主营业务收入"科目；同时，结转相关劳务成本，借记"主营业务成本"科目，贷记"劳务成本"科目。

（二）劳务的开始和完成分属不同的会计期间

1. 提供劳务交易结果能够可靠计量

如果劳务的开始和完成分属不同的会计期间，且企业在资产负债表日提供劳务交易结果能够可靠估计的，应采用完工百分比法确认提供劳务收入及相关的费用。

完工百分比法是指按照提供劳务交易的完工进度确认收入与费用的方法。采用完工百分比法，企业应当在资产负债表日按照提供劳务收入总额乘以完工进度扣除以前会计期间已确认提供劳务收入后的金额，确认当期提供的劳务收入；同时，按照提供劳务估计总成本乘以完工进度扣除以前会计期间累计已确认劳务成本后的金额，结转当期劳务成本。

在劳务总收入和劳务总成本能够可靠计量的情况下，关键是确定劳务的完成程度。企业应根据所提供劳务的特点，选择确定劳务完工程度的方法，包括通过对已经完成的工作或工程的测量来确定完成程度，或按已经提供的劳务量（如已完成的工作时间）占应提供的劳务总量（如完成此项劳务所需的总的工作时间）的百分比确定完成程度，或按已经发生的成本占估计总成本的百分比确定完成程度。

在实务中，对于劳务按合同规定所预收的款项，应借记"银行存款"科目，贷记"预收账款"或"应收账款"科目；企业为提供劳务发生相关支出时，借记"劳务成本"科目，贷记"银行存款"、"应付职工薪酬"、"原材料"等科目；按完工百分比法确认本期劳务收入时，借记"预收账款"或"应收账款"等科目，贷记"主营业务收入"科目；同时，按确认的本期费用，借记"主营业务成本"科目，贷记"劳务成本"科目。

2. 提供劳务交易结果不能可靠计量

如果劳务的开始和完成分属不同的会计期间，且企业在资产负债表日提供劳务交易结果不能可靠估计的，即不能同时满足上述为提供劳务交易的结果能够可靠估计四个条件的，不能采用完工百分比法确认提供劳务收入。此时，企业应分情况正确预计已经发生的劳务成本能否得到补偿。如果已经发生的劳务成本预计全部或部分能够得到补偿的，按能够得到补偿的劳务成本金额确认提供劳务收入，并结转已经发生的劳务成本。如全部不能得到补偿的，应将已经发生的劳务成本计入当期损益，不确认提供劳务成本。

四、让渡资产使用权收入的核算

（一）利息收入的处理

企业应在资产负债表日，按照他人使用本企业货币资金的时间和实际利率计算确定利息收入金额。按计算确定的利息收入金额，借记"应收利息"、"贷款"、"银行存款"等科目，贷记"利息收入"、"其他业务收入"等科目。

（二）使用费收入的处理

企业让渡资产使用权的使用费收入，一般通过"其他业务收入"科目核算。在实际发生时，按所确定的收入金额借记"银行存款"、"其他应收账款"等科目，贷记"其他业务收入"科目。企业对所让渡资产计提摊销以及所发生的与让渡资产有关的支出等，借记"其他业务成本"科目，贷记"累计摊销"、"应交税费"等科目。

【相关案例】

案例1：甲企业于2014年11月5日采用托收承付结算方式销售A产品1000件给乙企业，增值税专用发票上注明货款500000元，增值税额85000元，产品已发出，已向银行办妥收手续，该批产品的成本为400000元。

甲企业在11月5日销售并发出产品，且办妥托收手续时的账务处理如下：

(1) 借：应收账款——乙企业　　　　　　　　　　　　　　585000

　　　　贷：主营业务收入　　　　　　　　　　　　　　　　　500000

　　　　　　应交税费——应交增值税（销项税额）　　　　　　85000

(2) 借：主营业务成本　　　　　　　　　　　　　　　　　400000

　　　　贷：库存商品　　　　　　　　　　　　　　　　　　　400000

案例2：承接案例1，假设甲企业在销售这批产品给乙企业的时候，已经得知乙企业资金流转发生暂时困难，但为了减少存货积压，同时为了维持与乙企业长期以来建立的商业关系，甲企业仍将产品发出，并办妥托收手续。假定甲企业销售这批产品的纳税义务已经发生。

在此种情况下，尽管产品已经发出，但不符合收入的确认条件，故不确认收入。同时，纳税义务已经发生，则应确认应交的增值税销项税额。所以，甲企业在发出产品时的账务处理就与案例1的账务处理不同，具体处理如下：

　　借：发出商品　　　　　　　　　　　　　　　　　　　400000

　　　　贷：库存商品　　　　　　　　　　　　　　　　　　400000

　　借：应收账款　　　　　　　　　　　　　　　　　　　　85000

　　　　贷：应交税费——应交增值税（销项税额）　　　　　　85000

案例3：沿用案例2资料，在2015年1月甲公司得知乙公司的经营情况逐渐好转，乙公司承诺在近期内付款。假设甲企业在2015年2月1日收到乙企业支付的款项。账务处理如下：

(1) 在2015年1月，甲企业应在乙企业承诺近期付款时确认收入时：

　　借：应收账款　　　　　　　　　　　　　　　　　　　500000

　　　　贷：主营业务收入　　　　　　　　　　　　　　　　500000

同时，结转销售成本：

借：主营业务成本 400000

　　贷：发出商品 400000

（2）甲企业在 2015 年 2 月 1 日收到乙企业支付的款项时：

借：银行存款 585000

　　贷：应收账款 585000

案例 4：A 企业上月销售给 B 公司的一批商品，因质量有问题，经双方协同意给予 30000 元折让。A 企业已办妥了相关手续，开具了增值税专用发票（红字）。该批商品的销售收入，已于上月确认入账，但货款尚未收到。账务处理如下：

借：主营业务收入——销售折让 30000

　　贷：应收账款——B 公司 35100

　　　　应交税费——应交增值税（销项税额） 5100

案例 5：甲企业收到上月发给乙企业的不合格 A 产品 5 件，货款 2000 元，增值税额 340 元，乙企业已于上月付款，本月该商品因出现严重质量问题被退回，甲企业同意并办妥了有关手续，按规定向乙企业开具了增值税专用发票（红字）。所收货款以银行存款退回，A 产品的单位成本为 250 元，上月已结转。账务处理如下：

借：主营业务收入 2000

　　贷：银行存款 2340

　　　　应交税费——应缴增值税（销项税额） 340

借：库存商品——A 产品 1250

　　贷：主营业务成本 1250

案例 6：甲公司与乙公司签订协议，采用预收账款方式向乙公司销售一批商品。该批商品的实际成本为 40000 元。协议约定，该批商品的销售价为 100000 元，增值税额为 17000 元；乙公司应在协议签订时预付 60% 的货款（按销售价格计算），剩余货款于两个月后支付。账务处理如下：

（1）收到 60% 的货款时：

借：银行存款 60000

　　贷：预收账款 60000

（2）收到剩余货款及增值税税款时：

借：预收账款 117000

　　贷：主营业务收入 100000

　　　　应交税费——应交增值税（销项税额） 17000

借：银行存款 57000

　　贷：预收账款 57000

借：主营业务成本 40000

　　贷：库存商品 40000

案例 7：甲企业 2014 年 1 月 2 日委托乙企业代销 A 产品 400 件并发出商品，双方签订的代销协议确定的协议价为 1170 元（含 17% 的增值税），单位成本为 680 元。2 月 20 日收到乙企业转来的代销清单上表明售出 400 件，甲企业开出增值税专用发票，注明售价 400000 元，增值税 68000 元。乙企业实际销售时所开具增值税专用发票上注明售价 500000 元，增值税为 85000 元。2 月 25 日，甲企业收到乙企业按协议价支付的款价 468000 元。

本例属于视同买断方式的商品代销业务。

（1）甲企业的账务处理：

①2014 年 1 月 2 日发出 A 产品时：

借：发出商品——A 产品（乙企业）　　　　　　　　　　　　　272000
　　贷：库存商品——A 产品　　　　　　　　　　　　　　　　　　　　272000

②2 月 20 日收到代销清单时：

借：应收账款——乙企业　　　　　　　　　　　　　　　　　468000
　　贷：主营业务收入　　　　　　　　　　　　　　　　　　　　　　400000
　　　　应交税费——应交增值税（销项税额）　　　　　　　　　　　　68000

借：主营业务成本　　　　　　　　　　　　　　　　　　　　272000
　　贷：发出商品——A 产品（乙企业）　　　　　　　　　　　　　　272000

③2 月 25 日收到货款时：

借：银行存款　　　　　　　　　　　　　　　　　　　　　　468000
　　贷：应收账款——乙企业　　　　　　　　　　　　　　　　　　　468000

（2）乙企业的账务处理：

①收到发来的 A 产品时：

借：受托代销商品——A 产品（甲企业）　　　　　　　　　　400000
　　贷：受托代销商品款　　　　　　　　　　　　　　　　　　　　　400000

②实际销售 A 产品时：

借：银行存款　　　　　　　　　　　　　　　　　　　　　　585000
　　贷：主营业务收入　　　　　　　　　　　　　　　　　　　　　　500000
　　　　应交税费——应交增值税（销项税额）　　　　　　　　　　　　85000

借：主营业务成本　　　　　　　　　　　　　　　　　　　　400000
　　贷：受托代销商品——A 产品（甲企业）　　　　　　　　　　　　400000

③收到甲企业开来的增值税专用发票时：

借：受托代销商品款——甲企业　　　　　　　　　　　　　　400000
　　应交税费——应交增值税（进项税额）　　　　　　　　　　68000
　　贷：应付账款——甲企业　　　　　　　　　　　　　　　　　　　468000

④按合同协议价将款项付给甲企业时：

借：应付账款——甲企业　　　　　　　　　　　　　　　　　468000
　　贷：银行存款　　　　　　　　　　　　　　　　　　　　　　　　468000

案例 8：甲企业 2014 年 1 月 2 日委托丙企业代销 A 产品 400 件并发出该产品，双方签订的代销协议确定的协议价为 1170 元（含 17% 的增值税），每件支付手续费 100 元。A 产品成本为 680 元。2 月 20 日收到丙企业转来的代销清单上表明售出 400 件，甲企业开出增值税专用发票，注明售价 400000 元，增值税额 68000 元。丙企业实际销售开具增值税专用发票，注明售价 400000 元，增值税额 68000 元。2 月 25 日，甲企业收到丙企业按协议价支付的代销货款净额 428000（468000－40000）元。

本例属于收取手续费的商品代销业务。

（1）甲企业的账务处理：

①发出 A 产品时：

借：发出商品——A 产品（丙企业）   680000

    贷：库存商品——A 产品   680000

②次月 20 日收到代销清单时：

借：应收账款——丙企业   468000

    贷：主营业务收入   400000

        应交税费——应交增值税（销项税额）   68000

借：主营业务成本   272000

    贷：发出商品——A 产品（丙企业）   272000

借：销售费用——代销手续费   40000

    贷：应收账款——丙企业   40000

③收到企业回来的代销货款净额时：

借：银行存款   428000

    贷：应收账款——丙企业   428000

（2）丙企业的账务处理：

①收到发来的 A 产品时：

借：受托代销商品——A 产品（甲企业）   1000000

    贷：受托代销商品款   1000000

②实际销售 A 产品时：

借：银行存款   468000

    贷：应付账款——甲企业   400000

        应交税费——应交增值税（销项税额）   68000

借：受托代销商品款——甲企业   400000

    贷：受托代销商品——A 产品（甲企业）   400000

③收到甲企业开来的增值税专用发票时：

借：应交税费——应交增值税（进项税额）   68000

    贷：应付账款——甲企业   68000

④按合同协议价将款项付给甲企业时：

借：应付账款——甲企业   468000

    贷：银行存款   428000

        主营业务收入   40000

案例 9：B 企业将生产的余料（甲材料）销售给 A 公司，增值税专用发票上注明价款 6000 元，增值税额 1020 元，该批材料的实际成本为 4300 元。账务处理如下：

借：银行存款   7020

    贷：其他业务收入——材料销售   6000

应交税费——应交增值税（销项税额）   1020

同时，结转已销售材料的实际成本：

借：其他业务成本   4300

　　贷：原材料——甲材料   4300

案例10：2014年12月8日，某企业接受了A公司一项设备安装任务，该安装任务可一次完成，合同总收入为20000元，该企业以银行存款实际支付安装费用11000元。账务处理如下：

（1）确认所提供的劳务收入时：

借：应收账款——A公司   20000

　　贷：主营业务收入   20000

（2）发生并确认有关成本费用时：

借：主营业务成本   11000

　　贷：银行存款   11000

案例11：某企业于2014年10月1日为B公司研制一项软件，合同规定：时间为6个月，总收入为600000元，10月1日B公司预付账款300000元，余款于完成时一次付清。该项目预计总研制费用350000元。至2014年12月31日已经发生研制费用280000元，经专业测量师测量，现已完成的开发程度为70%。账务处理如下：

（1）预收款项时：

借：银行存款   300000

　　贷：预收账款——B公司   300000

（2）研制过程中支付相关费用时：

借：劳务成本   280000

　　贷：银行存款   280000

（3）年末确认该项劳务的本期收入和费用：

本期应确认的收入 = 600000 × 70% － 0 = 420000（元）

本期应确认的费用 = 350000 × 70% － 0 = 245000（元）

借：预收账款——B公司   420000

　　贷：主营业务收入   420000

借：主营业务成本   245000

　　贷：劳务成本   245000

案例12：甲公司向丁公司转让其商品的商标使用权，合同约定丁公司每年年末按年销售收入的15%支付使用费，使用期为10年。第一年，丁公司实现销售收入200000元；第二年，丁公司实现销售收入500000元。假定甲公司均于每年年末收到使用费。该商标权的账面余额是480000元，使用寿命为12年。账务处理如下：

该商标权每年摊销金额 = 480000 ÷ 12 = 20000（元）。

（1）第一年年末确认使用费收入 = 200000 × 15% = 30000（元）

借：银行存款   30000

　　贷：其他业务收入   30000

借：其他业务成本   40000

　　　　贷：累计摊销　　　　　　　　　　　　　　　　　　　　40000

（2）第二年年末确认使用费收入＝500000×15%＝75000（元）

　　借：银行存款　　　　　　　　　　　　　　　　　　　　75000

　　　　贷：其他业务收入　　　　　　　　　　　　　　　　　　75000

　　借：其他业务成本　　　　　　　　　　　　　　　　　　40000

　　　　贷：累计摊销　　　　　　　　　　　　　　　　　　　　40000

案例13：甲企业2014年7月5日销售一批产品给丙企业，按价目表标明的价格计算，金额为10000元，由于是成批销售，甲企业给丙企业10%的商业折扣，折扣金额为1000元，增值税税率为17%。货款未收。7月15日丙企业汇来货款，已收到银行的收账通知。账务处理如下：

（1）7月5日销售产品时：

　　借：应收账款——丙企业　　　　　　　　　　　　　　10530

　　　　贷：主营业务收入　　　　　　　　　　　　　　　　　9000

　　　　　　应交税费——应交增值税（销项税额）　　　　　　1530

（2）7月15日收到银行收款通知时：

　　借：银行存款　　　　　　　　　　　　　　　　　　　10530

　　　　贷：应收账款——丙企业　　　　　　　　　　　　　　10530

案例14：甲企业在2014年1月5日销售一批产品给A公司，增值税专用发票上注明售价是10000元，增值税1700元，产品交付并办妥托收手续。销售产品时，规定现金折扣的条件为2/10，1/20，N/30。分别编制如果在10日内付款或在20日内付款或超过现金折扣的最后期限付款的账务处理。

（1）1月5日销售时：

　　借：应收账款——A公司　　　　　　　　　　　　　　11700

　　　　贷：主营业务收入　　　　　　　　　　　　　　　10000

　　　　　　应交税费——应交增值税（销项税额）　　　　　　1700

（2）如果丁公司在10日内付款：

　　借：银行存款　　　　　　　　　　　　　　　　　　　11466

　　　　财务费用　　　　　　　　　　　　　　　　　　　　234

　　　　贷：应收账款——A公司　　　　　　　　　　　　　11700

（3）如果丁公司在20日内付款：

　　借：银行存款　　　　　　　　　　　　　　　　　　　11583

　　　　财务费用　　　　　　　　　　　　　　　　　　　　117

　　　　贷：应收账款——A公司　　　　　　　　　　　　　11700

（4）如果丁公司超过了现金折扣的最后期限付款：

　　借：银行存款　　　　　　　　　　　　　　　　　　　11700

　　　　贷：应收账款——A公司　　　　　　　　　　　　　11700

项目十一　财务报告

任务一　现金流量表

【专业知识】

一、现金流量表概述

（一）现金流量表的概念

现金流量表是指反映企业一定会计期间内现金和现金等价物（除特别注明外，以下所指的现金均含现金等价物）流入和流出的报表。

现金流量是指一定会计期间内企业现金和现金等价物的流入和流出。企业从银行提取现金、用现金购买短期到期的国库券等现金和现金等价物之间的转换不属于现金流量。

这里的现金是指广义的现金，即企业库存现金以及可以随时用于支付的存款，包括库存现金、银行存款和其他货币资金（如外埠存款、银行汇票存款、银行本票存款等）等。不能随时用于支付的存款不属于现金。

现金等价物指企业持有的期限短、流动性强、易于转换为已知金额现金、价值变动风险很小的投资。期限短，一般是指从购买日起三个月内到期。现金等价物通常包括三个月内到期的债券投资等。权益性投资变现的金额通常不确定，因而不属于现金等价物。企业应当根据具体情况，确定现金等价物的范围，一经确定不得随意变更。

（二）现金流量表的作用

现金流量表主要提供有关企业现金流量方面的信息，其作用表现在以下三个方面：

(1)现金流量表有助于评价企业的支付能力、偿债能力和周转能力。

(2)现金流量表有助于预测企业未来现金流量。

(3)现金流量表有助于分析企业收益质量及影响现金净流量的因素。

（三）现金流量表的编制基础

根据《企业会计准则》规定，现金流量表按照收付实现制原则编制。除现金流量表外，企业的其他财务报表应当按照权责发生制原则编制。

二、现金流量表的内容和结构

（一）现金流量表的内容

企业产生的现金流量分为三类：

1. 经营活动产生的现金流量

经营活动是指企业投资活动和筹资活动以外的所有交易和事项。经营活动产生的现金流量主要包括销售商品或提供劳务、购买商品、接受劳务、支付工资和缴纳税款等流入和流出的现金和现金等价物。

2. 投资活动产生的现金流量

投资活动是指企业长期资产的构建和不包括在现金等价物范围内的投资及其处置活动。投资活动产生的现金流量主要包括构建固定资产、处置子公司及其他营业单位等流入和流出的现金和现金等价物。

3. 筹资活动产生的现金流量

筹资活动是指导致企业资本及债务规模和构成发生变化的活动。筹资活动产生的现金流量主要包括吸收投资、发行股票、分配利润、发行债券、偿还债务等流入和流出的现金和现金等价物。偿还应付账款、应付票据等商业应付款等属于经营活动，不属于筹资活动。

企业编制现金流量表进行现金流量分类时，对于未特别指明的现金流量，应当按照现金流量的分类方法和重要性原则，判断某项交易或事项所产生的现金流量应当归属的类别或项目；对于重要的现金流入或流出项目应当单独反映；对于自然灾害损失、保险索赔等特别项目，应当根据其性质，分别归并到经营活动、投资活动和筹资活动现金流量类别中单独列表。

（二）现金流量表的结构

我国企业现金流量表采用报告式结构，分类反映经营活动产生的现金流量、投资活动产生的现金流量和筹资活动产生的现金流量，最后汇总反映企业某一期间现金及现金等价物的净增加额。

三、现金流量表填列方法

（一）经营活动产生的现金流量

在我国，经营活动产生的现金流量应当采用直接法填列。直接法是指按现金收入和现金支出的主要类别直接反映企业经营活动产生的现金流量的方法。现金流量一般按现金流入和现金流出总额列报，但代客户收取或支付的现金以及周转快、金额大、期限短的项目的现金流入和现金流出，可以按照净额列报。企业应当采用直接法列示经营活动产生的现金流量。

采用直接法编制经营活动产生的现金流量时，一般以利润表中的营业收入为起算点，调整与经营活动有关的项目的增减变动，然后计算出经营活动的现金流量。采用直接法具体编制现金流量表时，可以采用工作底稿法或T形账户法，也可以根据有关科目的记录分析填列。

1. "销售商品、提供劳务收到的现金"项目

该项目反映企业销售商品、提供劳务实际收到的现金（含销售收入和应向购买者收取的增值税额），包括本期销售商品、提供劳务收到的现金，以及前期销售商品、提供劳务本期收到的现金和本期预收的账款，减去本期销售本期退回的商品和前期销售本期退回的商品支付的现金。企业销售材料和代购代销业务收到的现金，也在本项目反映。本项目可以根据"库存现金"、"银行存款"、"应收账款"、"应收票据"、"预收账款"、"主营业务收入"、"其他业务收入"等科目的记录分析填列。写成公式如下：

销售商品、接受劳务收到的现金＝当期销售商品、提供劳务收到的现金＋当期收到前

期的应收账款和应收票据＋当期预收的账款－当期销售退回而支付的现金＋当期收回前期核销的坏账损失

2."收到的税费返还"项目

该项目反映企业收到返还的各种税费，如收到的增值税、消费税、营业税、所得税、教育费附加返还等。本项目可以根据"库存现金"、"银行存款"、"营业外收入"、"其他应收款"等科目的记录分析填列。

3."收到的其他与经营活动有关的现金"项目

该项目反映企业除了上述各项目外所收到的其他与经营活动有关的现金，如罚款收入、流动资产损失中由个人赔偿的现金收入等。其他现金流入如价值较大，应单列项目反映。本项目可以根据"库存现金"、"银行存款"、"营业外收入"等科目的记录分析填列。

4."购买商品、接受劳务支付的现金"项目

该项目反映企业购买商品、接受劳务实际支付的现金，包括本期购入商品、接受劳务支付的现金（包括增值税进项税额）以及本期支付前期购入商品、接受劳务的未付款项和本期预付款项。本期发生的购货退回收到的现金应从本项目减去，企业代购代销业务支付的现金也在该项目反映。本项目可以根据"库存现金"、"银行存款"、"应付账款"、"应付票据"、"预付账款"、"主营业务成本"、"其他业务支出"等科目的记录分析填列。写成公式如下：

购买商品、接受劳务支付的现金＝当期购买商品、接受劳务支付的现金＋当期支付前期的应付账款和应付票据＋当期预付的账款－当期因购货退回收到的现金

5."支付给职工以及为职工支付的现金"项目

该项目反映企业实际支付给职工以及为职工支付现金，包括本期实际支付给职工的工资、奖金、各种津贴和补贴等，以及为职工支付的其他费用，不包括支付给离退休人员的各项费用和支付给在建工程人员的工资等。企业支付给离退休人员的各项费用，包括支付的统筹退休金以及未参加统筹的退休人员的费用，在"支付的其他与经营活动有关的现金"项目中反映；支付给在建工程人员的工资，在"购建固定资产、无形资产和其他长期资产所支付的现金"项目中反映。本项目可以根据"应付职工薪酬"、"库存现金"、"银行存款"等科目的记录分析填列。

企业为职工支付的养老、失业等社会保险基金，补充养老保险、住房公积金，支付给职工的住房困难补助，以及企业支付给职工或为职工支付的其他福利费用等，应按职工的工作性质和服务对象，分别在本项目和"购建固定资产、无形资产和其他长期资产所支付的现金"项目中反映。

6."支付的各项税费"项目

该项目反映企业按规定支付的各种税费，包括本期发生并支付的税费，以及本期支付以前各期发生的税费和预交的税金，如支付的教育费附加、矿产资源补偿费、印花税、房产税、土地增值税、车船税、营业税、增值税、销售税等。不包括计入固定资产价值、实际支付的耕地占用税、契税等，也不包括本期退回增值税、所得税，本期退回的增值税、所得税在"收到的税费返还"项目中反映。本项目可以根据"应交税费"、"库存现金"、"银行存款"等科目的记录分析填列。

7. "支付的其他与经营活动有关的现金"项目

该项目反映企业除上述各项目外所支付的其他与经营活动有关的现金，如罚款支出、支付的差旅费、业务招待费现金支出、支付的保险费等，其他现金流出如价值较大，应单列项目反映。本项目可以根据"库存现金"、"银行存款"、"管理费用"、"营业外支出"等科目的记录分析填列。

（二）投资活动产生的现金流量

1. "收回投资所收到的现金"项目

该项目反映企业出售、转让或到期收回除现金等价物以外的对其他企业的权益工具、债务工具和合营中的权益等投资收到的现金。收回债务工具实现的投资收益、处置子公司及其他营业单位收到的现金净额不包括在本项目内。本项目可以根据"持有至到期投资"、"长期股权投资"、"可供出售金融资产"、"库存现金"、"银行存款"等科目的记录分析填列。

2. "取得投资收益所收到的现金"项目

该项目反映企业除现金等价物以外的对其他企业的权益工具、债务工具和合营中的权益等投资分回的现金股利和利息，不包括股票股利。本项目可以根据"库存现金"、"银行存款"、"投资收益"等科目的记录分析填列。

3. "处置固定资产、无形资产和其他长期资产所收回的现金净额"项目

该项目反映企业出售、报废固定资产、无形资产和其他长期资产所取得的现金（包括因资产毁损收到的保险赔偿款），减去为处置这些资产而支付的有关费用后净额。如所收到现金净额为负数，则应作为投资活动现金流出项目反映，列在"支付的其他与投资活动有关的现金"项目中。本项目可以根据"固定资产清理"、"库存现金"、"银行存款"等科目的记录分析填列。

4. "处置子公司及其他营业单位收到的现金净额"项目

该项目反映企业处置子公司及其他营业单位所取得的现金，减去相关处置费用以及子公司及其他营业单位持有的现金和现金等价物后的净额。本项目可以根据"长期股权投资"、"银行存款"、"库存现金"等科目的记录分析填列。

5. "收到的其他与投资活动有关的现金"项目

该项目反映企业除了上述各项目以外所收到的其他与投资活动有关的现金。如企业收回购买股票和债券时支付的宣告但尚未领取的现金股利或已到付息期但尚未领取的债券利息。若其他与投资活动有关的现金流入金额较大，应单列项目反映。本项目可以根据"应收股利"、"银行存款"、"库存现金"等科目的记录分析填列。

6. "购建固定资产、无形资产和其他长期资产实际支付的现金"项目

该项目反映企业本期购买、建造固定资产、取得无形资产和其他长期资产实际支付的现金，以及用现金支付的应由在建工程和无形资产负担的职工薪酬，不包括为购建固定资产而发生的借款利息资本化的部分，以及为融资租入固定资产支付的租赁费；企业支付的借款利息和融资租入固定资产的租赁费，在筹资活动产生的现金流量中反映。本项目可根据"固定资产"、"在建工程"、"无形资产"、"库存现金"、"银行存款"等科目的记录分析填列。

7. "投资所支付的现金"项目

该项目反映企业取得除现金等价物以外的对其他企业的权益工具、债务工具和合营中

的权益等投资所支付的现金，以及支付的佣金、手续费等交易费用，但取得子公司及其他营业单位支付的现金净额除外。本项目可以根据"可供出售金融资产"、"持有至到期投资"、"长期股权投资"、"库存现金"、"银行存款"等科目的记录分析填列。

8. "取得子公司及其他营业单位支付的现金净额"项目

该项目反映企业购买子公司及其他营业单位购买出价中以现金支付的部分，减去子公司及其他营业单位持有的现金和现金等价物净额。本项目可以根据"长期股权投资"、"库存现金"、"银行存款"等科目的记录分析填列。

9. "支付的其他与投资活动有关的现金"项目

该项目反映企业除上述各项目以外所支付的其他与投资活动有关的现金，如企业购买股票和债券时，支付的已宣告但尚未领取的现金股利或已到付息期但尚未领取的债券利息等。若某项其他与投资活动有关的现金流出金额较大，应单列项目反映。本项目可以根据"应收股利"、"应收利息"、"银行存款"、"库存现金"等科目的记录分析填列。

（三）筹资活动产生的现金流量

1. "吸收投资收到的现金"项目

该项目反映企业以发行股票、债券等方式筹集资金实际收到的款项净额（发行收入减去支付的佣金、手续费、宣传费、咨询费、印刷费等发行费用后的净额）。本项目可以根据"实收资本（或股本）"、"库存现金"、"银行存款"等科目的记录分析填列。

2. "取得借款收到的现金"项目

该项目反映企业举借各种长、短期借款实际收到的现金。本项目可根据"短期借款"、"长期借款"、"库存现金"、"银行存款"等科目的记录分析填列。

3. "收到的其他与筹资活动有关的现金"项目

该项目反映企业除上述各项目外所收到的其他与筹资活动有关的现金，如接受现金捐款等。若某项其他与筹资活动有关的现金流入金额较大，应单列项目反映。本项目可以根据"银行存款"、"营业外收入"、"库存现金"等科目的记录分析填列。

4. "偿还债务所支付的现金"项目

该项目反映企业以现金偿还的债务本金，包括偿还金融企业的借款本金、偿还债券本金等。企业偿还的借款利息、债券利息，在"分配股利、利润或偿付利息支付的现金"项目反映，不包括在本项目内。本项目可以根据"短期借款"、"长期借款"、"应付债券"、"库存商品"、"银行存款"等科目的记录分析填列。

5. "分配股利、利润或偿付利息支付的现金"项目

该项目反映企业实际支付的现金股利，支付给其他投资单位的利润以及用现金支付的借款利息、债券利息等。本项目可以根据"应付股利"、"应付利息"、"财务费用"、"库存现金"、"银行存款"等科目的记录分析填列。

6. "支付的其他与筹资活动有关的现金"项目

该项目反映企业除上述各项目外所支付的其他与筹资活动有关的现金，如捐款现金支出、融资租入固定资产支付的租赁费等。若某项其他与筹资活动有关的现金流出金额较大，应单列项目反映。本项目可以根据"银行存款"、"营业外支出"、"长期应付款"、"库存现金"等科目的记录分析填列。

（四）汇率变动对现金及现金等价物的影响

该项目反映企业外币现金流量及境外子公司的现金流量折算为人民币时，按照现金流量发生日的即期汇率或按照系统合理方法确定的、与现金流量发生日的即期汇率近似的汇率折算的人民币金额和"现金及现金等价物净增加额"中外币现金净增加额按期末汇率折算的人民币金额之间的差额。

（五）现金流量表补充资料项目

除现金流量表反映的信息外，企业还应在附注中披露将净利润调节为经营活动现金流量、不涉及现金收支的重大投资和筹资活动、现金及现金等价物净变动情况等信息。

现金流量表补充资料项目的内容及填列略。

【相关案例】

案例：根据下述资料及资产负债表和利润表，采用直接法编制 2014 年度现金流量表。

2014 年，Y 股份有限公司发生的部分经济业务

（1）收到银行通知，用银行存款支付到期的商业承兑汇票 1000000 元。

（2）购入原材料一批，收到的增值税专用发票上注明的价款为 1500000 元，增值税进项税额为 255000 元，款项已通过银行转账支付，原材料尚未验收入库。

（3）收到原材料一批，实际成本 1000000 元，计划成本 950000 元，原材料已验收入库，存款已于上月支付。

（4）用银行汇票支付采购原材料价款，收到开户银行转来银行汇票多余款项收账通知，通知上填写的多余款为 2340 元，购入原材料及运费为 998000 元，支付的增值税进项税额为 169660 元，原材料已验收入库，该批原材料计划价格为 1000000 元。

（5）销售产品一批，开出的增值税专用发票上注明的销售价格为 3000000 元，增值税销项税额为 510000 元，货款尚未收到。该批产品实际成本 1800000 元，产品已发出。

（6）公司将交易性金融资产（股票投资）兑现 165000 元，该投资的成本为 130000 元，公允价值变动为增值 20000 元，投资收益为 15000 元，均存入银行。

（7）购入不需要安装的非生产用设备一台，收到的增值税专用发票上注明的设备价款为 854700 元，增值税进项税额为 145300 元，支付包装费、运费 10000 元。价款及增值税、包装费、运费均以银行存款支付。设备已交付使用。

（8）购入工程物资一批，收到的增值税专用发票上注明的物资价款和增值税进项税额合计为 1500000 元，款项已通过银行转账支付。

（9）工程应付职工薪酬 2280000 元。

（10）一项工程完工，交付生产使用，已办理竣工手续，固定资产价值 14000000 元。

（11）基本生产车间一台机床报废，原价 2000000 元，已提折旧 1800000 元，清理费用 5000 元，残值收入 8000 元，均通过银行存款收支。该项固定资产已清理完毕。

（12）从银行借入 3 年期借款 10000000 元，借款已存入银行账户。

（13）销售产品一批，开出的增值税专用发票上注明的销售价款为 7000000 元，增值税销项税额为 1190000 元，款项已存入银行。销售产品的实际成本 4200000 元。

（14）公司将要到期的一张面值为 2000000 元的无息银行承兑汇票（不含增值税），连同解讫通知和进账单交银行办理转账。收到银行盖章退回的进账单，款项银行已收妥。

（15）公司出售一台不需用设备，收到价款 3000000 元，该设备原价 4000000 元，已提折旧 1500000 元，该项设备已由购入单位运走。

（16）取得交易性金融资产（股票投资），价款 1030000 元，交易费用 20000 元，已用银行存款支付。

（17）支付工资 5000000 元，其中包括支付在建工程人员的工资 2000000 元。

（18）分配应支付职工工资 3000000 元（不包括在建工程应负担的工资），其中生产人员薪酬 2750000 元，车间管理人员薪酬 100000 元，行政管理部门人员薪酬 150000 元。

（19）提取职工福利费 420000 元（不包括在建工程应负担的福利费 280000 元），其中生产工人福利费 385000 元，车间管理人员福利费 14000 元，行政管理部门人员福利费 21000 元。

（20）基本生产车间领用原材料，计划成本为 7000000 元，领用低值易耗品，计划成本为 500000 元，采用一次摊销法摊销。

（21）结转领用原材料应分摊的材料成本差异，材料成本差异率为 5%。

（22）计提无形资产摊销 600000 元，以银行存款支付基本生产车间水电费 900000 元。

（23）计提固定资产折旧 1000000 元，其中计入制造费用 800000 元，管理费用 200000 元；计提固定资产减值准备 300000 元。

（24）收到应收账款 510000 元，存入银行。计提应收账款坏账准备 9000 元。

（25）用银行存款支付产品展览费 100000 元。

（26）计算并结转本期制造费用 2339000 元及完工产品成本 12824000 元。没有期初在产品，本期生产的产品全部完工入库。

（27）广告费 100000 元，已用银行存款支付。

（28）公司采用商业承兑汇票结算方式销售产品一批，开出的增值税专用发票上注明的销售价款为 2500000 元，增值税销项税额为 425000 元，收到 2925000 元的商业承兑汇票一张，产品实际成本为 1500000 元。

（29）公司将上述商业承兑汇票到银行办理贴现，贴现利息为 200000 元。

（30）公司本期产品销售应缴纳的教育费附加为 20000 元。

（31）用银行存款缴纳增值税 1000000 元，教育费附加 20000 元。

（32）本期在建工程应负担的长期借款利息费用 2000000 元，长期借款为分期利息。

（33）提取应计入本期损益的长期借款利息用 100000 元，长期借款为分期付息。

（34）归还短期借款利息 2500000 元。

（35）支付长期借款利息 2100000 元。

（36）偿还长期借款 10000000 元。

（37）持有的交易性金融资产的公允价值为 1050000 元。

（38）结转本期产品销售成本 7500000 元。

（39）除计提固定资产减值准备 300000 元造成固定资产账面价值与其计税基础存在差异外，不考虑其他项目的所得税费用影响。企业按照税法规定计算确定的应交所得税额为 897500 元。

（40）用银行存款缴纳该年应交所得税。

资产负债表

会企 01 表

编制单位：Y 股份有限公司　　　　2014 年 12 月 31 日　　　　　　　　单位：元

资　产	年末余额	年初余额	负债和所有者权益（或股东权益）	期末余额	年初余额
流动资产：			流动负债：		
货币资金	10573840	14063000	短期借款	500000	3000000
交易性金融资产	1050000	150000	交易性金融负债	0	0
应收票据	460000	2460000	应付票据	1000000	2000000
应收账款	6982000	3991000	应付账款	9548000	9548000
预付款项	1000000	1000000	预收款项	0	0
应收利息	0	0	应付职工薪酬	1800000	1100000
应收股利	0	0	应交税费	1066340	366000
其他应收款	3050000	3050000	应付利息	0	0
存货	25747000	25800000	应付股利	0	0
一年内到期的非流动资产	0	0	其他应付款	500000	500000
其他流动资产	0	0	一年内到期的非流动负债	0	0
流动资产合计	48862840	50514000	其他流动负债	10000000	10000000
非流动资产：			流动负债合计	24414340	26514000
可供出售金融资产	0	0	非流动负债		
持有至到期投资	0	0	长期应借款	6000000	6000000
长期应收款	0	0	应付债券	0	0
长期股权投资	2500000	2500000	长期应付款	0	0
投资性房地产	0		专项应付款	0	0
固定资产	19010000	8000000	预计负债		0
在建工程	5280000	15000000	递延所得税负债	0	0
工程物资	1500000	0	其他非流动负债		
固定资产清理	0	0	非流动负债合计	6000000	6000000
生产性生物资产	0	0	负债合计	30414340	32524000
油气资产	0	0	所有者权益（或股东权益）		
无形资产	5400000	6000000	实收资本（或股本）	5000000	50000000
开发支出	0	0	资本公积	0	0
商誉	0	0	减：库存股	0	0
长期待摊费用	0	0	盈余公积	1263850	1000000
递延所得税资产	0	0	未分配利润	2874650	500000
其他非流动资产	2000000	2000000	所有者权益（或股东权益）合计	54138500	51500000
非流动资产合计	35690000	33500000			
资产合计	84552840	84014000	负债和所有者权益（或股东权益）合计	84552840	84014000

注："应付账款"科目的期末余额为 7000000 元，"坏账准备"科目的期末余额为 18000 元。

利润表

会企 02 表

编制单位：Y 股份有限公司　　　　　　　　　　2014 年度　　　　　　　　　　单位：元

项　目	本期金额	上期金额
一、营业收入	12500000	略
减：营业成本	7500000	
营业税金及附加	20000	
销售费用	200000	
管理费用	971000	
财务费用	300000	
资产减值损失	309000	
加：公允价值变动收益（损失以"－"号填列）	0	
投资收益（损失以"－"号填列）	15000	
其中：对联营企业和合营企业的投资收益	0	
二、营业利润（亏损以"－"号填列）	3215000	
加：营业外收入	500000	
减：营业外支出	197000	
其中：非流动资产处置损失		
三、利润总额（亏损总额以"－"号填列）	3518000	
减：所得税费用	879500	
四、净利润（净亏损以"－"号填列）	2638500	
五、其他综合收益的税后净额		
（一）以后不能重分类进损益的其他综合收益		
1. 重新计量设定受益计划净负债或净资产的变动		
2. 权益法下在被投资单位以后会计期间不能重分类进损益的其他综合收益中所享有的份额		
（二）以后将重分类进损益的其他综合收益		
1. 权益法核算的在被投资单位以后会计期间在满足规定条件时将重分类进损益的其他综合收益中所享有的份额		
2. 可供出售金融资产公允价值变动形成的利得或损失		
3. 持有至到期投资重分类为可供出售金融资产形成的利得或损失		
4. 现金流量套期工具产生的利得或损失中属于有效套期的部分		
5. 外币财务报表折算差额		
六、综合收益总额	2638500	
七、每股收益		
（一）基本每股收益		
（二）稀释每股收益		

现金流量表

会企 03 表

编制单位：Y 股份有限公司　　　　　　2014 年度　　　　　　单位：元

项　目	本期金额	上期金额
一、经营活动产生的现金流量		略
销售商品、提供劳务收到的现金	13425000	
收到的税费返还	0	
收到的其他与经营活动有关的现金	0	
经营活动现金流入小计	13425000	
购买商品、接受劳务支付的现金	4822660	
支付给职工以及为职工支付的现金	3000000	
支付的各项税费	1899500	
支付的其他与经营活动有关的现金	200000	
经营活动现金流出小计	9922160	
经营活动产生的现金流量净额	3502840	
二、投资活动产生的现金流量		
收回投资所收到的现金	165000	
取得投资收益所收到的现金	0	
处置固定资产、无形资产和其他长期资产收回的现金净额	3003000	
处置子公司及其他营业单位收到的现金净额	0	
收到的其他与投资活动有关的现金	0	
投资活动现金流入小计	3168000	
购建固定资产、无形资产和其他长期资产所支付的现金	4510000	
投资所支付的现金	1050000	
取得子公司及其他营业单位支付的现金净额	0	
支付的其他与投资活动有关的现金	0	
投资活动现金流出小计	5560000	
投资活动产生的现金流量净额	-2392000	
三、筹资活动产生的现金流量		
吸收投资收到的现金	0	
取得借款收到的现金	10000000	
收到的其他与筹资活动有关的现金	0	
筹资活动现金流入小计	10000000	
偿还债务所支付的现金	12500000	
分配股利、利润或偿付利息支付的现金	2100000	
支付的其他与筹资活动有关的现金	0	
筹资活动现金流出小计	14600000	

项 目	本期金额	上期金额
筹资活动产生的现金流量净额	−4600000	
四、汇率变动对现金及现金等价物的影响	0	
五、现金及现金等价物净增加额	−3489160	
加：期初现金及现金等价物余额	14063000	
六、期末现金及现金等价物余额	10573840	

任务二　所有者权益变动表和财务报表附注

【专业知识】

一、所有者权益变动表的内容及结构

所有者权益变动表是指反映构成所有者权益各组成部分当期增减变动情况的报表。综合收益和与所有者（或股东，下同）的资本交易导致的所有者权益的变动，应当分别列示。

在所有者权益变动表中，企业至少应当单独列示反映下列信息的项目：①综合收益总额，在合并所有者权益变动表中还应单独列示归属于母公司所有者的综合收益总额和归属于少数股东的综合收益总额。②会计政策变更和前期差错更正的累积影响金额。③所有者投入资本和向所有者分配利润等。④按照规定提取的盈余公积。⑤所有者权益各组成部分的期初和期末余额及其调节情况。

二、所有者权益变动表的填列方法

（一）所有者权益变动表项目的填列方法

所有者权益变动表各项目均需填列"本年金额"和"上年金额"两栏。

所有者权益变动表"上年金额"栏内各项数字，应根据上年度所有者权益变动表"本年金额"栏内所列数字填列。上年度所有者权益变动表规定的各项目的名称和内容同本年度不一致的，应对上年度所有者权益变动表各项目的名称和数字按照本年度的规定进行调整，填入所有者权益变动表的"上年金额"栏内。

所有者权益变动表"本年金额"栏内各项数字一般应根据"实收资本（或股本）"、"资本公积"、"盈余公积"、"利润分配"、"库存股"、"以前年度损益调整"科目的发生额分析填列。

（二）所有者权益变动表各项目的列报说明

1."上年年末余额"项目

反映企业上年资产负债表中实收资本（或股本）、资本公积、盈余公积、未分配利润的年末余额。

2."会计政策变更"和"前期差错更正"项目

"会计政策变更"和"前期差错更正"项目，分别反映企业采用追溯调整法处理的会

计政策变更的累积影响金额和采用追溯重述法处理的前期差错更正的累积影响金额。

3. "本年增减变动额"项目

（1）"综合收益总额"项目，反映净利润和其他综合收益扣除所得税影响后的净额相加后的合计金额。并对应列在"未分配利润"栏。在合并所有者权益变动表中还应单独列示归属于母公司所有者的综合收益总额和归属于少数股东的综合收益总额。

（2）"所有者投入和减少资本"项目，反映企业当年所有者投入的资本和减少的资本。其中："所有者投入资本"项目，反映企业接受投资者投入形成的实收资本（或股本）和资本溢价（或股本溢价），并对应列在"实收资本"和"资本公积"栏。

（3）"利润分配"下各项目，反映当年对所有者（或股东）分配的利润（或股利）和按照规定提取的盈余公积，并对应列在"未分配利润"和"盈余公积"栏。①"提取盈余公积"项目，反映企业按照规定提取的盈余公积。②"对所有者（或股东）的分配"项目，反映对所有者（或股东）分配的利润（或股利）金额。

（4）"所有者权益内部结转"下各项目，反映不影响当年所有者权益总额的所有者权益各组成部分之间当年的增减变动，包括资本公积转增资本（或股本）、盈余公积转增资本（或股本）、盈余公积弥补亏损等项目的金额。①"资本公积转增资本（或股本）"项目，反映企业以资本公积转增资本或股本的金额。②"盈余公积转增资本（或股本）"项目，反映企业以盈余公积转增资本或股本的金额。③"盈余公积弥补亏损"项目，反映企业以盈余公积弥补亏损的金额。

三、财务报表附注

附注是财务报告不可或缺的组成部分。财务报告使用者了解企业的财务状况、经营成果和现金流量，应当全面阅读附注，附注相对于报表而言，同样具有重要性。附注是对在资产负债表、利润表、现金流量表和所有者权益变动表等报表中列示项目的文字描述或明细资料，以及对未能在这些报表中列示项目的说明等。

企业应当按照规定披露附注信息，主要包括以下内容：

（一）企业的基本情况

（1）企业注册地、组织形式和总部地址。

（2）企业的业务性质和主要经营活动。

（3）母公司以及集团最终母公司的名称。

（4）财务报告的批准报出者和财务报告的批准报出日，或者以签字人及其签字日期为准。

（5）营业期限有限的企业，还应当披露有关其营业期限的信息。

（二）财务报告的编制基础

说明企业的持续经营情况。

（三）遵循企业会计准则的声明

企业应当明确说明编制的财务报告符合会计准则体系的要求，真实、完整地反映了企业的财务状况、经营成果和现金流量等有关信息。

（四）重要会计政策和会计估计

重要会计政策的说明，包括财务报表项目的计量基础和在运用会计政策过程中所做的重要判断等。重要会计估计的说明，包括可能导致下一个会计期间内资产、负债账面价值重大调整的会计估计的确定依据等。

企业应当披露采用的重要会计政策和会计估计，并结合企业的具体实际披露其重要会计政策的确定依据和财务报表项目的计量基础，及其会计估计所采用的关键假设和不确定因素。

（五）会计政策和会计估计变更以及差错更正的说明

企业应当按照《企业会计准则第 28 号——会计政策、会计估计变更和差错更正》及其应用指南的规定进行披露。

（六）重要报表项目的说明

对已在资产负债表、利润表、现金流量表和所有者权益变动表中列示的重要项目的进一步说明，包括终止经营税后利润的金额及其构成情况等。对重要报表项目的明细说明，应当按照资产负债表、利润表、现金流量表、所有者权益变动表的顺序以及报表项目列示的顺序进行披露，采用文字和数字描述相结合的方式进行披露，并与报表项目相互参照。

报表中重大项目主要有：①交易性金融资产；②应收账款；③存货；④可供出售金融资产；⑤持有至到期投资；⑥长期股权投资；⑦投资性房地产；⑧固定资产；⑨无形资产；⑩交易性金融资产；⑪职工薪酬；⑫应交税费；⑬短期借款和长期借款；⑭应付债券；⑮长期应付款；⑯营业收入；⑰公允价值变动收益；⑱投资收益；⑲资产减值损失；⑳营业外收入；㉑营业外支出；㉒所得税费用等。

企业应当尽可能以列表的形式披露重要报表项目的构成或当期的增减变动情况。以交易性金融资产（不含衍生金融资产）的披露格式为例，具体格式如下：

项　目	期末账面价值	年初账面价值
1. 交易性债券投资		
2. 交易性权益工具投资		
3. 其他交易性金融资产		
4. 指定为以公允价值计量且其变动计入当期损益的金融资产		
合　计		

（七）或有和承诺事项、资产负债表日后非调整事项、关联方关系及其交易等需要说明的事项

（八）有助于财务报表使用者评价企业管理资本的目标、政策及程序的信息

除了上述内容外，企业还应当在附注中披露下列内容：

（一）其他综合收益各项目的信息

（1）其他综合收益各项目及其所得税影响。

（2）其他综合收益各项目原计入其他综合收益、当期转出计入当期损益的金额。

（3）其他综合收益各项目的期初和期末余额及其调节情况。

（二）企业终止经营的收入、费用、利润总额、所得税费用和净利润，以及归属于母公司所有者的终止经营利润

（三）企业在资产负债表日后、财务报告批准报出日前提议或宣布发放的股利总额和每股股利金额（或向投资者分配的利润总额）

【相关案例】

根据任务一资料，编制 2014 年度所有者权益变动表。

所有者权益变动表

会企 04 表

编制单位：Y 股份有限公司　　　　　　　　　2014 年度　　　　　　　　　单位：元

项目	本年金额							上年金额						
	实收资本（或股本）	资本公积	减：库存股	其他综合收益	盈余公积	未分配利润	所有者权益合计	实收资本（或股本）	资本公积	减：库存股	其他综合收益	盈余公积	未分配利润	所有者权益合计
一、上年年末余额	50000000	0	0	0	1000000	500000	51500000							
加：会计政策变更														
二、本年年初余额	50000000	0	0	0	1000000	500000	51500000							
三、本年增减变动金额（减少以"－"）号填列														
（一）综合收益总额			0			2638500	2638500							
（二）所有者投入和减少资本														
1. 所有者投入资本														
2. 股份支付计入所有者权益的金额														
3. 其他														
（三）利润分配														
1. 提取盈余公积					263850	－263850	0							
2. 对所有者（或股东）的分配														
3. 其他														
（四）所有者权益内部结转														
1. 资本公积转增资本（或股本）														
2. 盈余公积转增资本（或股本）														
3. 盈余公积弥补亏损														
4. 其他														
四、本年年末余额	50000000	0	0	0	1263850	287450	54138500							

附　录

新会计准则常用会计科目表注释

一、资产类

1001　库存现金　　　企业的库存现金。企业有内部周转使用备用金的，可以单独设置 "备用金" 科目。期末借方余额，反映企业持有的库存现金。

1002　银行存款　　　企业存入银行或者其他金融机构的各种款项。银行汇票存款、银行本票存款、信用卡存款、信用证保证金存款、存出投资款、外埠存款等，在 "其他货币资金" 科目核算。期末借方余额，反映企业存在银行或者其他金融机构的各种款项。

1012　其他货币资金　企业的银行汇票存款、银行本票存款、信用卡存款、信用证保证金存款、存出投资款、外埠存款等其他货币资金。期末借方余额，反映企业持有的其他货币资金。

1101　交易性金融资产　企业为交易目的所持有的债券投资、股票投资、基金投资等交易性金融资产的公允价值。企业持有的直接指定为以公允价值计量且其变动计入当期损益的金融资产，也在本科目核算。期末借方余额，反映企业持有的交易性金融资产的公允价值。

1121　应收票据　　　企业因销售商品、提供劳务等而收到的商业汇票，包括银行承兑汇票、商业承兑汇票。期末借方余额，反映企业持有的商业汇票的票面金额。

1122　应收账款　　　企业因销售商品、提供劳务等经营活动而应该收取的款项。因销售商品、提供劳务等而采用递延方式收取合同或者协议价款、实质上具有融资性质的，在 "长期应收款" 科目核算。期末借方余额，反映企业尚未收回的应收账款；期末贷方余额，反映企业预收的账款。

1123	预付账款	企业按照合同规定预付的款项。预付款项情况不多的，也可以不设置本科目，将预付的款项直接计入"应付账款"科目。企业进行在建工程而预付的工程价款，也在本科目核算。期末借方余额，反映企业预付的款项；期末贷方余额，反映企业尚未补付的款项。
1131	应收股利	企业应该收取的现金股利或者其他单位分配的利润。期末借方余额，反映企业尚未收回的现金股利或者利润。
1132	应收利息	企业的交易性金融资产、持有至到期投资、可供出售金融资产等应该收取的利息。企业购入的一次还本付息的持有至到期投资在持有期间所取得的利息，在"持有至到期投资"科目核算。期末借方余额，反映企业尚未收回的利息。
1221	其他应收款	企业除应收票据、应收账款、预付账款、应收股利、应收利息、长期应收款等以外的其他各种应收、暂付的款项。期末借方余额，反映企业尚未收回的其他应收款项。
1231	坏账准备	企业应收款项的坏账准备。期末贷方余额，反映企业已计提但尚未转销的坏账准备。
1321	代理业务资产	企业因不承担风险的代理业务而形成的资产，包括受托理财业务进行的证券投资和受托贷款等。企业采用收取手续费方式受托代销的商品，可以将本科目改为"1321　受托代销商品"科目。期末借方余额，反映企业代理业务资产的价值。
1401	材料采购	企业采用计划成本进行材料日常核算而购入的材料的采购成本。采用实际成本进行材料日常核算而购入的材料的采购成本，在"在途物资"科目核算。委托外单位加工材料、商品的加工成本，在"委托加工物资"科目核算。购入的工程用材料，在"工程物资"科目核算。期末借方余额，反映企业在途材料的采购成本。
1402	在途物资	企业采用实际成本（或者进价）进行材料、商品等物资日常核算、货款已付但尚未验收入库的在途物资的采购成本。期末借方余额，反映企业在途材料、商品等物资的采购成本。
1403	原材料	企业库存的各种材料，包括原料及主要材料、辅助材料、外购半成品（外购件）、修理用备件（备品备件）、包装材料、燃料等的计划成本或者实际成本。收到来料加工装配业务的原料、零件等，应当设置备查簿进行登记。期末借方余额，反映企业库存材料的计划成本或者实际成本。
1404	材料成本差异	企业采用计划成本进行日常核算的材料的计划成本与实际成本的差额。企业也可以在"原材料"、"周转材料"等科目设置

"成本差异"明细科目。期末借方余额，反映企业库存材料等的实际成本大于计划成本的差异；期末贷方余额，反映企业库存材料等的实际成本小于计划成本的差异。

1405	库存商品	企业库存的各种商品的实际成本（或者进价）或者计划成本（或者售价），包括库存产成品、外购商品、存放在门市部准备出售的商品、发出展览的商品以及寄存在外的商品等。接受来料加工制造的代制品、为外单位加工修理的代修品，在制造、修理完成而验收入库之后，视同企业的产成品，也通过本科目核算。期末借方余额，反映企业库存商品的实际成本（或者进价）或者计划成本（或者售价）。
1406	发出商品	企业未满足收入确认条件但已经发出的商品的实际成本（或者进价）或者计划成本（或者售价）。采用支付手续费方式委托其他单位代销的商品，也可以单独设置"委托代销商品"科目。期末借方余额，反映企业发出的商品的实际成本（或者进价）或者计划成本（或者售价）。
1407	商品进销差价	企业采用售价进行日常核算的商品的售价与进价之间的差额。期末贷方余额，反映企业库存商品的商品进销差价。
1408	委托加工物资	企业委托外单位加工的各种材料、商品等物资的实际成本。期末借方余额，反映企业委托外单位加工但尚未完成的物资的实际成本。
1411	周转材料	企业周转材料的计划成本或者实际成本，包括包装物、低值易耗品，以及企业（建造承包商）的钢模板、木模板、脚手架等。企业的包装物、低值易耗品，也可以单独设置"包装物"、"低值易耗品"科目。期末借方余额，反映企业在库周转材料的计划成本或者实际成本以及在用周转材料的摊余价值。
1461	融资租赁资产	企业（租赁）为开展融资租赁业务而取得的资产的成本。期末借方余额，反映企业融资租赁资产的成本。
1471	存货跌价准备	企业存货的跌价准备。期末贷方余额，反映企业已计提但尚未转销的存货跌价准备。
1501	持有至到期投资	企业持有至到期投资的摊余成本。期末借方余额，反映企业持有至到期投资的摊余成本。
1502	持有至到期投资减值准备	企业持有至到期投资的减值准备。期末贷方余额，反映企业已计提但尚未转销的持有至到期投资减值准备。
1503	可供出售金融资产	企业持有的可供出售金融资产的公允价值，包括划分为可供出售的股票投资、债券投资等金融资产。可供出售金融资产发生减值的，可以单独设置"可供出售金融资产减值准备"

科目。期末借方余额，反映企业可供出售金融资产的公允价值。

1511	长期股权投资	企业持有的采用成本法和权益法核算的长期股权投资。期末借方余额，反映企业长期股权投资的价值。
1512	长期股权投资减值准备	企业长期股权投资的减值准备。期末贷方余额，反映企业已计提但尚未转销的长期股权投资减值准备。
1521	投资性房地产	企业采用成本模式计量的投资性房地产的成本。企业采用公允价值模式计量投资性房地产的，也通过本科目核算。采用成本模式计量的投资性房地产的累计折旧或者累计摊销，可以单独设置"投资性房地产累计折旧（摊销）"科目，比照"累计折旧"等科目进行处理。采用成本模式计量的投资性房地产发生减值的，可以单独设置"投资性房地产减值准备"科目，比照"固定资产减值准备"等科目处理。期末借方余额，反映企业采用成本模式计量的投资性房地产的成本或者采用公允价值模式计量的投资性房地产的公允价值。
1531	长期应收款	企业的长期应收款项，包括融资租赁产生的应收款项、采用递延方式具有融资性质的销售商品和提供劳务等产生的应收款项等。实质上构成对被投资单位净投资的长期权益，也通过本科目核算。期末借方余额，反映企业尚未收回的长期应收款。
1532	未实现融资收益	企业分期计入租赁收入或者利息收入的未实现融资收益。期末贷方余额，反映企业尚未转入当期收益的未实现融资收益。
1601	固定资产	企业持有的固定资产的原价。建造承包商的临时设施，以及企业购置计算机硬件所附带的、未单独计价的软件，也通过本科目核算。期末借方余额，反映企业固定资产的原价。
1602	累计折旧	企业固定资产的累计折旧。期末贷方余额，反映企业固定资产的累计折旧额。
1603	固定资产减值准备	企业固定资产的减值准备。期末贷方余额，反映企业已计提但尚未转销的固定资产减值准备。
1604	在建工程	企业的基建、更新改造等在建工程发生的支出。在建工程发生减值的，可以单独设置"在建工程减值准备"科目，比照"固定资产减值准备"科目进行处理。期末借方余额，反映企业尚未达到预定可使用状态的在建工程的成本。
1605	工程物资	企业为在建工程准备的各种物资的成本，包括工程用材料、尚未安装的设备以及为生产准备的工器具等。工程物资发生减值的，可以单独设置"工程物资减值准备"科目，比照"固定资产减值准备"科目进行处理。期末借方余额，反映企业为在建工程

准备的各种物资的成本。

1606　固定资产清理　企业因出售、报废、毁损、对外投资、非货币性资产交换、债务重组等原因而转出的固定资产的价值以及在清理过程中发生的费用等。期末借方余额，反映企业尚未清理完毕的固定资产清理净损失。

1611　未担保余值　企业（租赁）采用融资租赁方式租出资产的未担保余值。未担保余值发生减值的，可以单独设置"未担保余值减值准备"科目。期末借方余额，反映企业融资租出资产的未担保余值。

1701　无形资产　企业持有的无形资产的成本，包括专利权、非专利技术、商标权、著作权、土地使用权等。期末借方余额，反映企业无形资产的成本。

1702　累计摊销　企业对使用寿命有限的无形资产计提的累计摊销。期末贷方余额，反映企业无形资产的累计摊销额。

1703　无形资产减值准备　企业无形资产的减值准备。期末贷方余额，反映企业已计提但尚未转销的无形资产减值准备。

1711　商誉　企业合并中形成的商誉的价值。商誉发生减值的，可以单独设置"商誉减值准备"科目，比照"无形资产减值准备"科目进行处理。期末借方余额，反映企业商誉的价值。

1801　长期待摊费用　企业已经发生但应该由本期和以后各期负担的分摊期限一年以上的各项费用，如以经营租赁方式租入的固定资产发生的改良支出等。期末借方余额，反映企业尚未摊销完毕的长期待摊费用。

1811　递延所得税资产　企业确认的可抵扣暂时性差异所产生的递延所得税资产。期末借方余额，反映企业确认的递延所得税资产。

1901　待处理财产损溢　企业在清查财产的过程中查明的各种财产盘盈、盘亏、毁损的价值。物资在运输途中发生的非正常短缺与损耗，也通过本科目核算。企业如果有盘盈固定资产的，应该作为前期差错而记入"以前年度损益调整"科目。本科目在期末结账前处理完毕，无余额。

二、负债类

2001　短期借款　企业向银行或者其他金融机构等借入的期限一年以下（含一年）的各种借款。期末贷方余额，反映企业尚未偿还的短期借款。

2101　交易性金融负债　企业承担的交易性金融负债的公允价值。企业持有的直接指定为以公允价值计量且其变动计入当期损益的金融负债，也在本科目核算。期末贷方余额，反映企业承担的交易性金融负债的公允价值。

2201　应付票据　企业因购买材料、商品和接受劳务供应等而开出、承兑的商业汇票，包括银行承兑汇票、商业承兑汇票。期末贷方余额，反映企业尚未到期的商业汇票的票面金额。

2202　应付账款　企业因购买材料、商品和接受劳务等经营活动而应该支付的款项。期末贷方余额，反映企业尚未支付的应付账款余额。

2203　预收账款　企业按照合同规定预收的款项。预收账款情况不多的，也可以不设置本科目，将预收的款项直接计入"应收账款"科目。期末贷方余额，反映企业预收的款项；期末借方余额，反映企业尚未转销的款项。

2211　应付职工薪酬　企业根据有关规定应该付给职工的各种薪酬。企业（外商）按规定从净利润中提取的职工奖励及福利基金，也在本科目核算。期末贷方余额，反映企业应付未付的职工薪酬。

2221　应交税费　企业按照税法等规定计算应缴纳的各种税费，包括增值税、营业税、消费税、所得税、资源税、土地增值税、城市维护建设税、房产税、土地使用税、车船税、教育费附加、矿产资源补偿费等。企业代扣代缴的个人所得税等，也通过本科目核算。期末贷方余额，反映企业尚未缴纳的税费；期末借方余额，反映企业多交或者尚未抵扣的税费。

2231　应付利息　企业按照合同约定应该支付的利息，包括吸收存款、分期付息到期还本的长期借款、企业债券等应该支付的利息。期末贷方余额，反映企业应付未付的利息。

2232　应付股利　企业分配的现金股利或者利润。期末贷方余额，反映企业应付未付的现金股利或者利润。

2241　其他应付款　企业除应付票据、应付账款、预收账款、应付职工薪酬、应付利息、应付股利、应交税费、长期应付款等以外的其他各项应付、暂收的款项。期末贷方余额，反映企业应付未付的其他应付款项。

2314　代理业务负债　企业因不承担风险的代理业务而收到的款项，包括受托投资资金、受托贷款资金等。企业采用收取手续费方式收到的代销商品款，可将本科目改为"2314　受托代销商品款"科目。期末贷方余额，反映企业收到的代理业务资金。

2401　递延收益　企业确认的应该在以后期间计入当期损益的政府补助。期末贷方余额，反映企业应该在以后期间计入当期损益的政府补助。

2501　长期借款　企业向银行或者其他金融机构借入的期限一年以上（不含一年）的各项借款。期末贷方余额，反映企业尚未偿还的长期借款。

2502　应付债券　企业为筹集（长期）资金而发行的债券的本金和利息。企业发行的可转换公司债券，应该将负债和权益成分进行分拆，分拆后形成的负债成分在本科目核算。期末贷方余额，反映企业尚未偿还的长期债券摊余成本。

2701	长期应付款	企业除长期借款和应付债券以外的其他各种长期应付款项，包括应付融资租入固定资产的租赁费、以分期付款方式购入固定资产等发生的应付款项等。期末贷方余额，反映企业应付未付的长期应付款项。
2702	未确认融资费用	企业应当分期计入利息费用的未确认融资费用。期末借方余额，反映企业未确认融资费用的摊余价值。
2711	专项应付款	企业取得政府作为企业所有者投入的具有专项或者特定用途的款项。期末贷方余额，反映企业尚未转销的专项应付款。
2801	预计负债	企业确认的对外提供担保、未决诉讼、产品质量保证、重组义务、亏损性合同等预计负债。期末贷方余额，反映企业已确认但尚未支付的预计负债。
2901	递延所得税负债	企业确认的应纳税暂时性差异产生的所得税负债。期末贷方余额，反映企业已确认的递延所得税负债。

三、所有者权益类

4001	实收资本	企业接受的投资者投入的实收资本。股份有限公司应该将本科目改为"4001　股本"科目。企业收到的投资者的出资超过其在注册资本或者股本中所占份额的部分，作为资本溢价或者股本溢价，在"资本公积"科目核算。期末贷方余额，反映企业实收资本或者股本的金额。
4002	资本公积	企业收到的投资者的出资额超出其在注册资本或者股本中所占份额的部分。直接计入所有者权益的利得和损失，也通过本科目核算。期末贷方余额，反映企业的资本公积。
4101	盈余公积	企业从净利润中提取的盈余公积。期末贷方余额，反映企业的盈余公积。
4103	本年利润	企业当期实现的净利润（或者发生的净亏损）。年度终了，余额转入"利润分配"科目，无余额。
4104	利润分配	企业利润的分配（或者亏损的弥补）和历年分配（或者弥补）后的余额。年度终了，"利润分配——未分配利润"科目的余额，反映企业的未分配利润（或者未弥补亏损）。
4201	库存股	企业收购、转让或者注销的本公司的股份的金额。期末借方余额，反映企业持有的尚未转让或者注销的本公司的股份的金额。

四、成本类

| 5001 | 生产成本 | 企业进行工业性生产而发生的各项生产成本，包括生产各种产品（产成品、自制半成品等）、自制材料、自制工具、自制设备等。期末借方余额，反映企业尚未加工完成的在产品的成本。 |
| 5101 | 制造费用 | 企业生产车间（部门）为生产产品和提供劳务而发生的各项间 |

接费用。企业行政管理部门为组织和管理生产经营活动而发生的管理费用，在"管理费用"科目核算。本科目分配计入有关成本核算对象，期末无余额。

5201　劳务成本　　企业对外提供劳务而发生的成本。期末借方余额，反映企业尚未完成或者尚未结转的劳务成本。

5301　研发成本　　企业进行研究与开发无形资产过程中发生的各项支出。期末借方余额，反映企业正在进行的无形资产研究开发项目满足资本化条件的支出。

五、损益类

6001　主营业务收入　　企业确认的销售商品、提供劳务等主营业务实现的收入。期末，余额转入"本年利润"，无余额。

6041　租赁收入　　企业（租赁）确认的租赁收入。期末，余额转入"本年利润"科目，无余额。

6051　其他业务收入　　企业确认的除主营业务活动以外的其他经营活动实现的收入，包括出租固定资产、出租无形资产、出租包装物和商品、销售材料、用材料进行非货币性交换（非货币性资产交换具有商业实质且公允价值能够可靠计量）或者债务重组等实现的收入。期末，余额转入"本年利润"科目，无余额。

6101　公允价值变动损益　　企业交易性金融资产、交易性金融负债，以及采用公允价值模式计量的投资性房地产、衍生工具、套期保值业务等的公允价值变动而形成的应计入当期损益的利得或者损失。指定为以公允价值计量且其变动计入当期损益的金融资产或者金融负债的公允价值变动形成的应计入当期损益的利得或者损失，也在本科目核算。期末，余额转入"本年利润"科目，无余额。

6111　投资收益　　企业确认的投资收益或者投资损失。期末，余额转入"本年利润"科目，无余额。

6301　营业外收入　　企业发生的各项营业外收入，主要包括非流动资产处置利得、非货币性资产交换利得、债务重组利得、政府补助、盘盈利得、捐赠利得等。期末，余额转入"本年利润"科目，无余额。

6401　主营业务成本　　企业确认销售商品、提供劳务等主营业务收入时应结转的成本。期末，余额转入"本年利润"科目，无余额。

6402　其他业务成本　　企业确认的除主营业务活动以外的其他经营活动所发生的支出，包括销售材料的成本、出租固定资产的折旧额、出租无形资产的摊销额、出租包装物的成本或者摊销额等。除主要业务活动以外的其他经营活动发生的相关税费，在"营业税金及附加"科目核算。采用成本模式计量投资性房地产的，其投资性房地产计提的折旧额或者摊销额，也通过本科目核算。期末，余额转入"本年利润"科目，无余额。

6403　营业税金及附加　　企业经营活动发生的营业税、消费税、城市维护建设税、资源税和教育费附加等相关税费。房产税、车船税、土地使用税、印花税在"管理费用"科目核算，但与投资性房地产相关的房产税、土地使用税在本科目核算。期末，余额转入"本年利润"科目，无余额。

6601　销售费用　　企业销售商品和材料、提供劳务的过程中发生的各种费用，包括保险费、包装费、展览费和广告费、商品维修费、预计产品质量保证损失、运输费、装卸费等以及为销售本企业商品而专设的销售机构（含销售网点、售后服务网点等）的职工薪酬、业务费、折旧费等经营费用。企业发生的与专设销售机构相关的固定资产修理费用的后续支出，也在本科目核算。期末，余额转入"本年利润"科目，无余额。

6602　管理费用　　企业为组织和管理企业生产经营所发生的管理费用，包括企业在筹建期间内发生的开办费、董事会和行政管理部门在企业的经营管理中发生的或者应该由企业统一负担的公司经费（包括行政管理部门职工工资及福利费、物料消耗、低值易耗品摊销、办公费和差旅费等）、工会经费、董事会费（包括董事会成员津贴、会议费和差旅费等）、聘请中介机构费、咨询费（含顾问费）、诉讼费、业务招待费、房产税、车船使用税、土地使用税、印花税、技术转让费、矿产资源补偿费、研究费用、排污费等。企业（商品流通）管理费用不多的，可以不设置本科目，本科目的核算内容可以并入"销售费用"科目核算。企业生产车间（部门）和行政管理部门等发生的固定资产修理费用等后续支出，也在本科目核算。期末，余额转入"本年利润"科目，无余额。

6603　财务费用　　企业为筹集生产经营所需资金等而发生的筹资费用，包括利息支出（减利息收入）、汇兑损益以及相关的手续费、企业发生的现金折扣或者收到的现金折扣等。为购建或者生产满足资本化条件的资产而发生的应予资本化的借款费用，在"在建工程"、"制造费用"等科目核算。期末，余额转入"本年利润"科目，无余额。

6701　资产减值损失　　企业因计提各项资产减值准备所形成的损失。期末，余额转入"本年利润"科目，无余额。

6711	营业外支出	企业发生的各项营业外支出，包括非流动资产处置损失、非货币性资产交换损失、债务重组损失、公益性捐赠支出、非常损失、盘亏损失等。期末，余额转入"本年利润"科目，无余额。
6801	所得税费用	企业确认的应该从当期利润总额中扣除的所得税费用。期末，余额转入"本年利润"科目，无余额。
6901	以前年度损益调整	企业本年度发生的调整以前年度损益的事项以及本年度发现的重要前期差错更正涉及调整以前年度损益的事项。期末，余额转入"本年利润"科目，无余额。

图书在版编目（CIP）数据

企业财务会计实训/苏井源主编. —北京：经济管理出版社，2015.4
ISBN 978 - 7 - 5096 - 3629 - 9

Ⅰ.①企…　Ⅱ.①苏…　Ⅲ.①企业管理—财务会计—中等专业学校—教材　Ⅳ.①F275.2

中国版本图书馆 CIP 数据核字（2015）第 039427 号

组稿编辑：魏晨红
责任编辑：魏晨红
责任印制：司东翔
责任校对：张　青

出版发行：经济管理出版社
　　　　　（北京市海淀区北蜂窝 8 号中雅大厦 A 座 11 层　100038）
网　　　址：www. E - mp. com. cn
电　　　话：（010）51915602
印　　　刷：北京银祥印刷厂
经　　　销：新华书店
开　　　本：787mm×1092mm/16
印　　　张：21
字　　　数：480 千字
版　　　次：2015 年 4 月第 1 版　　2015 年 4 月第 1 次印刷
书　　　号：ISBN 978 - 7 - 5096 - 3629 - 9
定　　　价：45.00 元